Theodor Bodammer

Philosophie der Geisteswissenschaften

Handbuch Philosophie

Herausgegeben von
Elisabeth Ströker und Wolfgang Wieland

Theodor
Bodammer

Philosophie der Geisteswissenschaften

Verlag Karl Alber Freiburg / München

CIP-Kurztitelaufnahme der Deutschen Bibliothek

Handbuch Philosophie/hrsg. von Elisabeth
Ströker u. Wolfgang Wieland. – Freiburg (Breisgau);
München: Alber

NE: Ströker, Elisabeth [Hrsg.]

Bodammer, Theodor: Philosophie der
Geisteswissenschaften. – 1987

Bodammer, Theodor:
Philosophie der Geisteswissenschaften/Theodor
Bodammer. – Freiburg (Breisgau); München: Alber,
1987.
(Handbuch Philosophie)
ISBN 3-495-47477-3

Satz und Druck: Presse-Druck Augsburg
ISBN 3-495-47477-3

Inhalt

Vorwort

„Die Wissenschaften, welche die *Ordnungen des Lebens* in Staat, Gesellschaft, Recht, Sitte, Erziehung, Wirtschaft, Technik, und die *Deutungen der Welt* in Sprache, Mythus, Kunst, Religion, Philosophie und Wissenschaft zum Gegenstand haben, nennen wir *Geisteswissenschaften.*“ Mit dieser Begriffserläuterung begann Erich Rothacker seinen Band „Logik und Systematik der Geisteswissenschaften“ im alten „Handbuch der Philosophie“ (Rothacker *1926,* 3). Rothackers Begriffsbestimmung umfaßt demnach recht verschiedene Wissenschaften: Staats-, Gesellschafts-, Wirtschaftswissenschaften gehören ebenso zu den ‚Geisteswissenschaften‘ wie Rechts-, Kultur- und Erziehungswissenschaften; zudem Sprach-, Kunst- und Religionswissenschaften wie auch Wissenschaften, die sich mit der Philosophie und den Wissenschaften selbst befassen. Nimmt man noch hinzu, daß jede dieser Wissenschaften je nach Zielsetzung und Gegenstandsaspekt auf unterschiedliche Weisen betrieben werden kann, so ergibt sich eine schier unabsehbare Vielfalt an wissenschaftlichen Erscheinungen, die den ‚Geisteswissenschaften‘ einzuverleiben wären. Angesichts dieser Mannigfaltigkeit wissenschaftlicher Gegenstandsbereiche und methodischer Arbeitsmöglichkeiten ist die Frage berechtigt, ob es denn überhaupt sinnvoll sein kann, eine augenscheinlich recht bunt zusammengewürfelte Wissenschaftsgruppe wie die sogenannten ‚Geisteswissenschaften‘ einer systematischen wissenschaftsphilosophischen Betrachtung zu unterziehen.

In der vorliegenden Untersuchung wird indes eine grundlegende Unterscheidung getroffen zwischen den sogenannten ‚Geisteswissenschaften' als der Gesamtheit aller Wissenschaften, die sich mit den von Menschen geschaffenen unterschiedlichen Phänomenen der geschichtlich-gesellschaftlichen Lebenswelt befassen, und den ‚Geisteswissenschaften' in einem durch bestimmte Zielsetzungen vorgegebenen engeren Sinn. Es wird mithin differenziert zwischen der Verwendung des Ausdrucks ‚Geisteswissenschaften' als einer allgemeinen Sammelbezeichnung für diejenigen Wissenschaften, die sich je nach Gegenstandsbereichen, Themenaspekten, Aufgabenstellungen und methodischen Verfahren auf unterschiedlichste Weise mit den Erscheinungen und Strukturen der geschichtlich-gesellschaftlichen Welt der Menschen beschäftigen können, und ‚Geisteswissenschaften' im engeren Verständnis als der Bezeichnung für einen besonderen bereichsspezifischen Aspekt, unter dem die Phänomene der geschichtlich-gesellschaftlichen Welt betrachtet werden können, nicht aber notwendigerweise betrachtet werden müssen. Die sogenannten ‚Geisteswissenschaften' können demnach selbst im engeren Sinn ‚als Geisteswissenschaften', und sie können darüber hinaus auch allgemein ‚als empirische Wissenschaften', im einzelnen allerdings von unterschiedlicher Art, betrieben werden.

Der erste begriffs- und problemgeschichtliche Betrachtungsteil der Arbeit soll vor allem das besondere Erkenntnisziel der ‚Geisteswissenschaften' im engeren Sinn klären. Diesem systematischen Zweck schien es nicht angemessen zu sein, Gedanken der ausgewählten Autoren nur kompendienartig in summarischer Weise zu referieren; denn bei einer solchen Art der Darstellung übertragen sich allzuleicht eingespielte Vorurteile. Es ging deshalb vielmehr darum, die sprachlich heute vielfach ungewohnten und mißverständlichen wie auch der Sache nach oft schwer zu verstehenden Texte dieser Autoren zum Erkenntnisziel und Selbstverständnis der ‚Geisteswissenschaften' gedanklich so zu rekonstruieren und gegen naheliegende Mißverständnisse zu schützen, daß die zentralen wissenschaftsphilosophischen Intentionen dieser Beiträge deutlich zum Ausdruck kommen. Anders als in eingehender problemgeschichtlicher Weise schien mir das Ziel, den besonderen bereichsspezifischen Aspekt der ‚Geisteswissenschaften' im engeren Sinn und seine Begründungen zu klären, nicht erreichbar zu sein. Bei den Interpretationen der Texte habe ich auf die Verwendung mißverständlicher Metaphern und Bilder, die sich bei hermeneutischen Autoren einer gewissen Beliebtheit erfreuen, bewußt weitgehend verzichtet. So wird die beliebte, jedoch systematisch irreführende Metapher vom ‚hermeneutischen Zirkel' nur mehr am Rande erwähnt und erläutert; den Gebrauch des ebenso mißverständlichen Bildes von der ‚Horizontverschmelzung', wie es von Gadamer geprägt worden ist, habe ich darüber hinaus ganz gemieden. Was auf bildliche Weise mit solchen Metaphern ausgedrückt werden soll, läßt sich klarer auf begriffliche Weise sagen. Das Ziel von Interpretationen kann es vorrangig nicht sein, Begriffe auf Metaphern, als vielmehr, Metaphern auf Begriffe zu bringen.

In einem zweiten Betrachtungsteil der Arbeit wurde die alte Gegenüberstellung von Natur- und Geisteswissenschaften aufgegriffen und unter Einbeziehung der Unterscheidung von ‚Geisteswissenschaften' im allgemeinen und im besonderen Sinn neu thematisiert. Die Behauptung einer methodischen Autonomie der ‚Geisteswissenschaften' läßt sich vor dieser Unterscheidung gleicherweise wie die These von der gegenständlichen und methodischen Einheitlichkeit aller Erfahrungswissenschaft als undifferenzierte und unsachgemäße Sichtweise enthüllen. Die ‚Geisteswissenschaften' im allgemeinen Verständnis unterstehen wie die Naturwissenschaften bestimmten Minimalbedingungen aller Wissenschaft. Sie haben darüber hinaus je nach Gegenstandsaspekten und Zielsetzungen eine Vielfalt methodischer Verfahren entwickelt, die sich teils mit Verfahren, wie sie in den Naturwissenschaften verwendet werden, decken, teils aber auch bereichsspezifischer Art sind. Die ‚Geisteswissenschaften' im engeren Sinn hingegen sind von vornherein auf ein bestimmtes Erkenntnisziel bezogen, durch das sie auch methodisch eine besondere Eigenart erhalten, ohne jedoch deswegen jede Gemeinsamkeit mit anderen oder anders betriebenen Wissenschaften aufzukündigen.

Ein dritter Betrachtungsteil endlich versucht unabhängig von der Kontroverse über das Verhältnis von Natur- und Geisteswissenschaften unter Einbeziehung namentlich neuerer phänomenologischer, rezeptionstheoretischer und semiotischer Deutungsansätze in systematischer Absicht Probleme und Möglichkeiten der Zielsetzungen, der Gegenstandsaspekte und der Methoden in den ‚Geisteswissenschaften', wiederum differenziert nach ihrem allgemeinen und besonderen Verständnis, zu diskutieren. Man darf an dieser Stelle jedoch keine ausgeführte ‚Methodologie der Geisteswissenschaften' erwarten. Die Arbeit beschränkt sich auf einen allgemeinen wissenschaftsphilosophischen Rahmen. Wie am Schluß der Untersuchung in Umrissen bereits sichtbar wird, sind die methodologischen Probleme der ‚Geisteswissenschaften' schon von Fach zu Fach so komplex und diffizil, daß sie im gegebenen Zusammenhang nicht bis ins einzelne analysiert und systematisiert werden konnten.

Es ist sicher kein Zufall, daß weder die englische noch die französische Sprache ein genaues Äquivalent zur deutschen Bezeichnung ‚Geisteswissenschaften' kennen. A. Diemer weist in einem Artikel des „Historischen Wörterbuchs der Philosophie" darauf hin, daß die englischen Ausdrücke ‚humanities' oder ‚(liberal) arts' ebensowenig wie das übliche französische Analogon ‚sciences humain' als angemessene Übersetzung für ‚Geisteswissenschaften' gelten können. In diesem Sprachbefund findet Diemer eine Bestätigung für die Annahme, daß das Wort ‚Geisteswissenschaften' und der mit ihm bezeichnete „Komplex von Aktivitäten, Produkten, Disziplinen" als eine „spezifische Manifestation deutscher traditioneller Philosophie und deutschen traditionellen Wissenschaftsverständnisses" angesehen werden können (HWP III, 211). Insbesondere vom Selbstverständnis der ‚Geisteswissenschaften' im engeren Sinne läßt sich behaupten, daß es unter spezifischen Bedingungen der deutschen Philosophie des 19. und des beginnenden 20. Jahrhunderts zustande gekommen ist. Mit wenigen Ausnahmen hat sich die Diskussion um das Wissenschaftsverständnis der ‚Geisteswissenschaften' im deutschsprachigen Bereich abgespielt. Die Rekonstruktion der Entwicklung dieses Wissenschaftsverständnisses muß deshalb gleichfalls überwiegend auf deutschsprachige Literatur zurückgreifen. In meiner Darstellung legte ich dabei das Schwergewicht auf diejenigen Autoren, die nach meinem Urteil die Diskussion um das wissenschaftsphilosophische Selbstverständnis der ‚Geisteswissenschaften' in den letzten Jahrzehnten maßgeblich bestimmt haben.

Für sachlichen Widerpart, der mich zu manchen Präzisionen anregte, habe ich insbesondere Herrn Professor Dr. Walter Gölz zu danken. Herrn Dr. Reinhard Hesse danke ich ebenfalls für eine Reihe produktiver Hinweise und zugleich für die Mühe, die er mit der kritischen

Durchsicht des Manuskripts auf sich nahm. Für viele sachlich klärende Gespräche danke ich meiner Frau, Susanne Kindler-Bodammer, die mir auch bei den Schreibarbeiten und der Korrektur half. Die Register besorgte stud. paed. Monika Lesny, der ich an dieser Stelle ebenso danken möchte wie der Landesbibliothek Stuttgart, die mir die benötigten Bücher auch über längere Zeit ohne Komplikationen zur Verfügung stellte. Nicht zuletzt richtet sich mein Dank an die Herausgeber des „Handbuchs Philosophie", Frau Professor Dr. Elisabeth Ströker und Herrn Professor Dr. Wolfgang Wieland, wie auch an Herrn Dr. Meinolf Wewel vom Verlag Karl Alber für ihr Interesse an der Arbeit; insbesondere Herr Professor Wieland begleitete die Arbeit mit wichtigen Hinweisen.

Theodor Bodammer

Einleitung: ,Geisteswissenschaften' – ein Verlegenheitswort?

„Eine zufällige Bezeichnung, nämlich die der Nicht-Naturwissenschaften als Geisteswissenschaften, hat Probleme geboren, die keine sind." Wie J. v. Kempski (*1964*, 222) haben auch andere Autoren in dem Wort ,Geisteswissenschaft' eine mißverständliche, ja systematisch irreführende Ausdrucksweise gesehen. Das sprachgeschichtlich ins 18. Jahrhundert zurückreichende Wort (vgl. HWP III, 211) ist in der zweiten Hälfte des 19. Jahrhunderts tatsächlich zur Bezeichnung zunächst aller Nicht-Naturwissenschaften gewählt worden. In seiner 1862 gehaltenen Rede „Über das Verhältnis der Naturwissenschaften zur Gesamtheit der Wissenschaften" hatte H. Helmholtz noch gemeint, jene auf psychologischer Grundlage stehenden Wissenschaften, die sich mit Religion, Recht, Staat, Sprache, Kunst, Geschichte befassen, könnten unter dem Namen der Geisteswissenschaften „passend zusammengefaßt" werden (Rothacker *1926*, 9).

Doch bereits W. Dilthey ist sich bewußt gewesen, daß die Verwendung des Wortes ,Geisteswissenschaften' für die Nicht-Naturwissenschaften keineswegs unanfechtbar, sondern eher Ausdruck einer sprachlichen Verlegenheit ist. Dilthey findet es zunächst einmal „merkwürdig genug", daß eine allgemein anerkannte Bezeichnung für die Nicht-Naturwissenschaften nicht vorhanden ist und räumt ein, daß das Wort ,Geisteswissenschaften' nur „höchst unvollkommen" den Gegenstand der Nicht-Naturwissenschaften ausdrückt (Dilthey Schriften I, 5).

Die Geisteswissenschaften thematisieren durchaus nicht einfach in direkter Weise den „Geist", etwa eine von allen materiellen Lebensbedingungen abgelöste ‚Geistigkeit' der Menschen. ‚Geisteswissenschaften' im Sinne Diltheys sind keine spirituell-esoterischen Wissenschaften. Dilthey betont vielmehr nachdrücklich, man könne in diesen Wissenschaften „die Tatsachen des Geistes" nicht trennen von der „psychophysischen Lebenseinheit der Menschennatur" (Schriften I, 6). Der Geist der Menschen ist nicht unabhängig von ihrer biologischen Beschaffenheit und ebensowenig ohne ihre geschichtlich-gesellschaftlichen Lebensverhältnisse zu studieren. Wie im problemgeschichtlichen Teil der Arbeit noch näher erörtert werden soll, greift Dilthey hier auf Hegels Begriff des ‚objektiven Geistes' zurück. Erst von diesem Hintergrund aus erscheint ihm der Ausdruck ‚Geisteswissenschaften' vertretbar. Aus zwei Gründen empfehle sich diese Bezeichnung: Einmal handle es sich um eine bereits „gewohnte" Ausdrucksweise. Zum anderen habe sie vor Ausdrücken wie ‚Gesellschaftswissenschaft', ‚moralische' oder ‚geschichtliche' Wissenschaften oder ‚Kulturwissenschaften' wenigstens den „Vorzug, den zentralen Tatsachenkreis angemessen zu bezeichnen, von welchem aus in Wirklichkeit die Einheit dieser Wissenschaften gesehen, ihr Umfang entworfen, ihre Abgrenzung gegen die Naturwissenschaften, wenn auch noch so unvollkommen, vollzogen worden ist" (ebd.). Dilthey weiß also, daß er mit dem Wort ‚Geisteswissenschaften' einen problematischen Ausdruck aufgreift. Er läßt sich indes durch dessen Mißverständlichkeit nicht beirren, sondern plädiert aus sprachkonventionellen und sachlichen Gründen für seine weitere Verwendung.

Daß das Urteil in dieser Frage auch anders ausfallen kann, beweist Heinrich Rickert. Auch ihm ist bewußt, daß das Wort ‚Geisteswissenschaften' mißverständlich ist. Aufgrund der Mehrdeutigkeit des Wortes ‚Geist' könne „der Terminus Geisteswissenschaft nur zu methodologischen Unklarheiten und Verwirrungen führen" (Rickert *1899*, XI). Rickert verwirft deshalb das „vieldeutige und daher nichtssagende Wort Geisteswissenschaften" und wählt die nach seiner Meinung „bessere" Bezeichnung „Kulturwissenschaften". Rickert räumt jedoch ein, die Frage, ob man besser ‚Geisteswissenschaft' oder ‚Kulturwissenschaft' sagt, sei dann nicht mehr von prinzipieller Bedeutung, wenn man ‚Geist' im Sinne Hegels oder auch Diltheys als ‚objektiver Geist' versteht (ebd. X, zum Begriff ‚objektiver Geist', vgl. S. 25 dieser Arbeit).

Wie Dilthey und Rickert haben sich in der Folgezeit viele an der Mehrdeutigkeit des Wortes ‚Geisteswissenschaften' gestoßen und haben anstelle dieses Ausdrucks andere Bezeichnungen gewählt. Das hat zu einer Vielzahl von Ausdrucksweisen geführt. Neben den bereits von Dilthey erwähnten Bezeichnungen ‚Gesellschaftswissenschaften', ‚moralischen' oder ‚geschichtlichen' Wissenschaften, ‚Kulturwissenschaften', finden sich heute auch Ausdrücke wie Human-, Handlungs-, Zweck-, Wert-, Sinn-, Sozial-, Gemeinschafts- oder Verständigungswissenschaften. In adjektivischer Form haben sich Ausdrücke wie ‚geschichtlich-gesellschaftliche', historisch-hermeneutische', ‚historisch-ethische' oder ‚verstehende' Wissenschaften herausgebildet. Es dürfte wenig Erfolg versprechen, unter diesen oder auch noch anderen Ausdrücken ausmachen zu wollen, welche Bezeichnung die geeignetste ist. Annehmbarer erscheint da das Vorgehen J. Ritters, der seine Entscheidung, den Ausdruck ‚Geisteswissenschaften' beizubehalten, damit begründet, daß sich in unserem Jahrhundert der Begriff der Geisteswissenschaften auch gegen Versuche, ihn durch den der ‚Kultur- und Geschichtswissenschaften' (Rickert) oder der ‚historisch-ethischen Wissenschaften' (Troeltsch) zu ersetzen, endgültig eingebürgert habe (Ritter *1974*, 122). Behält man also, wie Ritter, den Ausdruck ‚Geisteswissenschaften' bei, so geschieht das im vollen Bewußtsein der Mißverständlichkeit dieses Wortes. Verwendet man den Ausdruck als wissenschaftsphilosophischen Terminus, muß sein begrifflicher Gehalt erst noch präzisiert werden. Der versteht sich nicht schon aufgrund irgendeines Wortsinnes gleichsam von selbst. Deshalb kann aber die Wahl des Ausdrucks ‚Geisteswissenschaften' auch nicht bereits als Präjudiz hinsichtlich der zu verhandelnden Sache gelten. Probleme, die sich einer wissenschaftsphilosophischen Betrachtung der ‚sogenannten Geisteswissenschaften' stellen, lassen sich darum nicht einfach mit dem bloßen Hinweis auf die Mehrdeutigkeit des Ausdrucks ‚Geisteswissenschaften' beseitigen; sie sind keineswegs lediglich die Folge einer ‚zufälligen Bezeichnung', wie v. Kempski meinte. Sie stellen sich vielmehr ebenso, wenn das Wort ‚Geisteswissenschaften' durch Ausdrücke wie ‚Human'-, ‚Geschichts'-, ‚Kulturwissenschaften' oder andere vergleichbare Bezeichnungen ausgetauscht wird.

Zu den Schwierigkeiten, die dem mißverständlichen Wortsinn des Ausdrucks ‚Geisteswissenschaften' entstammen, gesellen sich jedoch noch andere, die sich auf den begrifflichen Umfang dieses Ausdrucks beziehen. Welche Wissenschaften sind den ‚Geisteswissenschaften' eigentlich zuzuordnen? Wovon spricht man in konkret benennbarer Weise überhaupt, wenn man den Ausdruck ‚Geisteswissenschaften' verwendet?

Helmholtz war noch der Ansicht, die Gesamtheit der Wissenschaften lasse sich „passend" in die zwei Klassen der Natur- und Geisteswissenschaften aufteilen. Die wissenschaftsklassifikatorische Entwicklung ist jedoch nicht bei dieser Zweigliederung stehengeblieben. Heute werden Logik und Mathematik in der Regel nicht mehr als ‚systematische' oder ‚reine' Geisteswissenschaften geführt, sondern werden zu einer eigenen Gruppe der formalen Strukturwissenschaften gezählt. Doch auch unter den Erfahrungswissenschaften ist das Klassifikationsschema differenzierter geworden: neben den Natur- und Geisteswissenschaften werden häufig als weitere Klasse die Sozialwissenschaften genannt. Nach dem Einteilungsprinzip Diltheys wäre eine solche zusätzliche Klasse nicht notwendig; denn Sozialwissenschaften waren nach seinem Verständnis selbst Geisteswissenschaften.

Die Beobachtung des gegenwärtigen wissenschaftstheoretischen Sprachgebrauchs zeigt zwischen Natur-, Geistes- und Sozialwissenschaften eine Vielzahl von Klassifikationsmustern. So werden die Sozialwissenschaften z. B. einmal als Teilklasse der Geisteswissenschaften, in anderen Texten – vor allem bei analytischen Philosophen – die Geisteswissenschaften umgekehrt als Unterklasse der Sozialwissenschaften eingestuft. Dann wiederum finden sich Fälle, in denen die nebeneinander geordneten Geistes- und Sozialwissenschaften gemeinsam zu Teilmengen einer übergeordneten Klasse, etwa Humanwissenschaften genannt, werden. Es gibt auch den Fall, daß Natur-, Geistes- und Sozialwissenschaften unverbunden nebeneinanderstehen. Die Beziehungs- und mithin auch Bedeutungsvielfalt wird schließlich noch durch Beispiele erweitert, in denen selbst noch Geistes- und Geschichtswissenschaften miteinander konfrontiert werden (Baumgartner/Rüsen *1976, 27*). Unter die Geisteswissenschaften werden in diesem Fall offenbar nur mehr Wissenschaften wie die Literatur- und Kunstwissenschaften subsumiert.

Der knappe Überblick macht hinreichend deutlich: Auch extensional wird der Ausdruck ‚Geisteswissenschaft' sehr verschieden verwendet. Dieser Befund wiederum ist nicht irrelevant für eine systematisierende Deutung der Geisteswissenschaften. Es gibt genügend Beispiele aus der Wissenschafts- wie aus der Philosophiegeschichte, die zeigen, daß die Wahl der paradigmatischen Musterfälle nicht ohne Auswirkung auf die Konzepte der theoretischen Deutung blieb. Will man die Geisteswissenschaften insgesamt zum Gegenstand theoretischer Aussagen machen, ist es sicher nicht uninteressant, welche Wissenschaften man für die exemplarischen Fälle dieser Wissenschaftsgruppe ansieht. Wissenschaftstheoretische Überlegungen, die sich vornehmlich an das Beispiel der Philologien halten, werden vermutlich ein anderes Aussehen haben, als solche, die sich an den historisch-erklärenden Wissenschaften oder etwa an den systematischen Handlungswissenschaften orientieren. Auf welche Wissenschaften also erstreckt sich der Bereich der Geisteswissenschaften und welche Wissenschaften können als paradigmatische Beispiele dieser Wissenschaftsgruppe gelten?

Die Antwort auf solche vorgängig wichtigen Fragen läßt sich sicher nicht einfach aus der Beobachtung des gegenwärtigen wissenschaftsklassifikatorischen Sprachgebrauchs gewinnen. Denn dieser ist stark von den willkürlich sprachregelnden Vorentscheidungen der jeweiligen Sprecher abhängig. Erfolgversprechender dürfte der Weg einer geschichtlichen Rekonstruktion des gedanklichen Zusammenhanges sein, aus dem sich die wissenschaftsphilosophische Thematisierung der ‚Geisteswissenschaften' überhaupt erst entwickelt hat. In der Auseinandersetzung mit den auf diese Weise gewonnenen Argumenten wird sich am ehesten entscheiden lassen, in welchem Sinn und Umfang heute von ‚Geisteswissenschaften' gesprochen werden kann. Eine philosophische Betrachtung der Geisteswissenschaften findet nicht einfach einen festen Gegenstandsbereich vor, dessen Eigenschaften nur mehr zu beschreiben wären; sie muß ihren Gegenstand vielmehr selbst allererst ausgrenzen und ihre Entscheidungen im Verlauf der Untersuchung zu begründen versuchen.

I. Zur geschichtlichen Entstehung des Selbstverständnisses der Geisteswissenschaften

1. John Stuart Mill (1806–1873)

Im Jahre 1843 erschien John Stuart Mills „A System of Logic, Ratiocinativ and Inductiv". In den sechs Büchern dieses Werkes unternimmt Mill den großangelegten Versuch einer empiristischen Wissenschaftslehre. Die beiden ersten Bücher beschäftigen sich mit sprachanalytischen und logischen, insbesondere syllogistischen Problemen. Die drei folgenden Bücher sind begriffsanalytischen und methodologischen Grundfragen der Naturwissenschaften gewidmet. Im Mittelpunkt dieses Hauptteiles stehen Probleme der Induktion und Kausalität. Im 6. Buch endlich trägt Mill Überlegungen zu einer ebenfalls empiristischen Theorie der ‚moralischen Wissenschaften' vor. Mill versucht in diesem Schlußteil seines Werkes die Relevanz der Methoden der physikalischen Wissenschaft auch für die Wissenschaften vom Menschen zu erweisen, im besonderen für eine Psychologie, eine ‚Ethology' genannte Charakterologie, die Sozialwissenschaft und die Geschichtswissenschaft. Bei der Gliederung seines Werkes im großen hält sich Mill offenkundig an die aus der Antike stammende Einteilung der Wissenschaften in Logik, Physik und Ethik.

Es ist nun gleichsam eine besondere Ironie der Geschichte, daß gerade Mills Entwurf einer empiristischen Theorie der Humanwissenschaften erstmals mit dem Titel einer „Logik der Geisteswissenschaften" versehen wurde. Im Jahre 1849 erschien eine deutsche Übersetzung des Millschen Werkes. Johannes Schiel, der Übersetzer, übertrug Mills Überschrift des 6. Buches „On the logic of Moral Sciences“ mit: „Von der Logik der Geisteswissenschaften oder moralischen Wissenschaften“. Damit war das Stichwort gefallen, das in der wissenschaftsphilosophischen Diskussion des ausgehenden 19. Jahrhunderts eine zentrale Rolle spielen sollte.

2. *Rückbezug auf G. W. F. Hegel (1770–1831)*

Wenn man Dilthey in diesem Punkt Glauben schenken kann, fand Schiels Übersetzung der Millschen ‚Logik‘ eine weite Verbreitung, so daß sich der Ausdruck ‚Geisteswissenschaften‘ als Bezeichnung für die Wissenschaften von der moralischen und sozialen Beschaffenheit des Menschen wie ihrer geschichtlichen Überlieferung einbürgern konnte. Daß gerade dieser von seinem Wortsinn her mißverständliche Ausdruck so rasch in den wissenschaftsphilosophischen Sprachgebrauch Einzug halten konnte, dürfte neben der Verbreitung der ‚Logik‘ Mills aber noch einen anderen wichtigen Grund gehabt haben. Dem Wort ‚Geisteswissenschaft‘ war der Boden längst durch die Philosophie Hegels bereitet. Aller Wahrscheinlichkeit nach ist auch J. Schiels Entschluß, ‚moral sciences‘ mit ‚Geisteswissenschaften‘ zu übersetzen, auf den Einfluß der Philosophie Hegels zurückzuführen. Hegel selbst spricht in seiner „Enzyklopädie der philosophischen Wissenschaften im Grundrisse“ zwar nur von einer „Philosophie des Geistes“, in der „Philosophischen Propädeutik“ aber auch bereits, was bisweilen übersehen worden ist, von einer „Wissenschaft des Geistes“ (Hegel Werke XVIII, 178). Diese Variierung der Ausdrucksweise ist für Hegel ganz unproblematisch; denn ‚Philosophie‘ und systematische ‚Wissenschaft‘ sind bei ihm im wesentlichen noch eins. Seine ‚Wissenschaft des Geistes‘ bezieht sich deshalb auch noch nicht auf die Summe jener Wissenschaften, die später unter dem Namen ‚Geisteswissenschaften‘ zusammengefaßt wurden. Vorbereitet durch die Philosophie Hegels liegt der Name ‚Geisteswissenschaft‘ in der Mitte des 19. Jahrhunderts gleichsam in der Luft: Neben ‚Wissenschaft des Geistes‘ (F. Th. Vischer) finden sich zu dieser Zeit auch Ausdrucksweisen wie ‚Geisteslehre‘ oder ‚Geistwissenschaft‘ (vgl. Rothakker *1926*, 6). 1843 wird die Bezeichnung ‚Geisteswissenschaften‘ bereits von J. G. Droysen verwendet (Droysen *1868*, 378).

Der terminologische Gebrauch des Wortes ‚Geisteswissenschaft‘ bei Dilthey schließlich ist insbesondere durch Hegels Begriff des „objektiven Geistes“ motiviert worden. Dessen „Philosophie des Geistes“ umfaßt bekanntlich drei Hauptabschnitte: die Philosophie des „subjektiven“, des „objektiven“ und des „absoluten“ Geistes. Die „Philosophie des subjektiven Geistes“ beschäftigt sich mit den anthropologischen, phänomenologischen und den rational-psychologischen Voraussetzungen und Bedingungen von ‚Geist‘ überhaupt. Die „Philosophie des objektiven Geistes“ geht den Formen menschlicher Vernünftigkeit nach, wie sie sich im gesellschaftlichen und geschichtlichen Lebenszusammenhang „real“ niedergeschlagen haben, so vor allem in Rechtsformen, Gesetzestexten, politischen Verfassungen, aber auch in gesellschaftlichen Institutionen, wirtschaftlichen Verkehrsformen und staatlichen Organen. Die „Philosophie des absoluten Geistes“ bezieht darüber hinaus auch noch jene Repräsentationen „geistiger“ Tätigkeit von Menschen in die Betrachtung mit ein, in denen der menschliche ‚Geist‘ – wie Hegel sagt – „sich selbst anschaut", d. h., seiner selbst bewußt wird. Zu diesen gleichfalls „real" in der Geschichte auftretenden reflexiven Repräsentationen menschlichen Geistes gehören die Künste im weitesten Sinn des Wortes, die Religionen und schließlich die Philosophie. Mit den Begriffen des „objektiven" und „absoluten" Geistes bezieht sich Hegel also auf Formen menschlichen ‚Geistes', wie sie sich real in den Ordnungen des sozialen und politischen Lebenszusammenhanges und in den Dokumenten der menschlichen Überlieferung ausgedrückt haben.

Dieser unspirituelle, auf die geschichtlich-gesellschaftliche Realität des menschlichen Lebens bezogene Begriff des ‚Geistes' ist es, der Eingang in die wissenschaftsphilosophischen Betrachtungen über die ‚Geisteswissenschaften' gefunden hat. Auf diesen Hegelschen Begriff des sich in der Geschichte dokumentierenden und sich selbst reflektierenden ‚Geistes' bezieht sich Dilthey, wenn er meint, daß der Ausdruck ‚Geisteswissenschaft' „wenigstens den Vorzug" habe, „den zentralen Tatsachenkreis angemessen zu bezeichnen" (Dilthey Schriften I, 6). Dabei vernachlässigt Dilthey allerdings Hegels Unterscheidung von „objektivem" und „absolutem" Geist. „Tatsachen des Geistes" und damit zugleich Gegenstände der Geisteswissenschaften sind für Dilthey generell alle von Menschen geschaffenen Gebilde, in denen sich der ‚Geist' der Menschen Ausdruck verliehen hat und in denen er sich seiner selbst inne zu werden vermag. Die ‚Tatsachen' der Geisteswissenschaften enthalten zugleich die Möglichkeit menschlicher Selbsterkenntnis.

Von den Herkunftsbedingungen des Terminus ‚Geisteswissenschaft' aus betrachtet, treten die Geisteswissenschaften ein doppeltes Erbe an. Sie übernehmen als ‚moralische Wissenschaften' bei Mill den klassischen Ort der praktischen Philosophie und sie erhalten in der Folge

Hegels bei Dilthey den Status reflektierender Wissenschaften, deren ‚Tatsachen' dem Zweck menschlicher Selbstbesinnung dienen. Diese beiden Erbschaften konkurrieren in der Folgezeit mit dem Bestreben auch der Geisteswissenschaften, sich in streng empirische Wissenschaften zu wandeln.

Die Entwicklung des Selbstverständnisses der Geisteswissenschaften im engeren Sinne soll im folgenden an einigen repräsentativen Beispielen verdeutlicht werden. Die Geisteswissenschaften sind, so könnte man sagen, Kinder des 19. Jahrhunderts; sie haben sich überwiegend in jener Zeit zu selbständigen wissenschaftlichen Fächern konsolidiert. Eine wichtige, paradigmatische Teilgruppe der Geisteswissenschaften waren von Anfang an die Geschichtswissenschaften. In der ersten Hälfte des 19. Jahrhunderts hatten sie vor allem durch B. G. Niebuhr und L. Ranke einen neuen methodisch-kritischen Rang erhalten. Doch nicht Rankes geschichtstheologisches, sondern erst Droysens historisch-hermeneutisches Deutungskonzept verhalf der neuen Geschichtswissenschaft zu einem angemessenen Selbstverständnis. Droysen verstand es, Anregungen und Einflüsse verschiedener Art fruchtbar und undogmatisch miteinander zu verbinden und selbständig weiterzuverarbeiten: so konnten wichtige Elemente von Schleiermachers universalhermeneutischer Methode ebenso in Droysens Historik eingehen wie Rankes strenge quellenkritische Methode, Goethes klassische Auffassung vom Menschen ebenso wie W. v. Humboldts Bildungsphilosophie, Hegels Theorie der Sittlichkeit ebenso wie dessen Einsicht in die geschichtliche Bedingtheit des menschlichen Bewußtseins. Es ist deshalb kein Zufall, daß die Reihe der nachfolgenden Beispiele mit Droysen beginnt.

3. *Johann Gustav Droysen (1808–1884)*

Droysen, selbst noch ein Hörer Hegels in Berlin, hatte in den Jahren zwischen 1857 und 1883 nicht weniger als achtzehnmal über „Enzyklopädie und Methodologie der Geschichte" Vorlesungen gehalten. Seinen Schülern stellte Droysen erstmals 1858 einen „Grundriß der Historik" als kurzen Leitfaden für seine Vorlesung zur Verfügung, der dann von 1868 an in wiederholten Auflagen gedruckt und veröffentlicht wurde. Dieser ‚Grundriß' zusammen mit den erst 1937 unter dem Titel „Historik" herausgegebenen Vorlesungsmanuskripten (Droysen *1868*) bildet die wichtigste Textgrundlage für Droysens Theorie der Geschichtswissenschaft, die bis heute ein zentraler Beitrag zur erkenntnisphilosophischen und methodologischen Klärung des Geschäfts der Geschichtswissenschaft und darüber hinaus auch allgemein der Geisteswissenschaften geblieben ist (vgl. dazu insbesondere die Arbeiten von J. Rüsen).

Der „tiefer erfaßte Begriff der Geschichte" werde „der Gravitationspunkt" sein, „in dem jetzt das wüste Schwanken der Geisteswissenschaften Stetigkeit und die Möglichkeit weiteren Fortschritts zu gewinnen hat" (Droysen *1868*, 378). So äußert sich Droysen bereits 1843 in einem Vorwort zu seiner „Geschichte des Hellenismus". Seine Ankündigung greift er in der ‚Historik' wieder auf: sowohl der ‚Grundriß' als auch die Vorlesung beginnen mit einer Neubestimmung des Geschichtsbegriffs. ‚Geschichte' ist für Droysen nicht die Gesamtheit aller Geschehnisse der Vergangenheit schlechthin, sondern nur soweit unser Wissen davon reicht. Geschichte ist ein „Wissen vom Geschehenen", oder wie Droysen auch kurz sagt: „das gewußte Geschehene" (ebd. 325). Das Geschehene selbst in seiner ganzen Vielseitigkeit und seinem inneren Beziehungsreichtum ist vergangen. Nur ‚er-innert', nur als ein Wissen, das wir den überkommenen historischen Quellen, Denkmälern und Überresten entnehmen, ist das Geschehene noch da. Von diesem gegenwärtig gegebenen, historischen ‚Material' aus muß das Wissen von der Vergangenheit gewonnen werden.

Droysens ‚Historik' ist keine ‚Philosophie der Geschichte' im Hegelschen Sinn, sondern „Wissenschaftslehre der Geschichte" (ebd. 377). Droysen möchte die Geschichte empirisch forschend verstehen. Er wendet sich gleicherweise gegen philosophisch-spekulative wie theologische Geschichtsdeutungen, ebensosehr aber auch gegen eine empirische Forschung der Geschichte nach naturwissenschaftlicher Erkenntnisweise. In einer ausführlichen Rezension von H. T. Buckles „History of Civilisation in England" setzt er sich mit dem Konzept einer Geschichtswissenschaft nach naturwissenschaftlicher Methode auseinander (386 ff.). Droysens eigenes Ziel ist es, Geschichtswissenschaft nach dem Muster der Historischen Schule, zu der Droysen als Historiker selbst gehört, methodisch und darüber hinaus allgemein erkenntnisphilosophisch zu klären und zu begründen. Die ‚Historik' hat die Aufgabe, „ein Organon des historischen Denkens und Forschens zu sein" (331).

Die besonderen konstitutiven Bedingungen historischen Wissens bilden deshalb auch das Thema, mit dem Droysens methodische Überlegungen beginnen: „Die historische Forschung setzt die Reflexion voraus, daß auch der Inhalt unseres Ich ein vermittelter, gewordener, ein historisches Resultat ist." (332) Nicht allein die Gegenstände historischer Forschung sind ‚gewordene', d. h.: immer schon ‚historische Resultate', sondern auch der Geschichtsforscher selbst. Er steht dem Geschichtsverlauf nicht als neutraler Beobachter, als unabhängiges

Erkenntnissubjekt gegenüber, er ist vielmehr in den geschichtlichen Überlieferungszusammenhang selbst schon eingebunden, und das bedeutet: die Sprache und Vorstellungswelt des Geschichtsforschers, seine Fragestellungen, Interessen und Bestrebungen, seine moralischen und ästhetischen oder auch pragmatischen Maßstäbe sind in vielfältiger und zunächst von ihm noch undurchschauter Weise selbst bereits historisch bedingt. Es gibt der Geschichte gegenüber keinen ‚absoluten', keinen von ihr ‚ablösbaren' Standort.

Droysens wissenschaftsphilosophische Position ist gekennzeichnet durch das, was man ‚historisches Bewußtsein' genannt hat: das Wissen von der Geschichte erweist sich selbst als historisch bedingt. ‚Historisches Bewußtsein' ist nicht nur Bewußtsein des Gewordenseins der historischen Gegenstände, sondern wesentlich zugleich das Wissen um die eigene geschichtlich-gesellschaftliche Bedingtheit. Geschichtserkenntnis ermöglicht geradezu Selbsterkenntnis. Die Erforschung der Geschichte vermag die Einbindung des Denkens und Handelns, Fühlens und Wollens in geschichtlich-gesellschaftliche Lebenszusammenhänge aufzudecken. Wer der Mensch ist, geht nicht schon aus seinem „Gattungsbegriff", d.h. aus allgemeinen Gattungsmerkmalen der Spezies Mensch hervor; das läßt sich, Droysen zufolge, vielmehr erst aus der „Geschichte" ermitteln (10). „Die Menschenwelt ist durch und durch geschichtlicher Natur, und das ist ihr spezifischer Unterschied von der natürlichen Welt." (16) Der Mensch ist nicht von vornherein gattungsmäßig einfach festgelegt, sondern er verändert sich in und mit seiner Geschichte. Deswegen vermittelt uns erst die Geschichte „das Bewußtsein dessen, was wir sind und haben" (395). Es braucht geschichtlicher ‚Bildung', um zu erfahren, wer man ist. Mehrfach zitiert Droysen in Reflexionszusammenhängen, die die allgemein humane Bedeutung von ‚Bildung' für den Menschen hervorheben, Goethes Satz: „Was du ererbt von deinen Vätern hast, erwirb es, um es zu besitzen." (32, 301, 395) Erst dadurch, daß sich der Mensch erkennend und handelnd in geschichtliche Zusammenhänge, diese selbst aktiv mitgestaltend, einzugliedern lernt, wird er ‚Mensch' im Sinne des Ideals der „humanitas". In diesen Zusammenhang menschlicher Bildung zur „humanitas" wird die Geschichtswissenschaft von Droysen gestellt: sie wird, indem sie Inhalte der Geschichte klärt, zur Vermittlerin „rastlos werdender humanitas", mithin „fortschreitender Bildung" (16).

Geschichtsforschung hat das Ziel, den geschichtlichen Ort der Gegenwart zu bestimmen, sie ermöglicht „begründete Erkenntnis der Kontinuität der menschlichen sittlichen Entwicklung, in der wir jetzt Lebenden für den Augenblick an der Reihe sind, sie (sc. die Entwicklung) aufzunehmen und an unserem Teil mit Verständnis ihres Zusammenhangs weiterzuführen" (27). Geschichtsforschung nach Droysens Verständnis will aufklären und Handlungsorientierung vermitteln. Die Aufklärung hat doppelte Gestalt: sie ist „Bereicherung und Vertiefung der Gegenwart durch Aufklärung ihrer Vergangenheiten, und Aufklärung über die Vergangenheiten durch Erschließung und Entfaltung dessen, was davon oft latent genug noch in der Gegenwart vorhanden ist" (359). Einmal soll die Gegenwart durch ihre Rückbeziehung auf den Geschichtsverlauf erhellt werden, im zweiten Fall soll umgekehrt die Vergangenheit von dem aus, was sich in der Gegenwart von ihr offen oder latent erhalten hat, verständlich gemacht werden. Vergangenheit und Gegenwart beleuchten sich gegenseitig.

Weil die Geschichtsforschung das praktische Erkenntnisziel der ‚Aufklärung' von Gegenwart und Vergangenheit und der zukunftsbezogenen Handlungsorientierung hat, beginnt sie auch nicht ohne weiteres bei den ‚historischen Tatsachen' und ihrer objektiven Rekonstruktion, sondern mit einem „Akt der Reflexion" (19) und kritischen Fragestellungen (332). Der methodischen Geschichtsforschung voraus geht immer schon ein zumeist weitgehend unausgesprochen bleibendes Wissen von der Geschichte und geschichtlichen Wirkungszusammenhängen, das der Geschichtsforscher durch kulturelle Erziehung und lebensweltliche Erfahrungen bereits erworben hat (vgl. 19). Dieses Wissen, eine „Welt von geglaubten Tatsächlichkeiten und Zusammenhängen", ist „zunächst nur Empfangenes, Überkommenes, Angewöhntes, es ist unser, als wäre es nicht unser, es hat uns mehr, als wir es haben, es beherrscht uns" (31, vgl. 332). Erst durch Reflexion und Zweifel beginnen wir dieses vorgängige, in uns unbewußt gewordene Wissen kritisch zu überprüfen und bewußt zu erkennen. „Es muß das erste sein, das, was wir bis dahin gehabt und geglaubt, in Frage zu stellen, um es prüfend und begründend neu und sicher zu erwerben." (32)

Droysen rückt die Geschichtsforschung ein in den allgemeinen geschichtlichen Erfahrungshorizont, den der Historiker immer bereits mitbringt, wenn er ‚forscht'. Wissenschaftliches und lebensweltliches Wissen werden bei Droysen miteinander produktiv verbunden. Der Geschichtsforscher beginnt seine Arbeit nicht von einem theoretischen Nullpunkt aus, sondern bei seinem vorgängigen Wissen von der Geschichte. Seine Aufgabe ist es, dieses Wissen zu erweitern, kritisch zu kontrollieren, neu zu begründen, systematisch zu ordnen und lebendig darzustellen. Zur kritischen Überprüfung und Begründung seines Wissens ist er auf Belege angewiesen. Diese entnimmt er den ‚historischen Materialien'. Die ‚Quellen', ‚Denkmäler' und ‚Überreste' der Geschichte sind das empirisch analysierbare, unvergangene ‚Material' des Historikers. Droysen betont ausdrücklich, daß der Geschichtsforscher nicht die sog. historischen Tatsachen interpretiere, sondern die „noch vorliegenden Materialien" (152).

Im ‚historischen Material' liegen die ‚Vergangenheiten' jedoch nicht unmittelbar einfach vor uns. Die verschiedenen Dokumentationen vergangener Zeiten sind vielmehr indirekte, noch dazu unvollständige und oft einseitige Informationsquellen: die ‚Vergangenheiten' müssen aus ihnen erst mühevoll erschlossen werden. Um Auskunft zu geben, muß das ‚historische Material' überhaupt erst einmal angemessen und umsichtig befragt werden. „Die Frage und das Suchen aus der Frage, das ist der erste Schritt der historischen Forschung." (36) Mit der Frage beginnt die historische Reflexion. Fruchtbar fragen können setzt nach Droysens Überzeugung aber selbst bereits historischen Horizont und genügend Welt- und Lebenserfahrung voraus, zudem Bewertungsmaßstäbe, eine „starke und durchgebildete Empfindung des Ethischen", wie Droysen sagt (324). „Je tiefer durcharbeitet der fragende Geist ist, je reicherer Inhalt sich ihm schon in der Frage, mit der er Neues beginnt, zusammendrängt, desto bedeutsamer wird die Frage sein." (34) Droysen fügt noch hinzu: „Man könnte sagen, in der Frage und Fragestellung spricht sich die historische Genialität aus."

Es ist ein besonderes Verdienst Droysens, daß er die produktive Funktion der Frage und Fragestellung ausdrücklich thematisiert hat. Zeigt sich doch gerade an der Wichtigkeit der fruchtbaren Fragestellung, daß die von der Geschichtsforschung beschriebenen ‚Vergangenheiten' oder ,Wirklichkeiten' nicht einfach ,Abbildungen' oder ,Spiegelungen' des im ,historischen Material' Vorliegenden sind. Die Geschichtswissenschaft erzeugt vielmehr fragend und interpretierend allererst die von ihr beschriebene ,Wirklichkeit'. Das ,historische Material' ist die streng zu handhabende empirische Überprüfungsinstanz. Die historische Darstellung hat deshalb in jedem Fall der Minimalbedingung zu genügen, mit dem historischen Material nicht in Widerspruch zu geraten. Geschichtsdarstellungen, die diese Bedingung erfüllen, wird man als mögliche Interpretationen vorerst akzeptieren müssen. Das aber bedeutet, daß es je nach den leitenden Fragestellungen mehrere miteinander konkurrierende Interpretationen des ,historischen Materials' geben kann. Dabei mag jede Interpretation für sich die Absicht haben, im Sinne Rankes zu zeigen, „wie es eigentlich gewesen". Doch läßt sich das an den historischen Quellen direkt nicht ablesen.

Historische Quellen sprechen nicht unmittelbar alles Wissenswerte bereits aus, sie müssen selbst erst zum Sprechen gebracht werden. Dazu muß ihr ,Sitz' im Lebenszusammenhang einer vergangenen Zeit aufgespürt werden. In den ,historischen Quellen' haben in irgendeiner Weise Gedanken, Zwecksetzungen, Bedürfnisse von Menschen jener Zeit ihren Ausdruck gefunden. Die ,Quellen' sind selbst etwas durch Menschen Geschaffenes, aus ihren Lebensverhältnissen Hervorgegangenes. Will der Historiker einen Quellentext verstehen, so muß er in der Regel über ihn hinausgehen und ihn auf die politischen, sozialen, kulturellen oder sonstigen Lebensverhältnisse rückbeziehen, innerhalb derer der Text seine Funktion besaß. Das bedeutet aber: Der Geschichtsforscher muß immer schon von der vergangenen Zeit mehr wissen, als in dem Quellentext selbst steht. Er muß das einzelne Dokument auf das Ganze des historischen Lebenszusammenhanges beziehen, um es angemessen würdigen zu können. Den Gesamtzusammenhang einer historischen Zeit kann er jedoch wiederum nicht anders authentisch kennenlernen als über die aus jener Zeit tradierten historischen Quellen und Denkmäler. Hier setzt eins das andere bereits voraus. Beide Seiten, das Wissen um den Gesamtzusammenhang und das Verständnis der Einzelheiten, stabilisieren sich im konkreten Erfahrungsprozeß des Historikers zunehmend miteinander. Das eine erhält durch das andere seine schrittweise Bestätigung oder auch Widerlegung.

Droysen hat diese ‚hermeneutische Struktur' des Verhältnisses von Ganzem und seinen Teilen von der philologischen Beschäftigung mit Texten auf den Vorgang des Verstehens von historischen Zusammenhängen übertragen. In ähnlichen Worten wie vor ihm schon der Philologe Friedrich Ast und der Theologe Friedrich Schleiermacher formuliert Droysen die hermeneutische Grundregel des Verstehens: „Das Einzelne wird verstanden in dem Ganzen, aus dem es hervorgeht, und das Ganze aus diesem Einzelnen, in dem es sich ausdrückt." (25) Diese formal widersprüchlich erscheinende Grundstruktur findet Droysen in allem Verstehen wieder: Beim Verstehen von Gesprächspartnern, Texten, Handlungen und ebenso beim Verstehen von Artefakten. „Es ist nur eine Weiterführung des Gesagten, daß auch die Werke der Industrie, die Gründungen von Städten und Befestigungen, der Bau von Häfen, Wegen, daß auch Recht, Gesetz, Staat, Kirche, kurz: alle menschlichen Formgebungen, auch wenn das gemeinsame Wollen vieler sie schuf oder umformte, derselben Art sind, Ausdruck des menschlichen Geistes und dem menschlichen Geist verständlich, so wie sie ihm empirisch wahrnehmbar werden. Mit einem Wort:

nichts, was den menschlichen Geist bewegt und sinnlichen Ausdruck gefunden hat, daß nicht verstanden werden könnte." (24)

Das ,Verstehen' nennt Droysen „das innigste Band zwischen den Menschen und die Basis allen sittlichen Seins" (26). In ihm ist „die ganze geistigsinnliche Natur des Menschen völlig mittätig, zugleich gebend und nehmend, zugleich zeugend und empfangend" (26). Droysen unterscheidet das „Verstehen" vom „Akt des Verständnisses". Dieser ist das Ziel des Verstehens; er stellt sich ein „wie eine unmittelbare Intuition" (26). Das ,Verstehen' ist demgegenüber der Weg oder Vorgang, der zum ,Akt des Verständnisses' führen soll. Dieser Weg läßt sich methodisch regulieren und kontrollieren, das Ziel selbst dagegen nicht. Wenn es für Droysen die zentrale Aufgabe des Historikers ist, „forschend zu verstehen" (26), so bedeutet das nicht weniger, als „daß wir die Erinnerungen und Überlieferungen, die Überreste und Monumente einer Vergangenheit so verstehen, wie der Hörende den Sprechenden versteht, daß wir aus jenen uns noch vorliegenden Materialien forschend zu erkennen suchen, was die so Formenden, Handelnden, Arbeitenden wollten, was ihr Ich bewegte, das sie in solchen Ausdrücken und Abdrücken ihres Seins, aussprechen wollten. Aus den wie immer lückenhaften Materialien suchen wir sie, ihr Wollen und Tun, die Bedingungen ihres Wollens und die Wirkungen ihres Handelns zu erkennen." (26)

Was sich durch Befragung und Interpretation des ,historischen Materials' auf diese Weise gewinnen läßt, ist jedoch etwas, wie Droysen sagt, „sehr anderes als die Herstellung der objektiven Tatsache oder der äußerlichen Realität dessen, was einst in seiner Gegenwart in tausendfach anderen Zusammenhängen stand, als die uns historisch angehen" (34). Nicht auf „gelehrte Materioponie"

(34) komme es an und nicht darauf, die ‚Vergangenheiten' in der vollständigen Breite ihrer einstigen Gegenwart rekonstruieren zu wollen. Das wäre schon angesichts der Lückenhaftigkeit des historischen Materials wie auch andererseits seiner oft chaotischen Überfülle kein sinnvolles Ziel. Nicht die Vielzahl aller täglichen Verrichtungen der Menschen hat der Historiker zu beschreiben, sondern das geschichtlich Bedeutsame; ihn interessiert, „wie aus den Geschäften Geschichte" wird (322).

Die Frage nach dem Bedeutungsvollen in der Geschichte läßt sich nach Droysens Überzeugung nicht ohne eine Rückbesinnung auf die institutionell verfaßten sittlichen Ordnungen der menschlichen Lebenswelt beantworten. Droysen nennt solche ‚Ordnungen' im Anschluß an Hegel ‚sittliche Mächte'. Diese lassen sich zwar nicht ein für allemal durch die Ethik normieren (182), sondern müssen, weil sie sich ebenfalls geschichtlich verändern, je zu ihrer Zeit von neuem bestimmt und begründet werden. Insofern kommt solchen Bestimmungen der ethischen Inhalte zu irgendeiner Zeit immer nur eine „relative Wahrheit nach dem Maß des bis dahin Erreichten" zu (182). Aber Droysen zweifelt nicht an der Möglichkeit und Notwendigkeit einer solchen sittlichen Selbstbestimmung einer Zeit, mit der auch die Geschichtsforschung ihren ebenfalls nur relativen Beurteilungsmaßstab für das geschichtlich Bedeutende erhält. Die fortschreitende und sich steigernde Verwirklichung der ‚sittlichen Mächte' ist für Droysen der ‚eigentliche Inhalt' der Geschichte (181). Diesem Inhalt bleibe auch die historische Forschung verpflichtet.

Das ist das Erstaunliche an Droysen: obwohl er die Relativierung aller normativen Instanzen durch das ‚historische Bewußtsein' deutlich erkennt, resigniert er doch keineswegs angesichts dieser Einsicht. Das Sittliche behält auch in der nur relativen Begründbarkeit, die ihm zu einer bestimmten Zeit allein zukommt, seine Verbindlichkeit. Die Verwirklichung des Sittlichen in der Geschichte ist, da bleibt Droysen ein treuer Schüler Hegels, keine bloße „Entwicklung“, die sich, keimhaft beginnend, gewissermaßen organisch von selbst vollzieht, sondern sie ist „Arbeit“, sie muß durch menschliche Anstrengung ins Werk gesetzt werden und unterbleibt, wenn sich die Kräfte darauf nicht konzentrieren (29, 208). An dieser Arbeit nimmt die Geschichtsforschung teil, indem sie kritisch darüber aufzuklären versucht, auf welcher ‚Stufe‘ der sittlichen Verwirklichung irgendeine Zeit oder die Gegenwart steht (184). Indem die historische Forschung das Werden und Gewordensein auch der sittlichen Ordnungen des menschlichen Lebens aufzeigt, greift sie selbst zugleich aktiv in die Arbeit an der Verwirklichung des Sittlichen ein. Die normativen Ansprüche der kulturellen Traditionen verlieren durch historisches Bewußtsein ihre ‚Absolutheit‘, so daß Menschen überhaupt frei werden, sich selbst vernünftig zu bestimmen. Historisches Bewußtsein verunsichert nicht einfach nur durch Relativierung sozialer Normen und tradierter Werte, sondern setzt auch frei und ermöglicht so gerade sittliche Autonomie. Historische Erkenntnis fördert mithin die Fähigkeit von Menschen, das, wovon sie zunächst mehr unbewußt beherrscht wurden, nach und nach selbst zu beherrschen (32).

Die Geschichtsforschung – und in diesen Begriff bezieht Droysen auch die Spezialgeschichten wie Kunst-, Literatur-, Religions-, Wirtschaftsgeschichte u.a. mit ein – ist, insgesamt gesehen, nicht eigentlich eine empirische Tatsachenwissenschaft. Zwar arbeitet sie, wenn sie Antworten auf historische Fragen gibt und ihre Annahmen und Vermutungen kritisch überprüft, mit empirischen

Verfahren. Droysen legt größtes Gewicht darauf, daß sie ihr historisch-philologisches Geschäft der Quellenkritik und der Text- und Datensicherung mit Sorgfalt betreibt. „Empirischer Art", sagt er von der historischen Forschung, „wie sie ist, muß sie möglichst exakt zu sein suchen, und exakt ist sie in dem Maße, als sie für die einzelne Aufgabe, die einzelne Frage, die sie sich stellt, aus dem kritisch verifizierten Material in möglichst gesicherter Schlußfolgerung ihre Ergebnisse zieht" (185). Droysens ‚Historik' ist auch zu einem großen Teil der sachkundigen und auch heute noch interessanten Erörterung methodischer Unterscheidungen und Regeln gewidmet. Unter methodologischem Gesichtspunkt wird man Droysen deshalb keineswegs den Vorwurf machen können, er habe den Geschichtswissenschaften eine subjektivistische oder gar irrationalistische Deutung gegeben. Doch reduziert sich das Problem der wissenschaftlichen Rekonstruktion ‚objektiver Tatsachen' bei ihm auf die Frage nach der methodischen Überprüfbarkeit und Begründungsfähigkeit von historischen Deutungshypothesen. Die empirischen Arbeitsverfahren werden dem Erkenntnisziel der Geschichtswissenschaft ein- und untergeordnet. Die Geschichtsforschung will ‚aufklären' und ‚bilden'; sie will praktische, auch politische Handlungsorientierung ermöglichen und durch Reflexion der geschichtlichen Voraussetzungen des Denkens, Fühlens, Wollens und Handelns zur menschlichen Selbsterkenntnis führen. Die Geschichtsforschung behält eine ethische Zielsetzung. Sie bleibt bei aller empirischen Arbeitsweise eine reflektierende Bildungs- und praktisch-philosophische Handlungswissenschaft.

4. Wilhelm Dilthey (1833–1911)

In einem Brief vom Sommer 1866 an seine Eltern berichtet Dilthey bereits über einen Entwurf zu einem kleinen Buch mit dem Titel: „Über das Studium des Menschen und der Geschichte“ (C. Misch *1933*, 218). Dieser Thematik der erkenntnistheoretischen und methodologischen Klärung der Human- und Geschichtswissenschaft ist Dilthey von seinen Berliner Dozentenjahren bis zu seinem Tode im Jahr 1911 treu geblieben. In immer neuen Anläufen versucht er jener Wissenschaftsgruppe, die er seit 1883 ‚Geisteswissenschaften‘ nennt, eine philosophische Grundlage zu geben. So ist eine schier unübersehbare Fülle an Abhandlungen, Studien und Skizzen entstanden, die allermeist Fragment und zu Lebzeiten Diltheys unveröffentlicht geblieben sind. Erst 1977 sind als Band XVIII und XIX der Gesammelten Schriften wiederum einige wichtige Entwürfe und Fragmente aus der früheren und mittleren Zeit der Tätigkeit Diltheys erschienen. Angesichts dieser Textsituation erscheint eine entwicklungsgeschichtliche Rekonstruktion als ebenso notwendig wie schwierig und interessant. Zu sachlich-systematischen Zwecken dürfte es jedoch unter Vernachlässigung entwicklungsgeschichtlicher Aspekte immer noch zu rechtfertigen sein, sich vor allem an die späten Schriften Diltheys zu halten, die im Band VII der Gesammelten Schriften unter dem Titel „Der Aufbau der geschichtlichen Welt in den Geisteswissenschaften“ erschienen sind.

Offensichtlich stark beeindruckt durch Husserls 1900 und 1901 in zwei Teilen erschienene „Logische Untersuchungen“ (vgl. Dilthey Schriften VII, 10) nimmt Dilthey in diesen späten Arbeiten seiner letzten Lebensjahre ausdrücklich Abschied von Versuchen einer „psychologischen“ Grundlegung der Geisteswissenschaften (ebd. VII, 84f.) und verstärkt seine hermeneutischen Intentionen in dieser Sache. Die bis heute kontroverse Frage, ob man von einer ‚Wende‘ Diltheys von der deskriptiven Psychologie zur Hermeneutik sprechen kann, mag offen bleiben. Dilthey kennt seit seinen Schleiermacherstudien aus der frühen Berliner Zeit die Wichtigkeit der Hermeneutik für die philologischen Wissenschaften; andererseits bleibt die ‚beschreibende‘ Psychologie auch in den späten Arbeiten ein wichtiges Element von Diltheys Philosophie der Geisteswissenschaften. Nur der Akzent hat sich geändert: Dilthey erkennt, daß die Annahme einer gemeinsamen Seelenstruktur aller Menschen allzu problematisch bleibt, um als ‚Grundlage‘ für das ‚Verstehen‘ in den Geisteswissenschaften gelten zu können. Anstelle dessen bezieht Dilthey in seinen späten Schriften die Möglichkeit von ‚Verstehen‘ auf die Voraussetzung kultureller Gemeinsamkeiten im geschichtlich-gesellschaftlichen Lebenszusammenhang der Menschen zurück. Weil diese spätere Deutung im Rahmen einer philosophischen Reflexion des Geschäfts der Geisteswissenschaften auch heute noch von besonderem Interesse ist, beschränkt sich die folgende Darstellung von Diltheys Überlegungen im wesentlichen auf die späten Schriften und Fragmente (Schriften VII).

Ähnlich wie schon bei Droysen die Geschichtswissenschaft haben auch bei Dilthey die Geisteswissenschaften ein auf menschliche Selbstbesinnung und Handlungsorientierung hingeordnetes Erkenntnisziel. Dieser reflexive und lebenspraktische Charakter der Geisteswissenschaften konkurriert bei Dilthey jedoch stark mit dem Wissenschaftsanspruch moderner Erfahrungswissenschaften. Der daraus resultierende Konflikt zwischen zwei unterschiedlichen Wissenschaftsauffassungen kommt bei Dilthey nie recht zur Ruhe.

Dilthey möchte den Geisteswissenschaften eine den Naturwissenschaften vergleichbare methodische Sicherheit geben. Ihn erfüllt das Streben, die „Objektivität der Geisteswissenschaften immer voraussetzungsloser, kritischer, strenger herauszuarbeiten" (VII, 138). Soll es Geisteswissenschaften „in dem strengen Verstande von Wissenschaft" geben, so gilt auch für sie die „Forderung der Allgemeingültigkeit" (VII, 137). Aufgabe der Geisteswissenschaften im ‚strengeren' Sinn ist es, ein objektives und allgemeingültiges Wissen von der „menschlich-geschichtlich-gesellschaftlichen Welt" zu erarbeiten (VII, 3, 88, 152, 191 u. a.). Ihren „sicheren Boden" besitzen sie in den überlieferten „Quellen" und „Resten". Deren Analyse und kritische Prüfung hat zu einer Rekonstruktion der geschichtlichen Verläufe zu führen, die zumindest „historische Wahrscheinlichkeit" hat (VII, 162). Am Beispiel von Niebuhrs „Römischer Geschichte" wird gezeigt, wie auch bei unsicherer Überlieferung versucht werden kann, auf dem Wege „einer sachlichen Argumentation die Grundzüge der wirklichen Geschichte abzuleiten" (VII, 162). Geisteswissenschaftliche Aussagen dürfen „weder in sich noch untereinander Widersprüche enthalten" (VII, 156). Für sie gelten die gleichen Regeln des logischen Aufbaus von Sätzen und Satzzusammenhängen wie in jeder Wissenschaft (VII, 121). Formale Kategorien wie „Unterscheiden, Gleichfinden, Auffassen von Graden des Unterschiedes, Verbinden, Trennen" bilden „formale Bedingungen" der Geisteswissenschaften ebenso wie der Naturwissenschaften (VII, 197).

Man könnte angesichts derartiger Formulierungen meinen, es ginge Dilthey um die Begründung der Geisteswissenschaften als logisch strukturierter empirischer Wissenschaften im modernen Verständnis. Doch der Anschein trügt. Dilthey nimmt für die Geisteswissenschaften wohl in Anspruch, daß sie Erfahrungswissenschaften seien. Aber „Empirie“ unterscheidet er von „Empirismus“ (XVIII, 193). Dilthey hält dem Empirismus vor, er habe einen „verstümmelten“, atomistisch „entstellten“ Erfahrungsbegriff, gegen den „die ganze, volle, unverstümmelte Erfahrung“ neu zur Geltung gebracht werden müsse (VIII, 171). Nicht die von außen an ihren Gegenstand herantretende ‚Beobachtung‘ ist die Erfahrungsgrundlage der Geisteswissenschaften, sondern das ‚Erleben‘ (VII, 194, vgl. auch 207). Will man die geschichtliche Welt und das sich in ihr kundtuende menschliche Leben in seiner Reichhaltigkeit und Tiefe unverkürzt auffassen, so reichen ‚Beobachtung‘ und der ‚abstrakte Verstand‘ dazu nicht hin, vielmehr ist der ganze Mensch „in der Mannigfaltigkeit seiner Kräfte, dies wollend fühlend vorstellende Wesen“ der Erkenntnis zugrunde zu legen (I, S. XVIII).

Die Geisteswissenschaften sind fundiert im „Zusammenhang von Leben, Ausdruck und Verstehen“ (VII, 87). Dilthey variiert diese ‚Fundierungsthese‘ mehrfach: die Geisteswissenschaften können auch auf dem „Verhältnis von Erleben, Ausdruck und Verstehen“ basieren (VII, 131, vgl. auch 71), ein andermal wieder beruhen sie auf „Erleben, Verstehen und Lebenserfahrung“ (VII, 137), in den meisten Fällen haben sie ihre Grundlage lediglich „im Erleben und Verstehen“ (VII, 118, 138 u.a.). Diese unterschiedlichen Formulierungen einer grundlegenden These weisen bereits deutlich auf eine Schwierigkeit der Dilthey-Interpretation hin: Diltheys Sprache bleibt begrifflich vielfach in einem eigentümlichen Schwebezustand, seine Sätze lieben das begriffliche ‚Ungefähr‘. Bei Rekonstruktionsversuchen fällt es deswegen bisweilen schwer, begriffliche Präzisierungen vorzunehmen. Seine wenig exakte, begrifflich ‚fließende‘ Redeweise hat Dilthey von seinem neukantianischen Kollegen Heinrich Rickert auch den folgenden Tadel eingebracht: „Diltheys Gabe des historischen ‚Nacherlebens' und ‚Einfühlens', um das Wort ‚Verstehen' an dieser Stelle zu vermeiden, war überragend und in ihrer Zeit vielleicht einzigartig. Die Fähigkeit des streng begrifflichen Denkens dagegen wurde diesem bedeutenden Manne nicht in demselben Maße zuteil." (Rickert *1899*, S. XIIf.) Gerade ihrer Unschärfe und Mißverständlichkeit wegen sind viele Begriffe Diltheys auf eine Erläuterung angewiesen.

Das Verhältnis von „Erleben, Ausdruck und Verstehen" erörtert Dilthey am Beispiel der Autobiographie, für die er Augustin, Rousseau und Goethe als Repräsentanten wählt. Die ‚Selbstbiographie' zeichnet sich durch eine „besondere Intimität des Verstehens" aus (Dilthey Schriften VII, 200). In ihr ist der, welcher diesen Lebenslauf versteht, identisch mit dem, der ihn nacherlebend hervorgebracht hat. Erleben, Beschreiben und Verstehen beziehen sich in diesem Fall auf ein und dieselbe Person. Die ‚Selbstbiographie' gilt Dilthey deshalb als der „direkteste Ausdruck der Besinnung über das Leben" (VII, 198). Im Lebenslauf wird das „Diskrete... zur Kontinuität verbunden", die verschiedenartigen Erlebnisse werden zu einer lebensgeschichtlichen Einheit integriert (VII, 247). Je nach entworfenen Lebensplänen, nach Wertgesichtspunkten und Zwecksetzungen, erhalten bestimmte Erlebnisse eine tragende ‚Bedeutung' für das Lebensverständnis im Ganzen. Der ‚Lebenszusammenhang' ist nicht die Summe aller Erlebnisse, sondern konstituiert sich als ‚Bedeutungszusammenhang', der unter verschiedenen Gesichtspunkten gebildet werden kann (VII, 200). Jedes Leben hat einen eigenen „Sinn", er liegt im „Bedeutungszusammenhang" (VII, 199). Der ‚Sinn' eines Lebens kann sich im Lebensverlauf, wenn sich die Zielsetzungen und Wertgesichtspunkte wandeln, selbst noch ändern. „Ein Zusammenhang ist im Leben selber gebildet worden, von verschiedenen Standorten desselben aus, in beständigen Verschiebungen." (VII, 200) Aber immer bildet sich der ‚Sinn' eines Lebens nach Diltheys Überzeugung aus dem Leben selbst.

Die Energie der Besinnung über das eigene Leben ist für Dilthey zugleich die „Grundlage" für geschichtliches Sehen überhaupt, sie allein ermöglicht, „den blutlosen Schatten des Vergangenen ein zweites Leben zu geben" (VII, 201, vgl. 156). Das kann auf doppelte Weise verstanden werden: einmal erkennt derjenige, der intensiv genug über sein eigenes Leben nachdenkt und Gegenwart, Vergangenheit und Möglichkeiten der Zukunft zu einem Lebenslauf zusammennimmt, daß sein Leben einem „Kreuzungspunkt" vergleichbar ist, in dem sich Wirkungsfäden der verschiedensten Art aus der Vergangenheit und der gegenwärtigen Welt treffen und gleichsam verknoten. Wer sich selbst zu verstehen sucht, muß zugleich die institutionell geregelten Lebenszusammenhänge der geschichtlich-gesellschaftlichen Welt, in der er lebt, studieren. Dilthey wird nicht müde, immer wieder darauf hinzuweisen, daß sich Selbstbesinnung nicht nach Art einer „Introspektion" vollzieht, sondern den „Umweg" über das Verstehenlernen der geschichtlich gewordenen Lebenswelt gehen muß (VII, 87, 279 u.a.). Andererseits bleibt unser Verständnis der geschichtlich-gesellschaftlichen Welt und schließlich auch unser Selbst darauf rückbezogen, daß wir unser „erlebtes Leben hineintragen in jede Art von Ausdruck eigenen und fremden Lebens" (VII, 87). Vom ‚Horizont' der eigenen Lebenserfahrung aus versuchen wir, uns die vielfältigen Ausdrucksformen menschlichen Lebens überhaupt zu erschließen. Zwischen eigener Lebenserfahrung und allgemeinem Lebensverständnis, zwischen Selbst- und Welterkenntnis besteht eine produktive Wechselbeziehung: das eine vermag jeweils mit dem anderen fortzuschreiten.

Wie das menschliche Individuum zum ‚Kreuzungspunkt' verschiedener, selbst wieder komplexer ‚Wirkungszusammenhänge' wird, zeigt besser noch als die Selbstbiographie die Biographie (VII, 246 ff.). Sie beginnt nicht unmittelbar mit dem eigenen Erleben, sondern bei den Lebensäußerungen anderer Menschen. Aus ihnen hat die Biographie die Lebensgeschichte eines Menschen nacherlebend zu verstehen und zu beschreiben. Zwei Vorzüge hat die Biographie vor der Selbstbiographie: Die zu beschreibende Lebensgeschichte ist in der Regel abgeschlossen, und d.h.: die bestimmenden Gesichtspunkte der Lebensdeutung sind nicht mehr im gleichen Ausmaß veränderlich wie bei der Selbstbiographie. Zudem überschaut der nachlebende Biograph gewöhnlich die geschichtlichen Wirkungszusammenhänge besser und vollständiger, als der in ihnen Stehende und auf sie Zurückwirkende selbst. Wegen der Verflochtenheit des Individuums in seine Welt muß die biographische Darstellung zugleich ein Stück Geschichtsschreibung sein (VII, 250).

Ging es der Selbstbiographie um das Nacherleben und Verstehen des eigenen Lebens, der Biographie um das nacherlebende „Verstehen anderer", so geht es den Geisteswissenschaften nach Diltheys Verständnis allgemein um das ‚Erleben' und ‚Verstehen' menschlich-geschichtlich-gesellschaftlicher Lebenszusammenhänge. Das Auftreten der Geisteswissenschaften in einer Reihe neben Selbstbiographie und Biographie, die zugleich selbst Teile der Geisteswissenschaften sind, zeigt deutlich an: wie die beiden vorausgegangenen Themenkreise werden auch die Geisteswissenschaften mit dem Erkenntnisziel der

„Selbstbesinnung" verbunden (VII, 83, 154, 204 u.a.), sie haben gleichfalls die Funktion der Reflexion menschlicher Lebenszusammenhänge; in ihnen soll menschliches Leben über sich selbst „aufgeklärt" werden (VII, 87). „Leben erfaßt hier Leben", nennt Dilthey das ebenso allgemein wie mißverständlich.

Wie die Biographie und anders als die Selbstbiographie beginnen die Geisteswissenschaften mit den Lebensäußerungen von Menschen. Diese wollen sie erlebend verstehen und beschreiben. Der in ihnen zugrundegelegte Zusammenhang ist nicht eigentlich nur der von „Erleben, Ausdruck und Verstehen", sondern, wenn man es genauer nimmt, der von Ausdruck, Leben, Erleben, Verstehen und wiederum Ausdruck. Dieser die Geisteswissenschaften als solche konstituierende Zusammenhang soll im folgenden in der genannten Reihenfolge erläutert werden.

a. ‚Ausdruck' (1)

‚Ausdruck' ist bei Dilthey eine universelle Kategorie und umfaßt nicht nur sprachliche Äußerungen, sondern „alles, dem der Mensch wirkend sein Gepräge aufgedrückt hat" (VII, 148). Werke der Technik, Wissenschaft oder Kunst sind ebenso ‚Ausdruck' wie etwa institutionell geregelte Handlungs- und Lebensformen oder expressive Ausdrucksformen der Mienen- und Gebärdensprache oder der Intonationen der Sprache oder Musik. In dieser Ausdehnung ist ‚Ausdruck' ein sprachliches Aequivalent für das, was Dilthey auch „objektiven Geist" oder „Objektivationen des Lebens" nennen kann (VII, 146 ff.).

Dilthey versucht die Ausdrucksformen im großen nach Klassen zu ordnen. Er unterscheidet eine Klasse theoretischer Ausdrucksformen wie „Begriffe, Urteile, größere Denkgebilde", wie sie vor allem als Bestandteile der Wissenschaft, aber auch allgemein für die Verständigung zwischen Menschen eine Rolle spielen (VII, 205). Eine andere Klasse von Lebensäußerungen bilden die Handlungen. Ihr Bezug zum Hintergrund des Lebenszusammenhanges ist in der Regel erläuterungsbedürftig. Das Verstehen erreicht in dieser Klasse von Lebensäußerungen nicht die gleiche Sicherheit und Vollständigkeit wie bei theoretischen Ausdrucksformen, doch hält Dilthey „wahrscheinliche Annahmen" über Handlungen für möglich, weil sich in ihnen auch Regelmäßigkeiten finden lassen. Die dritte Klasse von Lebensäußerungen bezieht sich auf den ‚Erlebnisausdruck', also auf ‚Ausdruck' im engeren Sinne des Wortes. Der Erlebnisausdruck kommt „aus Tiefen, die das Bewußtsein nicht erhellt" (VII, 206). Ausdrucksphänomene in diesem Sinn können wie Mienen und Gebärden sehr flüchtig sein, sie können sich aber auch in den Werken der Kunst, Musik und Dichtung von ihren Urhebern, den Dichtern und Künstlern, ablösen. In dieser fixierten, sichtbaren, dauernden Form hält Dilthey „ein kunstmäßiges sicheres Verstehen" des Erlebnisausdrucks für möglich (VII, 207). Unter dem Gesichtspunkt möglichst großer Erkenntnissicherheit schlägt Dilthey vor, das ‚kunstmäßige Verstehen', die ‚Auslegung', überhaupt auf „dauernd fixierte", insbesondere schriftliche Lebensäußerungen zu beschränken (VII, 217). Sie vor allem sind die grundlegende ‚Gegebenheit' der Geisteswissenschaften (VII, 152, 205).

b. ‚Leben'

Diltheys Redeweise vom ‚Leben' ist besonders mißverständlich; auch der Verdacht eines mythisierenden, biologistischen oder vitalistischen Irrationalismus haftet ihr an (vgl. Lukács *1962*). Doch zu Unrecht! Dilthey schränkt das Wort in seiner Bedeutung ausdrücklich auf die geschichtlich-gesellschaftliche „Menschenwelt" ein: ‚Leben' – das ist „der Zusammenhang der unter den Bedingungen der äußeren Welt stehenden Wechselwirkungen zwischen Personen" (Dilthey Schriften VII, 228). Im gleichen ‚interpersonalen' Sinn kann ‚Leben' auch als ein „das menschliche Geschlecht umfassender Zusammenhang" von Dilthey umschrieben werden (VII, 131). Gemeint ist ‚Leben' hier offenbar als der gesellschaftliche und geschichtliche Funktions- und Strukturzusammenhang, in dem sich Menschen stets bereits handelnd und interagierend vorfinden und verstehen.

Zum ‚Leben' gehören die „Lebensbezüge", in denen Personen und Sachen für jeden Menschen immer schon stehen. „Es gibt gar keinen Menschen und keine Sache, die nur Gegenstand für mich wären und nicht Druck oder Förderung, Ziel eines Strebens oder Bindung des Willens, Wichtigkeit, Forderung der Rücksichtnahme und innere Nähe oder Widerstand, Distanz und Fremdheit enthielten. Der Lebensbezug, sei er auf einen gegebenen Moment eingeschränkt oder dauernd, macht diese Menschen und Gegenstände für mich zu Trägern von Glück, Erweiterung meines Daseins, sie üben einen Druck auf mich aus, sie vermindern meine Kraft." (VII, 131) ‚Leben' als Inbegriff vielfältigster ‚Lebensbezüge' erweist sich also als geschichtlich entstandener Kommunikations- und Interaktionszusammenhang zwischen Menschen. In diesen institutionell geordneten Lebenszusammenhang gehen Wertgesichtspunkte ebenso ein wie Zielvorstellungen und Zwecksetzungen (VII, 83).

Aus diesem geschichtlich-gesellschaftlichen Lebenszusammenhang treten die verschiedenen ‚Lebensäußerungen', von denen im Abschnitt zuvor die Rede war, hervor; sie sind Ausdruck der verschiedenen Aktivitäten von Menschen. Will man die ‚Lebensäußerungen' verstehen, muß man sie wieder „zurückübersetzen" in den menschlichen, geschichtlich-gesellschaftlichen Lebenszusammenhang, aus dem sie hervorgegangen sind (VII, 120). Das gilt vor allem für Äußerungen, deren Lebenshintergrund inzwischen der Vergangenheit angehört. „Ausdruck ist von dem allen zurückgeblieben, nachdem das Leben selbst vergangen ist." (VII, 279) Aus dem ‚Ausdruck' das vergangene ‚Leben' wieder zurückzurufen und damit zugleich die bestimmte Funktion des ‚Ausdrucks' im Lebenszusammenhang zu bestimmen, ist die Arbeit des Historikers. Der geschichtlich-gesellschaftliche Lebenszusammenhang bleibt die letzte Interpretationsbasis für alle ‚Äußerungen'. In Diltheys Worten ist ‚Leben' „dasjenige, hinter welches nicht zurückgegangen werden kann" (VII, 261).

c. ‚Erleben'

Das Wort ‚Erleben' oder ‚Erlebnis', beides verwendet Dilthey ohne Unterschied nebeneinander, ist nicht weniger mißverständlich als der Ausdruck ‚Leben'. Deswegen seien zugleich mit der Erläuterung einige mögliche Mißverständnisse zurechtgerückt: „Erleben" ist bei Dilthey nicht, wie immer wieder angenommen worden ist, gleichbedeutend mit „Gefühl" oder „Einfühlung", wie auch „Nacherleben" nicht dasselbe ist wie „Nachempfinden" oder „Nachfühlen" (vgl. VII, 47, 51, 215). Im ‚Erleben' nach Diltheys Verständnis sind vielmehr alle geistigen Fähigkeiten des Menschen enthalten: der fühlende, wollende und vorstellende Mensch verhält sich im ‚Erleben' unmittelbar und in der ganzen Breite seiner geistigen

Empfänglichkeit zu den Gegebenheiten seiner Welt und erfährt so „die Lebenswirklichkeit in der Mannigfaltigkeit ihrer Bezüge" (VII, 141). ‚Erlebnis' ist aber auch nicht zu verwechseln mit bloßer gefühlsmäßiger ‚Innerlichkeit'; ‚Erleben' ist vielmehr gerade im Gegenteil unmittelbare Versenkung ins Gegebene, geistig offene „Hinwendung auf das Gegenständliche" (VII, 21). ‚Erleben' ist schließlich auch nicht identisch mit „innerer Wahrnehmung". Diese Bezeichnung hatte Dilthey in der Phase seiner psychologischen Grundlegung der Geisteswissenschaft selbst noch verwendet, ihn dann aber zusammen mit den Versuchen einer ‚psychologischen' Grundlegung der Geisteswissenschaften fallen gelassen. ‚Erleben' ist in den späten Schriften unmittelbares „Innesein" oder auch „Innewerden" der Lebensbezüge des Gegebenen in einer konkreten Situation (VII, 27, 218). ‚Erleben' wird damit bei Dilthey zu einer grundlegenden erkenntnisanthropologischen Kategorie: es ist die theoretisch noch unverstellte sensible Empfänglichkeit für die ‚strukturellen' Bedeutungszusammenhänge von Lebenssituationen oder Lebensäußerungen. ‚Strukturell' ist ein Bedeutungszusammenhang, wenn er in verschiedenen Situationen in ‚analoger', d.h. gewisse Gemeinsamkeiten aufweisender Form wiederzukehren vermag (VII, 237).

d. ‚Verstehen'

‚Verstehen' wird von Dilthey definiert als ein „Vorgang, in dem wir aus Zeichen, die von außen gegeben sind, Inneres erkennen" (VII, 309). Auch hier sei gleich auf ein mögliches Mißverständnis eingegangen: Dilthey verwendet in seinen späten Jahren noch immer die mißverständliche räumliche Metaphorik des Verhältnisses von

„Äußerem“ und „Innerem“, mit der sich leicht die dualistische Vorstellung von zwei Welten verknüpfen läßt: einer in der Regel für minder gut gehaltenen ‚äußeren‘ Welt der gesellschaftlichen und politischen Tatsachen und einer ‚besseren‘ ‚inneren‘ Welt seelisch-geistigen Gehaltes. Trotz der irreführenden Metaphorik vom ‚Äußeren‘ und ‚Inneren‘ wäre es ungerecht, Dilthey den Vorwurf einer solchen ‚Zwei-Welten-Theorie‘ zu machen. Die Geisteswissenschaften beschäftigen sich, wenn sie Lebensäußerungen zu verstehen suchen, nicht mit einer exklusiven Welt menschlicher Innerlichkeit, sondern mit der einen realen geschichtlich-gesellschaftlichen Welt aller Menschen. Sie betrachten diese Welt allerdings unter dem besonderen Aspekt ihres Hervorgebrachtseins und ihrer Hervorbringung durch das bedürfnisorientierte, interessensgeleitete und doch auch vernünftige Handeln von Menschen. In einer solchen Sichtweise werden die überlieferten historischen Dokumente und die aus ihnen zu gewinnenden ‚historischen Tatsachen‘ erst verständlich, wenn sie von ihrem strukturellen Lebenshintergrund aus, in dem sie ihre Funktion hatten, interpretiert werden. Wenn der Geisteswissenschaftler von ‚Lebensäußerungen‘ auf ein „Inneres“ zurückgeht, dann ist damit dieses Wissen von strukturellen Lebenszusammenhängen und ihrer Bedeutung für das menschliche Individuum gemeint. Nach Diltheys eigenem Beispiel erscheint so der „äußere Apparat“ von Rechtsbüchern, Richtern, Prozeßführenden, Angeklagten, wie er in einer bestimmten Zeit und an einem bestimmten Ort sichtbar ist, als „Ausdruck eines Zwecksystems von Rechtsbestimmungen“, einer „geistigen Systematik der Rechtsimperative“. Das ‚Verstehen‘ dieses ‚geistigen‘ Zusammenhanges ist, das betont Dilthey nachdrücklich, „nicht psychologische Erkenntnis“. Dilthey setzt fort: „Es ist der

Rückgang auf ein geistiges Gebilde von einer ihm eigenen Struktur und Gesetzmäßigkeit." (VII, 85) Entsprechend nimmt das Verstehen des Werkes eines Dichters seinen Ausgang bei den sinnlichen Zeichen, den „Buchstaben", die „von Setzern zusammengestellt und durch Maschinen gedruckt wurden". Dilthey weiter: „Aber die Literaturgeschichte und die Poetik haben nur zu tun mit dem Bezuge dieses sinnfälligen Zusammenhanges von Worten auf das, was durch sie ausgedrückt ist. Und nun ist entscheidend: dieses sind nicht die inneren Vorgänge in dem Dichter, sondern ein in diesen geschaffener, aber von ihnen ablösbarer Zusammenhang." (VII, 85) ‚Geisteswissenschaften' gehen also von sinnlichen Zeichen, den gegebenen Lebensäußerungen, zurück auf ein ‚Inneres' im Sinne ‚geistiger' Struktur- und Bedeutungszusammenhänge, nicht aber im Sinne einer psychologisch zu erkundenden ‚Innenwelt' des Menschen.

‚Verstehen' im Sinne Diltheys ist deshalb auch nicht einfach ‚einfühlendes Verstehen'. Nur in bestimmten thematischen Fällen, z. B. bei einer Biographie, mag es wichtig werden, sich einfühlend in die seelischen Vorgänge einer historischen Persönlichkeit zu versetzen. Doch selbst in diesem Fall interessiert sich Dilthey mehr dafür, wie sich geschichtlich-gesellschaftliche Wirkungszusammenhänge im Individuum ‚kreuzen'. In der Regel heißt ‚Verstehen' bei Dilthey nicht einen bestimmten Menschen seelisch zu verstehen, sondern einen Text- oder strukturellen Lebenszusammenhang verstehen. Der Versuch, aus sinnlich vorliegenden Äußerungen die seelischen Zusammenhänge in einem Menschen einfühlend zu rekonstruieren, ist lediglich ein bestimmter, noch dazu ein besonders unsicherer Spezialfall von ‚Ausdrucks-Verstehen', das bei Dilthey immer zugleich ein ‚Zusammenhangs-Verstehen' ist. (Zur terminologischen Unterscheidung von ‚Zusammenhangsverstehen', ‚Ausdrucksverstehen' und ‚einfühlendem Verstehen' vgl. Patzig *1980*, 57ff.)

Wer eine ‚Äußerung' verstehen will, muß ihren ‚Sinn' erfassen, und das heißt zugleich: er muß Funktion und Bedeutung der Teile der Äußerung erkennen. „Sinn" ist für Dilthey (anders als z. B. bei Gottlob Frege) ein Aequivalent für „Bedeutungszusammenhang" (Dilthey Schriften VII, 199, 235). Eine ‚Äußerung' erhält einen ‚Sinn' aufgrund der strukturellen Beziehung ihrer Teile untereinander, und sie kann ihrerseits wiederum eine ‚Bedeutung' als Teil innerhalb eines größeren gegliederten Text- und Lebenszusammenhanges gewinnen. Beide, der sprachliche Satzzusammenhang und der strukturelle Lebenszusammenhang, werden von Dilthey parallel zueinander gesehen. Das ‚Verstehen' von strukturellen Lebenszusammenhängen kann deshalb auch am ‚einfacheren' Muster des ‚Verstehens' eines Satzes erläutert werden (VII, 234f.). In beiden Fällen handelt es sich um ‚Zusammenhangverstehen', genauer um das Verstehen eines strukturellen ‚Bedeutungszusammenhanges' oder um das Verstehen von ‚Sinn'. „Wir verstehen nur Zusammenhang. Zusammenhang und Verstehen entsprechen einander." (VII, 257) Das ‚Einzelne' muß, um Bedeutung zu gewinnen, als Teil eines ‚Ganzen' aufgefaßt werden, umgekehrt wird der Sinn des ‚Ganzen' durch jedes ‚Einzelne' mitkonstituiert. Dieses wechselseitige Bedingungsverhältnis, auch ‚hermeneutischer Zirkel' genannt, sieht Dilthey überall in Geschichte und Gesellschaft vorliegen (VII, 257). Auch in den Geisteswissenschaften ist „vom Vorgang des Verstehens ab alles durch das Verhältnis gegenseitiger Abhängigkeit bestimmt" (VII, 143).

Mit dem ‚Erleben' steht das ‚Verstehen' in einer engen Wechselbeziehung. „Das Verstehen setzt ein Erleben voraus, und das Erleben wird erst zu einer Lebenserfahrung dadurch, daß das Verstehen aus der Enge und Subjektivität des Erlebens hinausführt in die Region des Ganzen und des Allgemeinen." (VII, 143) Das einzelne Erlebnis wird erst dadurch, daß es auf strukturelle Lebenszusammenhänge bezogen wird, in sich verständlich; andererseits bleibt das Verstehen auf das ‚Innewerden' von Lebensbezügen im unmittelbaren ‚Erleben' als Erfahrungsgrundlage rückbezogen. Jede Erweiterung des Verstehens von Lebenszusammenhängen ermöglicht eine differenziertere Wahrnehmung und Empfänglichkeit im unmittelbaren ‚Erleben', und umgekehrt ermöglichen differenziertere Formen des ‚Erlebens' die Vervollständigung des systematischen Wissens von Lebenszusammenhängen.

Vor diesem gedanklichen Hintergrund wird auch verständlich, was Dilthey meint, wenn er von den Geisteswissenschaften behauptet, sie beruhten auf „Erleben, Verstehen und Lebenserfahrung" (VII, 137). Die Geisteswissenschaften sind keine rein theoretischen Erfahrungswissenschaften, sie sind vielmehr an menschliches ‚Erleben' und die allgemeine ‚Lebenserfahrung' rückgebunden. Die „gedankenbildende Arbeit des Lebens" selber bleibt in diesem Fall die Grundlage für das wissenschaftliche Schaffen (VII, 136). Dilthey weist mehrfach darauf hin, daß das Verstehen unter Menschen auf Gemeinsamkeiten zwischen ihnen angewiesen ist. Diese Verstehen ermöglichenden Gemeinsamkeiten sucht Dilthey in seinen letzten Lebensjahren nicht mehr vorwiegend in einer psychologisch zu elementarisierenden allgemeinen seelischen Menschennatur, sondern im lebenspraktischen Handlungszusammenhang der Menschen und in ihren kulturellen Überlieferungen. Dilthey unterscheidet „elementare" von „höheren" Formen des Verstehens. Bereits im Bereich der Interessen des praktischen Lebens zeigen sich solche ‚elementaren' Formen des Verstehens (VII, 207), desgleichen in den mannigfaltig gegliederten sozialen Ordnungen des Lebens; „der einzelne erlebt, denkt und handelt stets in einer Sphäre von Gemeinsamkeit, und nur in einer solchen versteht er" (VII, 147). Von ihrer ersten Kindheit an erlernen Menschen die Regeln dieser Gemeinsamkeiten. Deren umfassenden und zunächst unbewußten Charakter beschreibt Dilthey mit den Worten: „Wir leben in dieser Atmosphäre, sie umgibt uns beständig. Wir sind eingetaucht in sie. Wir sind in dieser geschichtlichen und verstandenen Welt überall zu Hause, wir verstehen Sinn und Bedeutung von dem allen, wir selbst sind verwebt in diese Gemeinsamkeiten." (VII, 147) In den kulturellen und sozialen Gemeinsamkeiten, die Dilthey wiederum ‚objektiven Geist' nennt, ist „die Vergangenheit dauernde beständige Gegenwart" (VII, 208).

In den ‚elementaren' Formen des Verstehens ist nach Diltheys Ansicht auch bereits der Übergang zu den ‚höheren' Formen des Verstehens angelegt, deren eigenste Leistung sich in den Geisteswissenschaften bekundet. ‚Höhere' Formen des Verstehens werden erforderlich, wenn sich den ‚elementaren' Formen Schwierigkeiten in den Weg legen. Solche Verständnisschwierigkeiten treten um so leichter auf, „je weiter die innere Distanz zwischen einer gegebenen Lebensäußerung und dem Verstehenden wird" (VII, 210). In diesen Fällen braucht es analytischer und synthetischer Verfahren der Rekonstruktion der Lebensäußerungen in der „Auslegung". Die Regeln der ‚Auslegung' oder ‚Interpretation' sind zwar in der ‚Hermeneutik' als der ‚Wissenschaft von der Kunst der Auslegung' zusammengetragen, reflektiert und systematisiert worden (VII, 217). Trotzdem bleibt die umsichtige, in den problematischen Sachverhalt behutsam eindringende Interpretation für Dilthey mehr eine ‚Kunst‘ oder ‚Genialität‘ des Interpretierenden (VII, 216f.) und seines historischen und philologischen ‚Taktes‘ als eine Sache der Anwendung von Interpretationsregeln. Denn Lebensäußerungen von Menschen sind besondere Gegebenheiten, die einen komplexen Bezug zu historischen und gesellschaftlichen Situationen und Lebenszusammenhängen aufweisen; bei ihnen reicht die verstandesmäßige Subsumption von Fällen unter Regeln oder Gesetzen nicht aus.

Die Geisteswissenschaften bleiben zwar eingebunden in den lebenspraktischen Erfahrungshorizont verstehender Menschen, sie sind aber selbst nicht einfach nur Ausdruck persönlicher Lebenserfahrung. Von dieser unterscheiden sich die Geisteswissenschaften vor allem durch eine größere Sicherheit und Allgemeingültigkeit ihrer Erkenntnisse wie auch durch die größere systematische Vollständigkeit ihres Wissens (vgl. VII, 132f.). Die Geisteswissenschaften bestätigen ihr Wissen nicht allein durch den Rückgang auf das im ‚Erleben‘ unmittelbar Gegebene, sondern sie befestigen es zusätzlich auch durch das fortschreitende Wissen von geschichtlich-gesellschaftlichen „Wirkungszusammenhängen“ (VII, 158). Solche ‚Wirkungszusammenhänge‘ sind, wie Dilthey ausdrücklich betont, nicht mit ‚Kausalzusammenhängen‘ zu verwechseln (VII, 153); es handelt sich bei ihnen vielmehr um gegliederte ‚Bedeutungszusammenhänge‘, und, wenn diese sich in verschiedenen geschichtlich-gesellschaftlichen Situationen in analoger Form wiederholen können, um ‚Strukturzusammenhänge‘. Im Unterschied zum ‚Kausalzusammenhang der Natur‘ wird der Wirkungszusammenhang durch Wertgesichtspunkte und Zwecksetzungen geschaffen (VII, 153). Charakteristisch für ihn ist, daß er, wie Dilthey am Beispiel der Autobiographie und der Biographie zeigte, „in sich zentriert“ ist (VII, 154). Solche ‚in sich zentrierten‘ Wirkungszusammenhänge versuchen die Geisteswissenschaften sowohl in historischer als auch in systematischer Hinsicht auszumachen. Die Unterscheidung ‚historischer‘ Wirkungszusammenhänge führt zu Begriffen wie ‚Epoche‘, ‚Zeitalter‘, ‚Universalgeschichte‘, ‚historischer Fortschritt‘ (VII, 178 ff., 286 ff.). Die ‚systematische‘ Bearbeitung von ‚Wirkungszusammenhängen‘ und menschlichen ‚Gemeinsamkeiten‘ führt zum Begriff der ‚Kultursysteme‘, denen die systematischen Geisteswissenschaften zugeordnet sind (VII, 166 ff., 187 ff., 265 ff.). Zwischen ‚historischen‘ und ‚systematischen‘ Geisteswissenschaften besteht wiederum eine produktive Wechselbeziehung (VII, 160 ff.). Das historische Verständnis eines singulären Ereignisses oder einer geschichtlichen Persönlichkeit ist auf systematisches Wissen von Lebenszusammenhängen angewiesen, dieses seinerseits auf die Erkenntnis auch gerade wieder der historischen Entstehungszusammenhänge und der in sie eingebetteten einzelnen Lebensäußerungen (VII, 143). So erweist sich das ‚Verstehen‘ in den Geisteswissenschaften als eine methodische, fortschreitende Erarbeitung von Wissen über die historischen und systematischen ‚Wirkungszusammenhänge‘, innerhalb derer die einzelnen menschlichen Lebensäußerungen ihre Bedeutung erhalten.

e. ‚Ausdruck‘ (2)

Die Ausdrucksweise der Geisteswissenschaften ist nicht lediglich Mittel zum Zweck der Mitteilung von Erkenntnissen an andere, sie greift vielmehr selbst in den Erkenntnisprozeß ein. Denn der ‚Ausdruck‘ steht nach

Diltheys Vorstellung in enger Wechselbeziehung sowohl mit dem ‚Erleben' als auch mit dem ‚Verstehen'. Das im ‚Erleben' Enthaltene muß nämlich ausgedrückt werden, um verstanden werden zu können. Dilthey deutet den Artikulationsvorgang, in dem das Erlebte zum Ausdruck kommt, als ‚explikatives' Geschehen (VII, 204). Der Ausdruck benennt nicht nachträglich die im Erleben schon fest vorgegebenen Inhalte, sondern tritt selbst aus der ‚Tiefe' des Erlebens hervor und konstituiert die Erlebnisinhalte überhaupt erst in ihrer Bestimmtheit. Dilthey sagt deshalb vom Ausdruck: „Er ist schaffend" (VII, 220) oder auch: er ist eine „Explikation, die zugleich Schaffen ist" (VII, 232). Das im ‚Erleben' Enthaltene entfaltet und strukturiert sich, indem es ausgesprochen wird.

Im ‚Erleben' selbst entstehen nach Diltheys Ansicht „allgemeine Prädikate", die als Ansatzpunkt für die Begriffsbildung in den Geisteswissenschaften dienen können (VII, 192). Dilthey spricht auch von einem „Akt der Intuition", durch den geeignete ‚historische Kategorien' gefunden werden (VII, 286). Durch ihren Rückbezug auf das ‚Erleben' bleibt die Begriffsbildung der Geisteswissenschaften „durch das Leben selber bestimmt" (VII, 136).

Die ‚Explikation des Erlebnisgehaltes' stößt jedoch auf bestimmte Schwierigkeiten. Denn das ‚Erleben' ist für das diskursive Denken letztlich „unergründlich" (VII, 224). ‚Erleben' hieß: unmittelbar sich versenken in das Gegebene, ganz beim Gegebenen sein. „Im Erlebnis ist Innesein und der Inhalt, dessen ich inne bin, eins." (VII, 27) Der ‚Gegenstand' des ‚Erlebens' hat sich noch nicht vom ‚Akt des Erlebens' geschieden (VII, 139). Erst in Urteilen über das Erlebte wird dieses gegenständlich (VII, 196). Die Urteile ‚meinen' oder ‚repräsentieren' das Erlebnis, können es aber nicht vollständig zum Ausdruck bringen. Denn jedes Urteil ist eine einseitige begriffliche Festlegung und vermag nicht den Erlebnisgehalt in der Mannigfaltigkeit seiner Lebensbezüge auszusprechen. Es wäre „eine Illusion, in einer bestimmten Richtung der Begriffsbildung dem ganzen Gehalt der Erlebnisse genugtun zu können" (VII, 32). Der begrifflichen Explikation des Erlebnisgehaltes kommt deshalb in ambivalenter Weise beides zu: Befriedigung über die Identifizierung des Begrifflichen und Urteilsmäßigen mit den Erlebnissen und das Ungenügen darüber, die Erlebnisse nicht ausschöpfen zu können (VII, 32). Solange das Erlebnis aber noch nicht erschöpft, sein Gehalt noch nicht zu voller Auffassung und vollständigem Ausdruck gekommen ist, findet sich das Bedürfnis nach noch weitergehenden Formulierungen (VII, 128). Das in offener geistiger Empfänglichkeit ‚Erlebte' angemessen auszudrücken und zu verstehen, bleibt deshalb „ein intellektueller Prozeß von höchster Anstrengung, der doch nie ganz realisiert werden kann" (VII, 227). Dilthey gibt offen zu, daß in allem Verstehen ein „Irrationales" sei (VII, 218).

Die Geisteswissenschaften geraten durch die Art der Beziehung von ‚Erleben', ‚Ausdruck' und ‚Verstehen' zugleich in eine schwierige Stellung. Insoweit sie auf das ‚Erleben' als ihre Erfahrungsgrundlage rückbezogen sind, ist auch ihnen eine explikative Ausdrucksweise angemessen. Anders als die ‚Beobachtung' ist das ‚Erleben' aber an keine intersubjektiven Standards gebunden, es ist vielmehr von ganz persönlichen Qualitäten eines Menschen abhängig: seine Fähigkeit, sich in geistige Sachverhalte zu versenken, der Differenziertheit seiner Wahrnehmungsfähigkeit für strukturelle Gehalte, schließlich von seiner persönlichen Lebenserfahrung und sogar von seinem allgemeinen Wissen von geschichtlich-gesellschaftlichen

Lebenszusammenhängen. Wie und was jemand in seiner Totalität als fühlender, wollender und denkender Mensch ‚erlebt', hängt letztlich davon ab, was für ein Mensch er ist. Die gesamte menschliche Bildung, die er sich erarbeitet und zugeeignet hat, ist für die Art seines ‚Erlebens' bestimmend. ‚Explikation von Erlebnisgehalten' kann deshalb auch nichts anderes heißen, als das ‚Erlebte' in einer aus den Erfahrungsgehalten selbst hervorgehenden, in sich differenzierten, persönlich unverwechselbaren Sprache zum Ausdruck bringen. Sicher hat diese Sprache nach Diltheys Vorstellungen auch den formalen Minimalbedingungen einer aus grammatisch und logisch wohlgebildeten Sätzen bestehenden Sprache zu genügen, nicht aber müßte sie sich durch strenge terminologische Sprachregelungen ausweisen. Denn je normierter von vornherein die Wissenschaftssprache ist, um so größer wird die Kluft zwischen ‚Erleben' und sprachlicher Darstellung.

Man erkennt jetzt, wie kühn und gleicherweise ungeschützt Diltheys Behauptung dasteht: „Jede Aussage über Erlebtes ist objektiv wahr, wenn sie zur Adäquation mit dem Erlebnis gebracht ist." (VII, 26) Das ‚Erlebnis' ist zwar bei Dilthey nicht, wie schon gezeigt, bloße gefühlsmäßige Innerlichkeit, sondern eine auf umfassende Sachwahrnehmung hinorientierte Instanz; doch ist ‚Erleben' nicht bereits von sich aus eine intersubjektive Erfahrungsgrundlage geisteswissenschaftlicher Aussagen. Die persönlichen ‚Randbedingungen' des ‚Erlebens' können nicht einfach so vernachlässigt werden, daß das ‚Erleben' zwischen verschiedenen Personen austauschbar und wiederholbar würde. Geisteswissenschaftliche Sätze, deren Objektivität sich allein auf das ‚Erleben' begründeten, wären, so gehaltvoll sie auch sein mögen, noch nicht intersubjektiv gültig, nicht „allgemeingültig", wie Dilthey sagt. Das ‚Erleben' ist, wenn es um strengere Kriterien intersubjektiver Überprüfbarkeit von Sätzen geht, eine ungeeignete Grundlage.

Die Objektivität des Wissens, die in den Geisteswissenschaften angestrebt wird, hat für Dilthey aber auch einen anderen Sinn als in den Naturwissenschaften. „Die Methoden, sich dem Ideal der Objektivität des Wissens hier anzunähern, zeigen wesentliche Verschiedenheiten von denen, durch welche wir der Naturerkenntnis uns nähern." (VII, 71) Die Annäherung an das Ideal der Objektivität des Wissens gründet sich in den Geisteswissenschaften auf das Ineinandergreifen verschiedener Leistungen. Dilthey nennt hier einmal die philologischen Leistungen des wissenschaftlichen Studiums der Sprachen, in denen die Überlieferung niedergelegt ist, die Sammlung der Hinterlassenschaft der bisherigen Menschheit und der Reinigung derselben von Irrtümern, die Erstellung einer chronologischen Ordnung der Dokumente und der Klärung ihrer inneren Beziehungen (VII, 261). Neben diesen philologisch-historischen stehen die analytischen Leistungen der einzelnen systematischen Geisteswissenschaften. Sie bilden ebenso wie die Universalgeschichte wichtige Grundlagen für die Objektivität des Wissens. Diese ist das Resultat der Stabilisierung der verschiedenen jeweils nur begrenzten Leistungen untereinander. Auch das ‚Erleben' ist nur ein Moment in diesem sich wechselseitig befestigenden Zusammenhang, und zwar das Moment der besonderen persönlichen Nähe des Geisteswissenschaftlers zu den gegebenen Äußerungen und strukturellen Zusammenhängen im Einzelfall. Dem Argument des historischen Skeptizismus, daß ein durch subjektive Handlungsmotivationen vermittelter Handlungszusammenhang nicht zweifelsfrei zu erschließen sei, begegnet Dilthey mit dem

Hinweis, daß an die Stelle des „psychologischen Raffinements“ in den Geisteswissenschaften „das Verstehen geistiger Gebilde“ trete. Diese aber könnten als „ein äußerlich Objektiviertes“ zum Gegenstand kunstmäßigen Verstehens gemacht werden (VII, 160). Obwohl die Geisteswissenschaften ihre Sätze dem historischen Skeptizismus gegenüber niemals durch unanfechtbare Beweise rechtfertigen können, besteht doch für Dilthey kein Grund, an der „Sicherheit des Verstehens“ zu zweifeln. Größtmögliche Sicherheit der Erkenntnis ist das Ziel auch der Geisteswissenschaften; doch Dilthey weiß, daß sie in den Geisteswissenschaften auf dem Boden vieler ineinandergreifender Leistungen nur annäherungsweise erreichbar ist.

Die Geisteswissenschaften können nicht von einem ‚absoluten‘ Standort aus betrieben werden. Denn die Geisteswissenschaftler sind wie jedes menschliche Individuum selbst in die geschichtliche Welt verwoben: „Sie unterwerfen geschichtliche Personen, Massenbewegungen, Richtungen ihrem Urteil, und dieses ist von ihrer Individualität, der Nation, der sie angehören, der Zeit, in der sie leben, bedingt. Selbst wo sie voraussetzungslos zu verfahren glauben, sind sie von diesem ihrem Gesichtskreis bestimmt.“ (VII, 137) Das Bewußtsein vom geschichtlichen Charakter aller menschlichen Erscheinungen bringt für Dilthey die Konsequenz mit sich, daß die „historische Wirklichkeit“ nie an einem unbedingten Wert, Grundgedanken oder Zweck gemessen werden kann. Dilthey verlegt deshalb wie schon Ranke Sinn, Bedeutung, Wert der Zeitalter und Nationen in diese selbst. Die historischen Wirkungszusammenhänge „sind gleichsam in sich selbst zentriert“ (VII, 106). Der Verlust unbedingter Wertmaßstäbe ist für Dilthey kein Grund zu Resignation, im Gegenteil: „Das historische Bewußtsein von der Endlichkeit jeder geschichtlichen Erscheinung, jedes menschlichen oder gesellschaftlichen Zustandes, von der Relativität jeder Art von Glauben ist der letzte Schritt zur Befreiung des Menschen." (VII, 290) Menschen erhalten durch ‚geschichtliches Bewußtsein' die Möglichkeit, ‚Sinn und Bedeutung' ihres Lebens und des geschichtlich-gesellschaftlichen Lebenszusammenhanges, in dem sie stehen, selbst zu setzen. Da es für das historische Bewußtsein keine absolute Instanz mehr gibt, die dem Menschen sagt, wer er ist, braucht er die Geschichte, um sich selbst zu finden: „Der Mensch erkennt sich nur in der Geschichte." (VII, 279) Diese ‚lehrt' die Menschen, sich und ihre Möglichkeiten kennenzulernen (VII, 259, 262). Durch geisteswissenschaftliche Studien erweitert sich der menschliche ‚Horizont' (VII, 279), so daß die Bedeutungsgesichtspunkte, nach denen das Leben beurteilt wird, nicht mehr allein durch den eigenen Lebensverlauf bedingt sein müssen (VII, 252). Wie sich die Geisteswissenschaften „naturwüchsig aus den Aufgaben des Lebens selbst" entwickelt haben (VII, 70, 79), so erlangen sie ihre höchste Bedeutung auch nur wieder „in der Rückwirkung auf Leben und Gesellschaft" (VII, 138). Diese ‚Rückwirkung' soll jedoch keine willkürliche, ins subjektive Ermessen der menschlichen Individuen gestellte sein; der Weg zu dieser Wirkung „muß durch die Objektivität der wissenschaftlichen Erkenntnis gehen" (VII, 138). Nicht zuletzt haben die Geisteswissenschaften eine Rückwirkung auf die Erkenntnisphilosophie. Man müsse aus der „reinen und feinen Luft der Kantschen Vernunftkritik" heraustreten, um der ganz anderen Natur der historischen Gegenstände zu genügen. Neben Kants „Kritik der reinen Vernunft", die eine erkenntnistheoretische Begründung der Naturwissenschaften gegeben hatte, ist deshalb nach Diltheys Überzeugung noch eine am Paradigma der Geisteswissenschaften zu entwickelnde „Kritik der historischen Vernunft“ zu stellen (VII, 278).

5. Übergänge: Von Rickert bis zu Heidegger

Diltheys an ineinandergreifenden Einzelmomenten ebenso reiche wie begrifflich mißverständlich bleibende Selbstbestimmung der Geisteswissenschaften fand ihre Anhänger und Gegner. Die wichtigsten Beiträge und Positionen zur philosophischen Klärung des wissenschaftlichen Status der Geisteswissenschaften aus der ersten Hälfte des 20. Jahrhunderts seien im folgenden ihrem jeweiligen Ansatz nach kurz skizziert. Die bisweilen recht umfangreichen Arbeiten sind in der Regel selbst in vielschichtige philosophie- und wissenschaftsgeschichtliche Zusammenhänge eingebettet, die einer eingehenden Analyse zu unterziehen im gegebenen Rahmen nicht möglich erscheint.

Unter den Vertretern des sogenannten ‚südwestdeutschen‘ Neukantianismus hatte sich vor allem Heinrich *Rickert* (1863–1936) mit den Möglichkeiten einer erkenntnistheoretischen Begründung der historischen Kulturwissenschaften auseinandergesetzt. Seine Überlegungen fanden ihren Niederschlag in den beiden mehrfach aufgelegten und veränderten Werken „Die Grenzen der naturwissenschaftlichen Begriffsbildung. Eine logische Einleitung in die historischen Wissenschaften“ (*1902*, ^{5}1929) und „Kulturwissenschaft und Naturwissenschaft“ (*1899*, ^{7}1926). Rickert versucht die historischen Kulturwissenschaften vom Standort einer transzendentalen Wertphilosophie aus philosophisch zu begründen. Was Kant für die mathematische Naturwissenschaft zu leisten unternahm, das will Rickert für die historischen Kulturwissenschaften nachholen. Diese müssen, Rickert zufolge, im Sinne der transzendentalen Fragestellung Kants daraufhin betrachtet werden, unter welchen Bedingungen sie überhaupt als Wissenschaft möglich sind.

Eine der wesentlichen konstitutiven Bedingungen für die Möglichkeit von Kulturwissenschaft ist für Rickert die spezifische Beziehung kulturwissenschaftlicher Gegenstände auf ein System allgemeiner Werte. Die nicht nur in einem quantitativen, sondern darüber hinaus in einem qualitativen Sinn individuellen Erscheinungen und Vorgänge der Geschichte gewinnen für Rickert allererst dadurch eine Bedeutung als verstehbare Sinngebilde, daß sie in kulturelle Wertzusammenhänge eingerückt werden. „Es ist im Grunde eine Binsenwahrheit", sagt Rickert, „daß man sich um die Individualität der Objekte nicht kümmert, wenn sie nicht wichtig oder interessant sind, also zu Werten in keiner Beziehung stehen." (*1899,* 130) „Wissenschaftlich" indes könne die historische Darstellung nur dann genannt werden, „wenn es allgemeine Werte oder Kulturwerte sind, die sie leiten" (ebd.). Um die Objektivität auch der historischen Wissenschaften sichern zu können, meint Rickert ein gleichfalls objektiv geltendes System allgemeiner Kulturwerte postulieren zu müssen. Denn die Beziehung der historischen Erscheinungen lediglich auf faktisch gerade geltende Kulturwerte hätten einen Wert- und Wahrheitsrelativismus in den Geschichtswissenschaften zur Folge. Andererseits erkennt Rückert selbst mit der Zeit immer mehr die letztlich unüberwindlichen Schwierigkeiten einer strengen transzendentallogischen Herleitung eines Systems allgemein gültiger Wertbegriffe (ebd. 142f.). Hier stößt Rikkerts wertphilosophische Begründung der historischen Kulturwissenschaften an ihre eigene Grenze. Rickert bleibt zuletzt nur mehr, daran zu „glauben“, daß die allgemeinen Werte „nach und nach mit dem Fortschritte der Kultur in den Gesichtskreis des Menschen“ treten und auf solche Weise entdeckt und anerkannt werden (ebd. 143). Die Philosophie ist nach Rickerts eigener später Einsicht nicht imstande, ein System allgemeiner Werte „aus bloßen Begriffen zu konstruieren“, sie bedarf zu seiner inhaltlichen Bestimmung vielmehr „der engsten Fühlung mit den geschichtlichen Kulturwissenschaften selbst“ (ebd.). Die Philosophie kann nur hoffen, „sich im Historischen dem Überhistorischen anzunähern“ (ebd.; zu Rickerts methodologischer Unterscheidung von Natur- und Kulturwissenschaft s. u. II, 1).

Auch Ernst *Cassirer* (1874–1945), ein jüngerer Vertreter der ‚Marburger Schule‘ des Neukantianismus, möchte den Geistes- oder Kulturwissenschaften (beide Ausdrucksformen verwendet Cassirer nebeneinander) eine erkenntnistheoretische Grundlage nach transzendentalphilosophischer Art geben. Doch im Unterschied zu Rikkerts wertphilosophischem Ansatz sucht Cassirer das Fundament für diese Wissenschaften in einer allgemeinen Theorie der geistigen Ausdrucksformen. Diese Theorie hat Cassirer in seinem dreibändigen Werk „Philosophie der symbolischen Formen“ *(1923–1929)* zu entwickeln versucht; wichtige Elemente dazu bieten auch der Beitrag „Der Begriff der symbolischen Form im Aufbau der Geisteswissenschaften“ *(1921/1922)* und die späteren fünf Studien „Zur Logik der Kulturwissenschaften“ *(1942).*

Die allgemeine Erkenntnistheorie in ihrer herkömmlichen Auffassung genügt Cassirer nicht für eine methodische Grundlegung der Geisteswissenschaften. Kant habe seine Erkenntniskritik am Beispiel der Mathematik und der mathematischen Naturwissenschaften entwickelt. Er habe seine erkenntnistheoretische Konzeption mit der

„Kritik der Urteilskraft“ zwar selbst bereits verändert. Eine „Strukturanalyse“ der Kulturwissenschaften habe Kant jedoch noch nicht geben können. Denn diese emanzipierten sich erst seit der Romantik zu selbständigen Wissenschaften. Die neue Aufgabe, vor die sich die allgemeine Erkenntnislehre durch die Kulturwissenschaften gestellt sieht, versucht Cassirer im Sinne einer Weiterentwicklung der Transzendentalphilosophie Kants aufzunehmen (Cassirer *1942*, 16). Er glaubt, diese Aufgabe durch eine strukturelle Analyse der symbolischen Formen des menschlichen Geistes lösen zu können. Mit diesem Ansatz meint Cassirer noch hinter Kants Betrachtungsebene einer transzendentalen Analytik der reinen Verstandesbegriffe zurückgehen zu können. Denn symbolische Ausdrucksformen sind für Cassirer die elementaren Formen von Geist überhaupt. Unter einem „symbolischen Ausdruck“ versteht Cassirer ganz allgemein den „Ausdruck eines ‚Geistigen‘ durch sinnliche ‚Zeichen‘ und ‚Bilder‘“ (Cassirer *1921/1922*, 130). Das „Zeichen“ ist, wie Cassirer in deutlicher Anlehnung an sprachphilosophische Formulierungen Herders und W. v. Humboldts sagt, „keine bloß zufällige Hülle des Gedankens, sondern sein notwendiges und wesentliches Organ“ (Cassirer *1923–1929* I, 18). Das „Zeichen“ dient „nicht nur dem Zweck der Mitteilung eines fertiggegebenen Gedankeninhalts, sondern ist ein Instrument, kraft dessen dieser Inhalt selbst sich herausbildet und kraft dessen er erst seine volle Bestimmtheit gewinnt“ (ebd.). Die Differenzierung gedanklicher Inhalte geht gleichsam Hand in Hand einher mit der Verfeinerung der symbolischen Ausdrucksformen.

Alles „wahrhaft strenge und exakte Denken“ findet „seinen Halt erst in der Symbolik und Semiotik, auf die es sich stützt“ (ebd.). Die symbolischen Ausdrucksformen der Wissenschaft sind für Cassirer indes nur eine Klasse von symbolischen Formen neben denen der Sprache, des Mythos und der Religion wie der Kunst. Alle menschliche Erfahrung ist symbolisch vermittelte Erfahrung. In Mythos, Religion und Kunst dominieren jedoch bildliche Ausdrucksformen, die sich wie die Zeichen nach Cassirers Überzeugung gleichfalls einer eigenen Differenzierung fähig erweisen. Auch in diesen Formen finden menschliche Erfahrungsinhalte ihre Objektivierung und erfaßbare Bestimmung. Cassirers Ziel ist es, die verschiedenen symbolischen Formen in ihrer konkreten Vielfalt auf gleichförmige strukturelle Elemente hin zu untersuchen, die den Aufbau und inneren Zusammenhang der jeweiligen symbolischen Form ermöglichen. Erst eine allgemeine Theorie der geistigen Ausdrucksformen in diesem Sinne würde nach Cassirers Ansicht auch eine umfassende „Formenlehre des wissenschaftlichen Denkens“ ermöglichen, wie sie für eine transzendentalphilosophische Grundlegung der Geisteswissenschaften erforderlich wäre.

Cassirers Einsicht, zur philosophischen Selbstverständigung einer Wissenschaft oder Wissenschaftsgruppe gehöre notwendig eine Klärung ihrer symbolischen Ausdrucksformen und -möglichkeiten, mag von gleicher Wichtigkeit sein wie Rickerts Erkenntnis, daß Wissenschaften und insbesondere die Kulturwissenschaften eine Wertbasis besitzen, die philosophisch zu klären für ein kritisches Wissenschaftsverständnis unumgänglich ist. Gleichwohl kann man von Cassirers symboltheoretischem ebensowenig wie von Rickerts axiologischem Begründungsversuch behaupten, er sei gelungen. Beide wollen die historische Vielfalt der kulturellen Erscheinungen von „überhistorischen“, „für alle gültigen“, der zeitlichen Veränderung entnommenen Voraussetzungen her durchsichtig und systematisierbar machen, ohne jedoch in der Lage zu sein, die als „apriorisch" in Anspruch genommenen symbol- und werttheoretischen Grundannahmen selbst in einer strengen transzendentalphilosophischen Deduktion systematisch herzuleiten. Der Versuch einer transzendentalphilosophischen „Grundlegung" der Geisteswissenschaften fehlt denn auch bezeichnenderweise bei einigen anderen Autoren, die dem Neukantianismus wissenschaftsphilosophisch nahestehen. Das gilt insbesondere für Georg Simmel und Max Weber. Ihr Ziel ist nicht mehr die erkenntnistheoretische Fundierung ihrer Wissenschaft, sie begnügen sich vielmehr damit, die methodischen Möglichkeiten der Geschichts- und Sozialwissenschaften zu klären.

Georg *Simmel* (1858–1918), den man vor allem aufgrund einer späten Publikation über „Lebensanschauung" (*1918 b*) auch der ‚Lebensphilosophie' zuzuordnen pflegt, hat gerade jüngst erst wieder als Theoretiker der Moderne besondere Beachtung gefunden (vgl. Dahme/Rammstedt *1984*). Seine Überlegungen zur Theorie der Geschichtswissenschaften dokumentieren sich am deutlichsten in zwei Schriften, dem frühen Beitrag „Die Probleme der Geschichtsphilosophie. Eine erkenntnistheoretische Studie" (*1892*, 2. völlig veränderte Aufl. 1905) und der späten Veröffentlichung „Vom Wesen des historischen Verstehens" (*1918 a*). Die frühe Arbeit beginnt mit einem instruktiven Kapitel „Von den inneren Bedingungen der Geschichtsforschung". In ihm beschäftigt sich Simmel vor allem mit dem konstruktiven Charakter der Geschichtswissenschaft. Diese sei keine „Abspiegelung der historischen Wirklichkeit" (*1892*, 49). Simmel wendet sich gezielt gegen Rankes „naiven Realismus", wenn er beanstandet, der Historik werde noch immer unbefangen die Aufgabe gestellt, „uns das Geschehen sehen zu lassen,

‚wie es wirklich gewesen ist'" (40). Die historische Erkenntnis ist „keine Kopie der Ereignisse" (50f.), sondern „eine geistige Aktivität", die aus ihrem Stoff „etwas macht, was er an sich noch nicht ist" (41). Indem der Historiker Fragen an seinen Stoff stellt und das Singuläre vermittels möglicher Formen seiner Verbindung zu einem Sinn zusammenfaßt, vermag er die Vergangenheit zu „einem ihre Darstellung für uns lohnendem Bilde" zu gestalten (41). Erst die vom Betrachter herbeigebrachten „Gesichtspunkte" stiften Sinneinheiten und ermöglichen eine ‚Geschichte' (45).

Die Aufgabe einer Philosophie der Geschichtswissenschaft ist es nach Simmels Ansicht, die ‚apriorischen' Konstruktionsbedingungen der durch Historiker geschaffenen ‚Geschichte' zu analysieren (51). Simmel erweitert Kants strengen transzendentalphilosophischen Begriff des ‚a priori', indem er ihn auch auf relevante empirische Voraussetzungen, auf die eine Wissenschaft zur Konstitution ihres Gegenstandes notwendig angewiesen ist, bezieht. Zu diesen grundlegenden empirischen Bedingungen gehören die „Voraussetzungen des täglichen Lebens", die sich nach Simmels Einschätzung in der Geschichtsforschung „vollständiger und einflußreicher als in irgendeiner anderen Wissenschaft wiederholen" (9). Der jeweilige „Erfahrungskreis" des Historikers variiert auch die Möglichkeiten, historische Zusammenhänge zu verstehen (17f., 53f.). Eine zumeist unausdrücklich bleibende „Psychologie der täglichen Praxis" bestimmt in vielen Fällen die „Verbindungsglieder", vermittels derer der Historiker die Ereignisse als einheitliche Zusammenhänge deutet. Das Verständnis historischer Einheiten hängt mithin weitgehend von der Lebenserfahrung des Historikers ab. Seine „Synthesen" sind, wie Simmel meint, „nicht verständlich, weil sie einheitlich sind, sondern wir nennen sie einheitlich, weil sie verständlich sind" (22).

Simmel trifft eine weitreichende Unterscheidung: Etwas „Gesprochenes" verstehen ist nicht dasselbe wie den „Sprechenden" verstehen (28). Will man die Motive einer gesprochenen Äußerung klären, kommt man indessen nicht umhin, auch den Sprechenden zu verstehen. Diese Art des Verstehens erweist sich „historischen Persönlichkeiten" gegenüber als unumgänglich (28). Der Problematik des Verständnisses individueller, „schlechthin einmaliger Persönlichkeiten" widmet Simmel große Aufmerksamkeit. Das Individuum kann nicht „logisch berechnet", sondern nur psychologisch konstruiert werden (20, 53, 65). Diese Konstruktion ist vermittelt durch die hermeneutische Erfahrung der wechselseitigen Bedingtheit des Einzelnen und des Ganzen: der Historiker kann das Gesamtbild einer Persönlichkeit nur aus ihren einzelnen Äußerungen gewinnen, diese Einzelheiten aber nur aus einem schon zum Grunde liegenden Gesamtbild der Persönlichkeit richtig deuten und gruppieren (20). Eine Persönlichkeit läßt sich weder aus der „Ursächlichkeit" des psycho-mechanischen Geschehens, noch aus „Gründen", d.h. aus der logischen Beziehung ihrer Inhalte herleiten; ihr Bild entsteht vielmehr „in einer Synthesis der Phantasie" (38). Die Objektivität dieses Bildes beruht auf der einfühlsam nacherlebenden Subjektivität des Historikers (35, 52, 54), dessen besondere Kunst darin besteht, sein „ganz individuelles Objekt" so zu beschreiben, daß es „subjektiv allgemein nachbildbar" und verständlich wird (55). „Dem Individuellen, ja völlig Einzigartigen diese Art Allgemeinheit zu verleihen, ist das künstlerische Geheimnis des Historikers." (55) Deshalb scheinen auch nur diejenigen Historiker, die selbst eine stark ausgeprägte geistige Eigenart besitzen, geschichtliche Individualitäten im Grunde ergreifen und darstellen zu können (53).

Auch in seiner späten Schrift „Vom Wesen des historischen Verstehens" betont Simmel den logisch inkommensurablen Charakter des „Verstehens". Dieses sei ein „Urphänomen des menschlichen Geistes" (Simmel *1918 a*, 13). *„Verstehen"* ist jetzt für Simmel die unmittelbare intuitive Wahrnehmung des anderen Menschen in seiner körperlich-seelisch ungeschiedenen Ganzheit. Der „Blick des Auges" ist für Simmel jenes Phänomen, an dem sich „am unzweideutigsten und eindrucksvollsten" die seelische Verfassung eines anderen Menschen wahrnehmen läßt (7). Dieses Phänomen ist ihm zugleich ein völlig hinreichender Beweis, daß die „innerlich-äußerliche Eigenerfahrung nicht den Schlüssel zu der äußerlich-innerlichen Fremderfahrung bieten kann" (7). Das „Du" des anderen ist nicht aus seinen Äußerungen und Handlungen auf der Grundlage psychischer Selbsterfahrung allererst zu erschließen, es ist vielmehr selbst ein „Urphänomen". Simmel kann geradezu formulieren: „Das Du und das Verstehen ist eben dasselbe, gleichsam einmal als Substanz und einmal als Funktion ausgedrückt." (13) Dieses „Urphänomen", zugleich „Du" und „Verstehen", ist für Simmel die transzendentale Grundlage dafür, daß der Mensch ein ‚zoon politikon' ist (13). Das intuitive Verstehen, das „Einheit durch Einheit aufnimmt" (14), ist für Simmel von zentraler Bedeutung auch für das „historische Verständnis". Im Unterschied zu einer „mechanistischen" ermöglicht es die „verstehende" Geschichtsbetrachtung, kontinuierliche Verbindungen zwischen den einzelnen historischen Tatsachen wahrzunehmen: die einzelnen diskontinuierlichen Momente werden gleichsam von einem „stetigen Lebensstrom" durchflutet, „der sie in Verbindung setzt, das Tor des einen gegen den anderen öffnet, sie als Pulsschläge eines zeitlichen Lebenslaufes empfinden läßt" (15).

Simmels pointiert ‚subjektivistische' Deutung der historischen Wissenschaften steht im Gegensatz zu M. Webers ‚objektivistischer' Theorie der Sozialwissenschaften. Max *Weber* (1864–1920) übernimmt von Rickert den für die historischen Kulturwissenschaften grundlegenden Begriff der „Wertbeziehung", wenngleich er dessen weitergehende Ansicht von einem allgemein gültigen „absoluten" System von Werten ablehnt. Weber teilt zudem mit Rickert die Überzeugung, daß eine wertbezogene Wissenschaft selbst nicht wertend verfahren müsse (vgl. dazu Rickert *1902,* 318 u. 325). Auch bei der Zuordnung der Sozialwissenschaften zu den historischen Kulturwissenschaften folgt Weber Rickerts Spuren. Bei seiner detaillierten Bearbeitung wissenschaftstheoretischer Fragestellungen gelangt Weber indes wichtige Schritte über Rickert hinaus. So unterbreitet Weber bereits in seinem Aufsatz „Die ‚Objektivität' sozialwissenschaftlicher und sozialpolitischer Erkenntnis" aus dem Jahr 1904 eine scharfsinnige Analyse der praktisch-politischen Relevanz einer werturteilsfreien Sozialwissenschaft. Als Theorie menschlichen Handelns vermag diese, bei gegebenem Zweck die Geeignetheit der Mittel zu untersuchen. Auf der Grundlage einer solchen Untersuchung kann sie beurteilen, ob eine Zwecksetzung überhaupt realisierbar und damit praktisch sinnvoll ist. Auch die unerwünschten Nebenfolgen, die in vielen Fällen den Einsatz bestimmter Mittel zur Realisierung von Zwecken belasten, kann eine werturteilsfreie Untersuchung zu klären versuchen. Sie schafft auf diese Weise die Möglichkeit einer vergleichenden Abwägung der ungewollten gegen die gewollten Folgen des Handelns. In Kooperation mit der Sozialphilosophie können ferner die Zwecksetzungen selbst „nach Zusammenhang und Bedeutung“ dem Verständnis erschlossen werden (Weber *1968*, 5). Die Zwecksetzungen können am „Postulat der inneren Widerspruchslosigkeit des Gewollten“ überprüft, und es können schließlich die letzten Wertaxiome des Gewollten zu Bewußtsein gebracht werden. Ob sich das urteilende Subjekt jedoch zu diesen letzten Wertmaßstäben bekennen soll, ist keine Frage der empirischen Wissenschaft mehr. Darüber zu befinden, ist vielmehr eine Angelegenheit der persönlichen Weltanschauung und Gewissensentscheidung (ebd. 6). Weber faßt sein Plädoyer für eine begrenzte praktisch-politische Relevanz werturteilsfreier empirischer Wissenschaft mit den Worten zusammen: „Eine empirische Wissenschaft vermag niemanden zu lehren, was er soll, sondern nur, was er kann und – unter Umständen – was er will.“ (Ebd.) Empirische Sozialwissenschaft ist für Weber in deskriptiv erklärender wie in teleologisch zweckrationaler Form, nicht aber in präskriptiver Weise möglich. Gleichwohl gehört die Sozialwissenschaft für Weber zu den ‚sinnverstehenden‘ Wissenschaften, deren Möglichkeiten einer „idealtypischen Begriffsbildung“ eingehend erörtert werden (ebd. 158–167). Trotz aller Bemühung um eine wissenschaftstheoretische Klärung der empirischen Sozialwissenschaft warnt Weber in einer Auseinandersetzung mit dem Historiker Eduard Meyer allerdings selbst vor einer Überschätzung der Bedeutung methodologischer Studien für die wissenschaftliche Praxis: „Die Methodologie kann immer nur Selbstbesinnung auf die Mittel sein, welche sich in der Praxis bewährt haben, und daß diese ausdrücklich zum Bewußtsein gebracht werden, ist so wenig Voraussetzung fruchtbarer Arbeit, wie die Kenntnis der Anatomie Voraussetzung ‚richtigen‘ Gehens... Nur durch Aufzeigung und Lösung sachlicher Probleme wurden Wissenschaften begründet und wird ihre Methode fortentwickelt, noch niemals dagegen sind daran rein erkenntnistheoretische oder methodologische Erwägungen entscheidend beteiligt gewesen." (Weber *1922,* 217; zur Auseinandersetzung mit Webers Wissenschaftsverständnis s. u. III, 3)

Bei G. Simmel und M. Weber trat die besondere philosophische Problematik der Geisteswissenschaften nur mehr in wissenschaftsregionaler und methodologischer Selbstbeschränkung in Erscheinung. Eine mehr indirekte Bedeutung für die Entwicklung des Selbstverständnisses der Geistes- oder Kulturwissenschaften kommt Webers Heidelberger Hausgenossen, dem gleichfalls dem ‚Südwestdeutschen Neukantianismus' nahestehenden Theologen Ernst *Troeltsch* zu. In seinem Spätwerk „Der Historismus und seine Probleme" *(1922)* hatte sich Troeltsch kritisch mit den „allgemeinen philosophischen Grundlagen und Elementen des historischen Denkens" befaßt, ausdrücklich aber werden die historischen Wissenschaften in dem breit angelegten Werk nur mehr am Rande in die Untersuchung mit einbezogen. Auch Hans *Freyers* „Theorie des objektiven Geistes" *(1923)* zielt nicht eigentlich mehr auf eine ‚Theorie der Kulturwissenschaften, sondern auf eine „Theorie der kulturellen Welt" (Freyer *1923,* 11). Durch eine „systematische Kulturphilosophie" sollte Diltheys ‚Kritik des historischen Bewußtseins' ergänzt werden. Wie Freyer eine Reihe von grundlegenden kulturphilosophischen Kategorien (‚Gebilde', ‚Gerät', ‚Zeichen', ‚Sozialform', ‚Bildung') zu klären versucht, so findet sich in der sprachkritischen Arbeit von Heinrich *Gomperz* „Über Sinn und Sinngebilde. Verstehen und Erklären" *(1929)* eine eingehende Analyse des für das Selbstverständnis der Geisteswissenschaften zentralen, gleichwohl mehrdeutigen Sinnbegriffes. Auch dieser Beitrag ist deshalb von größerem Interesse für eine Klärung geisteswissenschaftlicher Grundprobleme. Das gilt ebenso für einige phänomenologische Abhandlungen, so insbesondere für Edmund *Husserls* Überlegungen zum Historismusproblem in seinem Aufsatz „Philosophie als strenge Wissenschaft" *(1910/1911)*, für seine Auseinandersetzung mit W. Dilthey in der „Einleitung zur Vorlesung über Phänomenologische Psychologie" *(1925)* und für die späteren „Beilagen" zu dieser Vorlesung *(1928)*. Von Bedeutung für die weitere Entwicklung des Selbstverständnisses der Geisteswissenschaften war aber auch Max *Schelers* Analyse der Wissensformen in seinen Arbeiten „Die Formen des Wissens und die Bildung" *(1925)* und „Die Wissensformen und die Gesellschaft" *(1926)*.

In seiner ganzen Breite ist das Thema einer Philosophie der Geisteswissenschaften vor allem von einigen Dilthey-Schülern und Vertretern der Dilthey-Schule aufgegriffen und weitergeführt worden. So hat sich insbesondere Eduard *Spranger* (1882–1963) in einer langen Reihe von Abhandlungen und Reden mit Grundproblemen der Geisteswissenschaften auseinandergesetzt. Seine Aufmerksamkeit richtet Spranger besonders auf die Unterscheidung verschiedener Formen geisteswissenschaftlichen Verstehens, auf Möglichkeiten einer psychologisch-historischen Typenbildung, auf die Bedeutung wissenschaftlicher und außerwissenschaftlicher Voraussetzungen in den Geisteswissenschaften, auf die Gefahr der Ideologisierung der Geisteswissenschaften und auf das Problem der Werturteilsfreiheit wie schließlich auf die bildende Funktion der Geisteswissenschaften.

Von deskriptiv-psychologischen und phänomenologischen Voraussetzungen aus versucht Spranger „jenes eigentümliche Erkenntnismittel aller darstellenden, beschreibenden und gesetzesbildenden Geisteswissenschaften" zu analysieren, das er im Anschluß an Dilthey „Verstehen" nennt. Spranger erkennt deutlich, daß das rekonstruierende Verstehen eines ursächlichen psychischen Geschehensablaufes etwas anderes ist als das Verstehen eines seelischen Motivationszusammenhanges und wiederum etwas anderes als das Verstehen von Sinngebilden in größeren geistigen Bedeutungszusammenhängen. Wie der späte Dilthey betont Spranger die Notwendigkeit, die „Grenze zwischen dem Seelischen und dem Geistigen, zwischen Ichzuständen und Sinngebung immer schärfer zum Bewußtsein zu erheben" (Spranger *1980*, 42).

Eine modifizierte dreifache Untergliederung bietet Spranger, wenn er Verstehen „aus der objektiven Situation", „aus der Einheit der Person" und „aus unserem eigenen gesetzlichen Erlebniszusammenhang heraus" unterscheidet. Interessant ist in diesem Rahmen insbesondere die persönliche Komponente des Verstehens. Für Spranger hat Verstehen etwas mit der Charakterentwicklung eines Menschen zu tun. Je höher das Niveau bewußter Lebenserfahrung des Verstehenden und seiner Phantasieentwicklung, um so differenzierter vermag sich auch das Kategoriensystem auszubilden, mit dessen Hilfe Verstehen möglich wird. Ein phantasievoller, vielseitig entwickelter Mensch vermag in diesem Sinn mehr zu ‚verstehen' als ein „naiver" (ebd. 82).

Spranger ist sich außerdem im klaren darüber, daß nicht allein die Objekte des Verstehens, sondern auch das Verstehen selbst den Bedingungen menschlicher ‚Geschichtlichkeit' unterliegen. „Man kann nicht leugnen", erläutert Spranger, „das Geistesleben ändert sich und wir selbst, die Interpretierenden, Verstehenden uns mit ihm." (76) Der historische Forscher ist selbst ein

Glied des geschichtlichen Prozesses, den er durchleuchten und verstehen will (233). Die jeweilige Eingebundenheit des Verstehenden in seine Zeit konkretisiert Spranger folgendermaßen: „Es ist ein unabänderliches Faktum: der geisteswissenschaftliche Forscher arbeitet in einem bestimmten Lande und in einem bestimmten Volk. Er redet die Sprache dieses Volkes und übernimmt mit ihr nicht nur geprägte Begriffe, sondern auch geprägte Werturteile und psychologische Bedeutungsschattierungen. Er gehört einem Generationstypus an. Er hat eine persönliche Eigenart mit ihren Stärken und Grenzen. Er besitzt ein Maß ethischer Lebensreife und Bildung. Schon seine Fähigkeit, Geistiges zu verstehen, wird dadurch gelenkt, geformt und schließlich auch eingeengt." (234, vgl. 60) Diese zeitliche, soziale und regionale Standortgebundenheit hat eine „perspektivische Begrenztheit des Verstehens" zur Folge (165). „Anders als perspektivisch kann der Mensch die Wahrheit gar nicht zu sehen bekommen." (62)

Aus Einsicht in den unvermeidlichen standortbezogenen Perspektivismus alles Verstehens wendet sich Spranger gegen die These von der Voraussetzungslosigkeit der Wissenschaft. Diese Redeweise war als Argument gegen Rechtfertigungsversuche für eine Ideologisierung der Wissenschaft verwendet worden. Sprangers Entgegnung darauf: „Man erweist also der Wissenschaft einen schlechten Dienst, wenn man ihre Geltung mit unzulänglichen Gesichtspunkten verteidigt." (253) Die Wissenschaft ist nicht voraussetzungslos (181); sie hat sowohl interne theoretische wie externe außertheoretische Voraussetzungen. Letztere spielen in den Geisteswissenschaften nach Sprangers Ansicht sogar eine besonders große Rolle (232). „Jeder, der auf dem Gebiete der Wissenschaft tätig ist, ist auch lebendiger Mensch mit einem weltanschaulichen Apriori, das er als Kind seiner Zeit und als gebildete Individualität mitbringt." (285) Es geht auch nicht darum, dieses „weltanschauliche Apriori", wie Spranger gemeinsam mit Simmel und Freyer sagt, im Sinne wissenschaftlicher Neutralität gänzlich auszuklammern zu wollen. Denn die weltanschaulichen Voraussetzungen sind keinesfalls „nur Mängel", sie können auch „produktiv" werden, „weil sie eine bestimmte Perspektive, eine einheitliche geistige Form begründen" (234). Die Fruchtbarkeit der Wissenschaft für das Leben hängt nach Sprangers Meinung „an dieser Lebendigkeit der Denkernatur" (178). Die Objektivität wissenschaftlicher Forschung ist nicht eigentlich von der Neutralität des Forschers abhängig, entscheidend dafür ist vielmehr der unbedingte „Wille zur Wahrheit" (231). Wissenschaftliche Objektivität beruht auf einer „ethischen Geisteshaltung" (235), einer „spezifischen Selbstdisziplin", die sich in der „Gerechtigkeit des Urteils" zeigt. Der Forscher muß mit der „Unparteilichkeit eines überlegenen Richters" urteilen, der Feind wie Freund zu verstehen und gerecht zu werden versucht (235). „In dieser Ehrlichkeit und Unbestechlichkeit liegt der eigentliche sittliche Ursprungspunkt der Wissenschaft." (232) Der unbedingte Wahrheitswille des Forschers hat sich kritisch auch gegen seine eigenen theoretischen und außertheoretischen Voraussetzungen zu richten. „Nicht Voraussetzungslosigkeit ist die Tugend der Wissenschaft, wohl aber Selbstkritik ihrer Grundlagen, auch derjenigen und gerade derjenigen, die sich nicht als rein theoretisch, d.h. an immanent logische Wahrheitsnormen gebunden erweisen." (171)

In der Frage der Werturteilsfreiheit der Wissenschaft setzt sich Spranger ausdrücklich mit Max Weber auseinander. Diesem hält er zugute, daß er die Analyse der weltanschaulichen Wertstrukturen in den Aufgabenkreis der Wissenschaft mit einbezogen habe (162). Andererseits hält er ihm aber vor, wertende Stellungnahmen aus der Wissenschaft ausgeschlossen zu haben (120). Spranger will Werturteile zwar nicht als wissenschaftliche Erkenntnis einordnen, es gehöre jedoch zur Eigenart der Geisteswissenschaften, „Werturteile aufgrund von Erkenntnis" zu fällen (120). Die Einsicht in Tatsachen beeinflußt, Spranger zufolge, nicht nur die Wahl der Mittel zur Realisierung von Zwecken, sondern vermag auch die zugrundeliegenden Wertungen und Zielsetzungen selbst umzubilden (127). Bildlich veranschaulichend spricht Spranger von einer „Zweiregistertheorie". Wie der Richter habe auch der Geisteswissenschaftler zwei Aufgaben zu übernehmen: er habe zunächst den Sachbefund objektiv zu ermitteln und auszusprechen und alsdann „auf dieser Grundlage" Stellung zu nehmen und zu entscheiden. In diesem Sinn habe der Forscher ein „Recht, zu richten und zu bewerten" (283).

Vermittels sachlich fundierter Stellungnahmen werden die Geisteswissenschaften praktisch. Es geht ihnen nicht nur um das „realitätsgebundene hinnehmende Verstehen", sondern auch „um das Verstehen des Seinsollenden" (287). Auch der Historiker vermag sich zu fragen, was damals hätte werden sollen. Doch spielt diese Fragestellung, außer vielleicht für die Gegenwartsgeschichte, im ganzen nach Sprangers Meinung nur eine sekundäre Rolle. Anders hingegen verhalte es sich mit den systematischen Geisteswissenschaften, die selbst Normensysteme zum Gegenstand haben. In der Rechtswissenschaft, der Politik- oder Religionswissenschaft wird die Beantwortung der Frage nach dem Seinsollenden nach Sprangers Überzeugung „zur unabweisbaren Anforderung" (287).

Neben dieser ‚praktischen' haben die Geisteswissenschaften für Spranger insbesondere eine ‚bildende' Funktion. Ihre Hauptaufgabe sei es, „Besinnung zu sein" und zum „Aufbau der Gesinnung" beizutragen (178); sie seien „Wege zur Selbsterkenntnis" (63). „Will man nun wissen", sagt Spranger zusammenfassend, „worin der Lebenswert der Geisteswissenschaften besteht, so muß man den Bewußtseinsveränderungen tiefer nachgraben, die durch sie im Empfänger bewirkt werden. In einfachster Form ausgedrückt: es werden in ihm Lebenskategorien rege gemacht, die er vorher nicht explicite gehabt hat. Dadurch erfolgt eine Erweiterung und Vertiefung seines eigenen Lebensbewußtseins. Es baut sich in ihm eine geistige Welt auf, die ihn reicher und stärker macht." (90)

Kein anderer Autor der Dilthey-Schule hat so nachdrücklich wie Theodor *Litt* (1880–1962) die besondere humane „Lebensfunktion" der Geisteswissenschaften betont. Das zentrale Thema, das sich wie ein roter Faden durch die lange Reihe der Publikationen Litts hindurchzieht, könnte man unter Verwendung einer seiner eigenen Kapitelüberschriften „Die Sorge um den Menschen" nennen (Litt *1955*, 11). Beispielhaft für die Geisteswissenschaften ist für Litt die Geschichtswissenschaft. Ihr kann es nicht lediglich darum zu tun sein, ihr Objekt methodisch zu konstruieren. Geschichtswissenschaft ist nach Litts Meinung kein Selbstzweck, sie hat vielmehr „eine durch und durch dienende Funktion" (Litt *1956*, 65). Als vergegenwärtigende Erinnerung ist sie „in das Gesamtleben eingebunden und auf das Gesamtleben angewiesen" (ebd. 66). „Erinnerung" hat eine wichtige „Lebensfunktion" für den „Erinnernden": in Rückbeziehung auf Bedeutsames der eigenen Lebensgeschichte vermag dieser auch neue Lebenssituationen so zu sehen, daß sie für ihn beurteilbar und gegebenenfalls entscheidbar werden. Die „Erinnerung“ besitzt eine lebensorientierende Funktion; sie weist nicht nur einen Bezug zu Vergangenem auf, sondern enthält unter dem Aspekt des „Lebensbedeutsamen“ auch eine Beziehung auf Zukünftiges: sie ist in diesem Sinne eine „dem Leben nicht bloß zur Seite gehende, sondern fort und fort an ihm bildende Kraft“ (72).

Die Geschichtswissenschaft knüpft an das „vorwissenschaftliche Geschichtsbewußtsein“ an: sie entwickelt „ein schon in Sicht Getretenes zu höherer Klarheit“ (65). Es ist allerdings „ein langer Weg, der von dem religiös-dichterischen Niederschlag der die urtümliche Gemeinschaft beseelenden Erinnerung zu jener Vergegenwärtigung vergangener Taten, Werke und Schicksale führt, die als ‚wissenschaftlich‘ anerkannt zu werden beansprucht“ (72). Gleichwohl behält auch eine methodisch durchgebildete Geschichtswissenschaft die Aufgabe, einen Beitrag zu leisten „zu der umfassenden Selbstbesinnung, ohne deren bildendes Eingreifen keine Gemeinschaft ein seiner selbst bewußtes Leben führen kann“ (73). Auch die „zu strenger Selbstzucht erzogene Wissenschaft von der Geschichte“ ist deshalb nicht lediglich „die Sache des beiseite stehenden Gelehrten“, sondern hat „zur erinnernden Selbstvergewisserung der Gemeinschaft“ ihren Teil beizutragen (74). Wenn die Geschichtswissenschaft über die Reinheit und Vollständigkeit der Überlieferung wacht, dann tut sie das nicht einfach als „Aufseherin über ein Museum von Antiquitäten, die nur den gelehrten Kenner interessieren können“, vielmehr als „Hüterin eines Schatzes von Erinnerungen, die in der zu bestehenden Prüfung dem Gemüt gegenwärtig sein müssen“ (74).

Was hier von der Geschichtswissenschaft gesagt wird, gilt, pars pro toto, für die Geisteswissenschaften im besonderen Verständnis auch generell: sie sind in den Lebenszusammenhang eingewoben und nehmen damit eine eigentümlich durch ihn vermittelte und ihn wiederum vermittelnde Stellung zwischen ‚Wissenschaft' und ‚Lebenswelt' ein. In einer Abhandlung über „Die Selbsterkenntnis des Menschen" aus dem Jahr 1938 unterscheidet Litt genauer zwischen der Selbsterkenntnis eines „Individuums", der Selbsterkenntnis einer „Vielzahl menschlicher Gruppen und Gemeinschaften" und schließlich der Selbsterkenntnis allgemein „der Menschheit" (Litt *1938,* 6). Die zuletzt genannte Art von Selbsterkenntnis fällt für Litt zusammen mit der Erkenntnis des „Allgemein-Menschlichen" oder der „Selbsterfassung des Menschen überhaupt" (ebd.). Das Streben nach „Selbsterkenntnis", gleich ob im individuellen, kollektiven oder universellen Sinn, pflegt, Litt zufolge, genau an dem Punkte einzusetzen, „an dem der naiv und fraglos geglaubte ‚Sinn' der Wirklichkeit zweifelhaft zu werden beginnt" (ebd. 8). Individualgeschichtlich ist „das Bedürfnis, ein Wissen um sich selbst zu erwerben und kraft solchen Wissens in sein eigenes Werden einzugreifen", von einer gewissen Entwicklungsstufe an „unablegbar" (ebd.). Allgemein gesehen ist das Bedürfnis nach Selbsterkenntnis vor allem seit dem Aufkommen des „historischen Bewußtseins" dringlich geworden.

Litt versucht, dem „Historismus" eine positive Deutung zu geben. „Historismus" heißt im Sinne Litts: „das Wissen des Menschen um die in Form der Geschichte geschehende, nur in Form der Geschichte mögliche und durch die Geschichte ihm auferlegte Mitwirkung an der Gestaltung seiner selbst" (Litt *1956,* 80f.). In diesen Prozeß der geschichtlichen Selbstgestaltung ist auch der Historiker einbezogen. Seiner „Standortgebundenheit" gibt Litt gleichfalls einen positiven Sinn: er wertet sie nicht als „leidige Unvollkommenheit“, sondern als „notwendige Bedingung“, den eigenen Lebenszusammenhang durch das historische Verstehen zu bereichern (ebd. 83). Durch die Erhebung vom historisch Besonderen zum menschlich Allgemeinen vermag sich die anfängliche „Standortgebundenheit“ des Historikers zunehmend in eine „Standortfreiheit“ zu verwandeln (ebd.).

In seiner Abhandlung über „Das Allgemeine im Aufbau der geisteswissenschaftlichen Erkenntnis“ *(1941)* und in späteren Beiträgen versucht Litt, den besonderen Charakter des „Allgemeinen“ in den Geisteswissenschaften zu würdigen. In deutlicher Anlehnung an logische Unterscheidungen Hegels differenziert Litt zwischen einem „Gesetzes-“ oder „Gattungs-Allgemeinen“, unter welches das Besondere lediglich als „Fall“ oder „Exemplar“ subsumiert wird, und einem „Allgemeinen“, „welches das Besondere in der Einheit mit sich festhält“ (Litt *1941,* 23). Das „Subsumptions-Allgemeine“ ignoriert das Besondere in seiner einmaligen Individualität. Das andere „Allgemeine“ nimmt das Besondere in seiner unwiederholbaren Individualität ernst; denn es geht aus diesem selbst hervor (ebd. 82). Litt meint damit offenbar eine entelechisch gedachte, ideale ‚Wesens-Allgemeinheit‘, die sich aus dem Individuellen „emporentwickelt“ (ebd.) und zugleich als seine Norm zu verstehen ist, an der es gemessen werden kann. In späteren Arbeiten nennt Litt dieses das Besondere in sich festhaltende Allgemeine auch das „Normativ-Allgemeine“ (Litt *1956,* 89) oder das „Sinnallgemeine“ (Litt *1948,* 234). Um dem historisch Individuellen in seiner Einmaligkeit gerecht werden zu können, muß es in den Geisteswissenschaften als Moment eines „Sinnallgemeinen“ aufgefaßt und gewürdigt werden.

Wie die meisten Theoretiker vor ihm hat auch Litt seine philosophische Deutung der Geisteswissenschaften und ihrer „Lebensfunktion“ am Beispiel der Geschichtswissenschaft entworfen. Die Einseitigkeiten eines solchen Vorgehens sucht Erich *Rothacker* (1888–1965) bewußt zu vermeiden, indem er seine Aufmerksamkeit gezielt auf die juristische und theologische Dogmatik richtet. Beide sind seit langem ausgebaute akademische Disziplinen mit lebendig und sicher getätigten Methoden von eigentümlicher logischer Struktur, über welche sich die philosophischen Wissenschaftstheorien jedoch „fast restlos auszuschweigen pflegen“ (Rothacker *1976*, 227). Insbesondere an der Jurisprudenz läßt sich demonstrieren, daß sie in für sie typischer Weise eine philosophische, eine dogmatische und eine historische Teildisziplin in sich enthält: die Rechtsphilosophie, die Rechtsdogmatik und die Rechtsgeschichte. Das Wort „dogmatisch“ wird in einem solchen klassifikatorischen Zusammenhang nicht abwertend verwendet. Das Spezifikum des „dogmatischen“ Verhaltens ist: „die systematische Interpretation eines Gehaltes“ (Rothacker *1926*, 22). Zwischen der philosophischen, dogmatischen und historischen Betrachtungsweise besteht, Rothacker zufolge, eine eigentümliche Variabilität: der eine Aspekt kann in den anderen umschlagen. Ein auf einen philosophischen Rechtsgedanken gegründetes, mit verbindlichem Geltungsanspruch auftretendes, ausgebildetes Rechtssystem wird zur „Dogmatik“, sobald es anderen Rechtssystemen ausdrücklich gegenübergestellt wird. Durch Vergleiche kann es „historisiert“ und in seinem Anspruch auf Allgemeingültigkeit in Frage gestellt werden (Rothacker *1976*, 227). Andererseits kann sich auch der historische Bericht über ein Rechtssystem, sobald sein von ihm erhobener systematisch begründeter Geltungsanspruch ernst genommen wird, in eine philosophische und dogmatische Betrachtung und Überprüfung umwandeln. Mit seiner Unterscheidung einer philosophischen, dogmatischen und historischen Betrachtungsweise meint Rothacker drei unentbehrliche Gesichtspunkte aufgewiesen zu haben, die nicht allein für die Jurisprudenz und die Theologien, sondern auch für andere Geisteswissenschaften relevant seien, so insbesondere für die Sprachwissenschaft, die Kunstwissenschaften, die Nationalökonomie und die Politikwissenschaft (ebd. 222).

In seinem Buch „Logik und Systematik der Geisteswissenschaften" *(1926)* vertritt Rothacker die Ansicht, es gebe kein anderes Mittel, die geisteswissenschaftlichen Begriffe und Methoden voll zu verstehen, als sie in ihre weltanschaulichen Ursprünge zurückzuverfolgen (Rothacker *1926,* 36). Nach heutigen begriffsgeschichtlichen, logischen und methodologischen Ansprüchen dürfte Rothackers Unterscheidung einer „erklärenden", einer „begreifenden" und einer „verstehenden" Methode und deren Rückführung auf „weltanschauliche Ursprünge" nicht mehr befriedigen. Rothacker weiß zwar um den Zusammenhang zwischen Erkenntnisinteressen und der Wahl von Methoden (ebd. 128, 144f.). Doch weil er versäumt, die leitenden „geistigen Interessen", die zur Konstitution der Geisteswissenschaften im engeren Sinn führen, inhaltlich näher zu bestimmen, wird die Aufgabe einer „Logik und Systematik der Geisteswissenschaften", soweit diese im weiteren Sinn verstanden werden, bei der Vielfalt der hierhergehörenden wissenschaftlichen Ziele, Gegenstände und Verfahren für Rothacker schließlich unlösbar.

Otto Friedrich Bollnow (geb. 1903) hat sich nicht nur durch sein Dilthey-Buch *(1936)* besondere Verdienste als Dilthey-Interpret erworben; in mehreren Beiträgen hat er sich auch mit hermeneutischen Problemen der Geisteswissenschaften befaßt. Die meisten dieser Arbeiten beschäftigen sich mit Formen, Bedingungen, Möglichkeiten und Grenzen des „Verstehens", das Bollnow für „ursprünglicher" hält als das „Erklären" (Bollnow *1982*, 125). Das Ziel seiner Bemühungen ist, wie Bollnow vielleicht etwas zu anspruchsvoll sagt, eine „Methodologie des Verstehens" (ebd. 129). In diesen Zusammenhang gehört auch Bollnows verdienstvolles Bestreben, die hermeneutischen Schriften Paul Ricoeurs in Deutschland bekanntzumachen (ebd. 224–294).

Ein besonderes Interesse für die Theorie der Geisteswissenschaften scheint indes immer noch der 1949 erschienene Aufsatz „Zur Frage der Objektivität der Geisteswissenschaften" für sich in Anspruch nehmen zu können. In ihm unterscheidet Bollnow zwischen „Objektivität" und „Allgemeingültigkeit". „Allgemeingültigkeit einer Erkenntnis" nennt Bollnow deren „Unabhängigkeit von den Besonderheiten des erkennenden Menschen, d.h. ihre Zugänglichkeit und Verbindlichkeit für jedes erkennende Wesen schlechthin" (Bollnow *1949*, 78f.). Das einfachste und eindringlichste Beispiel einer „allgemeingültigen Erkenntnis" sind für Bollnow mathematische Sätze. Dieses Beispiel zeigt jedoch zugleich, daß allgemeingültige Sätze nicht empirisch wahr zu sein brauchen (ebd. 79). Unter „Objektivität" einer Erkenntnis hingegen versteht Bollnow ihre „Wahrheit im Sinn der Angemessenheit einer Erkenntnis an ihren Gegenstand" (ebd.). Über die „Objektivität" einer Erkenntnis entscheidet ihre Sachangemessenheit. Eine objektiv wahre Erkenntnis in diesem Verständnis kann auch von einem einzelnen Menschen oder einer Gruppe von Menschen gewonnen sein, ohne daß sie auch schon als „allgemeingültig" angesehen werden müßte. Kriterium für die Sachangemessenheit ist nach Bollnow die „Widerstandserfahrung", die der Erkennende im

Umgang mit der Sache macht (84). Nicht alle Menschen überhaupt müssen die Sachangemessenheit einer Erkenntnis bestätigen können, sondern nur die mit der Sache vertrauten, die ihren Gegenstand mit der „ganzen Tiefe der Subjektivität" zu erfassen in der Lage sind (81f., 86, 98f.). „Objektivität im Sinn der Sachgerechtigkeit" ist deshalb nach Bollnows Ansicht nicht an die Unabhängigkeit der Erkenntnis von Besonderheiten des erkennenden Menschen geknüpft; sie setzt die besonderen Kräfte der Subjektivität eines Menschen vielmehr in eminenter Weise gerade voraus (86). Die „innerste Tiefe des Subjekts" geht als „konstruktiver Bestandteil" mit in die Erkenntnis ein; denn gerade ihr schließt sich die Wirklichkeit auf (88). Die „wesensmäßige Subjektivität", die Objektivität als Sachgerechtigkeit allererst ermöglicht, unterscheidet Bollnow jedoch von der „zufälligen Subjektivität" im Sinne „schrankenloser Beliebigkeit und bloßer Befangenheit in sich selbst und Abhängigkeit von persönlichen Zufälligkeiten aller Art" (89). Diese in sich befangene „Subjektivität" dringt gar nicht „zur echten Berührung mit der Sache" vor (89). Zwischen „wesensmäßiger" und „zufälliger", zu vermeidender „Subjektivität" zu unterscheiden, ist, meint Bollnow, „eines der ersten Erfordernisse bei jeder geisteswissenschaftlichen Arbeit" (89). Angesichts der Besonderheit der geisteswissenschaftlichen Gegenstände, die „in immer erneuter Begegnung" überhaupt erst deutend erschlossen werden müssen, ist es den Geisteswissenschaften nach Bollnows Urteil vor allem um „Objektivität" im Sinne einer die wesensmäßige Subjektivität einbeziehenden Sachgerechtigkeit zu tun.

Unter den Theologen der ersten Hälfte des 20. Jahrhunderts ist es vor allem Rudolf *Bultmann* gewesen, der sich auf breiter hermeneutischer Basis und zugleich bereits unter dem Einfluß der Existenzialontologie M. Heideggers (s.u.) mit Problemen der Interpretation von Texten auseinandergesetzt hat. In seinem Aufsatz „Das Problem der Hermeneutik" knüpft auch Bultmann zunächst bei Dilthey an, setzt dann aber seine Akzente doch anders als dieser. Bultmann interessiert sich in erster Linie für die besondere Funktion, die dem „Vorverständnis" beim Verstehen zukommt. Das „Lebensverhältnis" des Interpreten zur Sache, die im Text direkt oder indirekt zu Worte kommt, ist für Bultmann die Voraussetzung jeder verstehenden Interpretation (Bultmann *1950*, 244, 253). „Wie die Interpretation eines Werkes der Dichtung und der Kunst nur dem gelingen kann, der sich ergreifen läßt, so das Verstehen eines politischen oder soziologischen Textes nur dem, der von den Problemen des politischen oder sozialen Lebens bewegt ist." (256) Eine Interpretation ist deshalb „nie voraussetzungslos", sondern wird von einem „Vorverständnis der Sache" geleitet (424). Weil die Interpretation „ein Lebensverhältnis zu den Sachen" voraussetzt, bleibt manche Literatur manchen Menschen je nach Alter oder Bildung auch verschlossen. Das Vorverständnis kann beides bewirken: es kann das Verstehen eines Textes ermöglichen und unter Umständen auch verhindern. Bultmann betont jedoch, es gelte nicht, „das Vorverständnis zu eliminieren, sondern es ins Bewußtsein zu erheben, es im Verstehen des Textes kritisch zu prüfen, es aufs Spiel zu setzen, kurz es gilt: in der Befragung des Textes sich selbst durch den Text befragen zu lassen, seinen Anspruch zu hören" (254). Allererst der selbstkritisch gewordene Umgang mit dem eigenen Vorverständnis wie gleicherweise mit dem Text ermöglicht etwas derartiges wie „Objektivität der Interpretation". Die Interpretation eines Textes ist für Bultmann zugleich ein Akt kritischer „Selbstbesinnung" (239).

Durch eine besondere Bestimmung des Begriffs „Verstehen" gewann Martin *Heidegger* (1889–1976) nachhaltige Bedeutung für das philosophische Verständnis der Geisteswissenschaften im engeren Sinn. „Verstehen" ist bei Heidegger nicht mehr nur wie bei Bultmann an ein Vorverständnis der in einem Text zur Sprache gelangenden Sache geknüpft, oder in Heideggers eigentümlicher Redeweise ausgedrückt: „Verstehen" ist nicht allein durch seine ihm eigene „Vor-Struktur" gekennzeichnet, es besitzt vielmehr darüber hinaus noch eine spezifische Beziehung zur Zukunft. Das zeigt sich darin, daß „Verstehen" bei Heidegger durch seinen „Entwurfscharakter" bestimmt wird; es ist, wie Heidegger sagt, „erschließendes Seinkönnen" (SZ, 144f.). Umschrieben heißt das: ‚Verstehend' entwirft sich der Mensch auf sein „eigenstes Seinkönnen", seine jeweilige Möglichkeit hin; oder wie Heidegger auch formulieren kann: „Das Verstehen bedeutet das Sichentwerfen auf die jeweilige Möglichkeit des In-der-Welt-seins." (387) „Verstehen" im Sinne Heideggers ist nicht lediglich eine besondere Erkenntnisart neben anderen, z.B. dem Erklären, sondern gewinnt die Bedeutung einer fundamentalen Vollzugsweise menschlichen Daseins, an dessen Zeitlichkeit und Geschichtlichkeit es selbst teilhat. Im alltäglichen Leben vollzieht sich ‚Verstehen' zumeist auf eine selbstverständliche, unausdrückliche Weise. Erst durch „Auslegung" kommt das unausdrücklich Verstandene zur „Ausdrücklichkeit" (149). Die „Auslegung" gründet deshalb bei Heidegger in einem vorgängigen Verstehen (153).

Geht es um die verstehende Auslegung menschlicher Daseinsmöglichkeiten, so wird man nach Heideggers Überzeugung der Geschichte nicht gerecht, wenn sie nur als „Objekt einer Wissenschaft" gesehen wird. Durch die wissenschaftliche Objektivierung der Geschichte wird, wie Heidegger sagt, „das Grundphänomen der Geschichte, das seiner möglichen Thematisierung voraus und zugrunde liegt“ bereits „unwiederbringlich auf die Seite gebracht“ (375). Die Geschichte läßt sich angemessen nur thematisieren, wenn sie in den existentiell grundlegenden Zusammenhang der verstehenden Erschließung menschlicher Daseinsmöglichkeiten eingerückt wird (385f.). Historie als Wissenschaft kann nur „aus der Geschichtlichkeit des Daseins gewagt werden“ (392). Das bedeutet für Heidegger: Voraussetzung der Historie als Wissenschaft ist bis in die unscheinbarsten ‚handwerklichen‘ Verrichtungen hinein „die Geschichtlichkeit der Existenz des Historikers“. Dieser entwirft die Geschichte von seinem Standort aus auf Daseinsmöglichkeiten hin. Das „dagewesene Dasein“ ist demgemäß nicht nur in seiner Tatsächlichkeit zu nehmen; es ist auf seine ihm eigenen Möglichkeiten hin zu verstehen, und es ist zudem von den Möglichkeiten her, die ihm vorangingen und deren eine es selbst war, zu interpretieren (394).

Die „Möglichkeit der dagewesenen Existenz“ ist für Heidegger geradezu „das zentrale Thema der Historie“ (395). Das dagewesene Dasein in seiner Möglichkeit zu enthüllen, heißt soviel wie „im Einmaligen das Allgemeine“ offenbaren. Dieses sich im Einmaligen als seine Möglichkeit enthüllende „Allgemeine“ darf, Heidegger zufolge, nicht mit dem landläufigen Kriterium der „Allgemeingültigkeit“ wissenschaftlicher Erkenntnis verwechselt werden. In keiner Wissenschaft, so betont Heidegger, seien die „Allgemeingültigkeit“ der Maßstäbe und die Ansprüche auf „Allgemeinheit“ weniger mögliche Kriterien der „Wahrheit“ als in der eigentlichen Historie (395). Die Grundbegriffe der historischen Wissenschaften im Sinne Heideggers sind, da sie sich auf mögliches Dasein richten, „Existenzbegriffe“, und die

Theorie der Geisteswissenschaften hat „eine thematisch existenziale Interpretation der Geschichtlichkeit des Daseins“ zur Voraussetzung (397).

In den hier nur kurz umrissenen Überlegungen Heideggers zur Begründung der Historie in der Geschichtlichkeit des menschlichen Daseins kommt bereits nachdrücklich zum Ausdruck, daß jeder gleichsam fetischistisch vom menschlichen Lebenszusammenhang abgelösten ‚objektivistischen‘ Geschichtswissenschaft eine Absage erteilt wird. Die Geschichtswissenschaften sind kein Selbstzweck, sie dienen vielmehr der menschlichen Selbst- oder Daseinsorientierung. Sie stehen mitten im praktischen Lebensvollzug von Menschen, die erst durch geschichtliche Selbstbesinnung zu ihren eigenen jeweiligen Möglichkeiten finden. Heideggers Reflexionen betreffen sicher nicht die ganze Vielfalt der möglichen Aufgaben und Themenstellungen der historischen Wissenschaften, sondern beziehen sich auf die Geschichtswissenschaft im engeren Sinn, die Heidegger auch die „eigentliche Historie“ nennt (395). Das ist die Historie, die selbst aus der Grundverfassung der Geschichtlichkeit des menschlichen Daseins erwachsen ist.

6. Hans-Georg Gadamer

Nicht eigentlich aus wissenschaftstheoretischem oder methodologischem Interesse wendet sich Gadamer den Geisteswissenschaften zu; sie sind ihm vielmehr neben der Kunst, der Philosophie und der „Geschichte selbst“ als Beispiel wichtig, an dem sich demonstrieren läßt, daß „Verstehen“ und mit ihm immer schon „Erfahrung von Wahrheit“ nicht auf den Bereich streng methodischer Wissenschaft beschränkt ist (WM, S. XIV). Die ausdrückliche Zielsetzung seines Buches „Wahrheit und Methode“ *(1960)* ist indessen die Konzipierung einer „philosophischen Hermeneutik“ in ihren Grundzügen. Anknüpfend an Heideggers Analyse der Geschichtlichkeit des menschlichen Daseins steht im Zentrum von Gadamers umfangreichem Werk eine eingehende Untersuchung der „hermeneutischen Erfahrung“ überhaupt. Gleichwohl ist es gerade auch für eine wissenschaftsphilosophische Erörterung der Geisteswissenschaften im engeren Sinne lohnend, Gadamers hermeneutischen Reflexionen zu diesem Thema zu folgen.

Wenn die Untersuchungen in „Wahrheit und Methode“ an die „tiefere Begründung anknüpfen, die Heidegger dem Phänomen des Verstehens gegeben hat“, so suchen sie jedoch von dieser Grundlage aus „zugleich den Weg zu den Wissenschaften neu zu bahnen (Gadamer/Boehm *1976*, 39). Sein Vorhaben drückt Gadamer folgendermaßen aus: „Denn wenn das Verstehen ein ‚Existenzial‘ ist, dann hat auch das wissenschaftliche Verstehen eine existentielle Seite. Sein objektivierbarer Gehalt ist nicht alles. Es ist ein Geschehen und hat die geschichtliche Bedingtheit eines solchen Geschehens, die es selber niemals voll zu objektivieren vermag. Wer das realisiert, erkennt eine neue philosophische Aufgabe, die die Fragestellung der traditionellen Methodenlehre der Geisteswissenschaften überschreitet. Es geht nicht um eine neue Methodenlehre, sondern um eine Einfügung der wissenschaftlichen Verfahren in den fortgehenden Prozeß der Verständigung der Menschheit mit sich selbst. Das ist die Aufgabe, die in ‚Wahrheit und Methode‘ in Angriff genommen worden ist.“ (WM, 39)

Gadamer will weder den Wissenschaften selbst noch ihrer Methodik irgendwelche Vorschriften machen; worauf es ihm ankommt, ist, ein verbogenes reflexives Selbstbewußtsein der Wissenschaften, ein ‚falsches Denken‘ über sie, zu berichtigen (WM, S. XV, 517). So wendet sich Gadamer auch mit aller Entschiedenheit gegen den Vorwurf, die ‚philosophische Hermeneutik‘ führe zu einer „Aufweichung der wissenschaftlichen Objektivität“ (WM, 517). Gadamer weist darauf hin, daß die im Titel „Wahrheit und Methode“ auftretenden Begriffe nie als ausschließender Gegensatz gemeint gewesen seien (HI, 66). Was er unter diesem Titel geltend machen möchte, steht mit der Methodenstrenge der modernen Wissenschaft in keinerlei Spannung. Gadamer hebt im Gegenteil ausdrücklich hervor, es könne keinen Zweifel daran geben, daß „methodische Sauberkeit zur Wissenschaft unerläßlich ist“ (WM, 513). Mit Bezugnahme auf Poppers „Logik der Forschung“ meint Gadamer, das Schema der Aufstellung von Hypothesen und ihrer Prüfung gelte für alle Forschung und deshalb seien für die konkrete Wissenschaftspraxis „kontrollierbare Verfahren und Falsifizierbarkeit“ selbstverständlich (WM, 514, 517, 524). Es seien die methodischen Mittel der Wissenschaft, mit denen man über wahr oder richtig zu entscheiden, Irrtum auszuschalten und Erkenntnis zu gewinnen suche (WM, 515). Doch „methodische Sauberkeit“ sei nicht alles: es gehe in der Wissenschaft nicht hauptsächlich darum, methodische Regeln strikt zu befolgen. Die Forschung lebe geradezu von bestimmten Faktoren, die der Anwendung wissenschaftlicher Methoden vorausliegen, so z. B. der Relevanz von Themenwahl und Fragestellung (WM, 518). Auch das Finden geeigneter neuer Methoden zur effektiven Beantwortung wissenschaftlicher Fragen könne für die Forschung wichtiger sein als die bloße Anwendung gewohnter Methoden (WM, 513).

Eines dürfte inzwischen deutlich geworden sein: Gadamer will die Wissenschaften nicht diskreditieren, ihnen vielmehr durch „hermeneutische Reflexion" ihre bleibende Eingebundenheit in den Daseinszusammenhang menschlicher Existenz vor Augen führen. Wissenschaftliche Forschung ist auch für Gadamer kein Selbstzweck (WM, 514); sie muß einbezogen werden in den geschichtlichen Prozeß des sich auf Möglichkeiten hin entwerfenden Selbstverständnisses der Menschen. Gadamer ist nicht bereit, die Bestimmung des Richtungssinnes der geschichtlich-gesellschaftlichen Veränderungen allein einem absolut gesetzten immanenten Wissenschaftsfortschritt oder etwa Sozialingenieuren und Fachexperten zu überlassen, die, gleichsam abgespalten von der Gesellschaft, der sie doch angehören, das Funktionieren der Gesellschaftsmaschine betreuen (HI, 80). Einem bis zum Aberglauben wissenschaftsgläubigen Zeitalter sind vielmehr durch philosophische Besinnung die Bedingungen und Grenzen der Wissenschaft im Ganzen des menschlichen Lebens klarzumachen (WM, 514). Nur in kritisch begrenzter Weise vermag die Wissenschaft ihrerseits ihre gesellschaftliche Funktion angemessen auszuüben. Gadamer ordnet sich selbst in jene philosophische Bewegung unserer Tage ein, die die einseitige Orientierung am Faktum der Wissenschaft zu vermeiden sucht und deshalb ein besonderes Interesse für die erneute Thematisierung des spannungsreichen und komplizierten Verhältnisses von Wissenschaft und menschlicher Lebenswelt entwikkelt (WM, 514).

Die Geisteswissenschaften gewinnen Gadamers Aufmerksamkeit durch eine vor allem ihnen zukommende Eigenschaft: sie stehen selbst in dem geschichtlichen Prozeß, der zugleich ihr Gegenstand ist. Es ist „im besonderen Maße, wenn auch nicht ausschließlich, in den sogenannten Geisteswissenschaften der Fall, ... daß diese Wissenschaften etwas zum Gegenstand machen, dem der

Erkennende selber notwendig zugehört“ (514). Der Historiker steht der Geschichte ebensowenig unabhängig gegenüber wie der Sozialwissenschaftler der Gesellschaft oder der Sprachwissenschaftler der Sprache. Jeder von ihnen betreibt seine Wissenschaft von geschichtlichen, gesellschaftlichen und sprachlichen Voraussetzungen aus, die ihm selbst bis ins letzte nicht durchsichtig sind. Geisteswissenschaften arbeiten nicht voraussetzungslos, sondern sind durch die „Geschichtlichkeit“ und „Vorurteilshaftigkeit“ des Verstehens bedingt (250–290).

Der Ausdruck „Vorurteil“ wird von Gadamer ganz funktional und ohne pejorativen Beiklang verwendet. Ein „Vorurteil“ ist zunächst lediglich ein „Urteil, das vor der endgültigen Prüfung aller sachlich bestimmenden Momente gefällt wird“ (255). „Vorurteile“ in diesem Sinn sind nicht von vornherein falsch; sie können aufgeklärt und widerlegt, sie können in anderen Fällen aber auch durch sachliche Argumente vernünftig legitimiert werden. Neben dem mißverständlichen Ausdruck „Vorurteil“ verwendet Gadamer gleichfalls Wörter wie „Vormeinung“, „Voreingenommenheit“ oder „Vorverständnis“. Mit diesen Redeweisen knüpft Gadamer an Heideggers These von der „Vor-Struktur des Verstehens“ an. Gadamers Behauptung, ‚Verstehen‘ könne nicht wirklich vorurteilsfrei sein, man müsse vielmehr die „wesenhafte Vorurteilshaftigkeit alles Verstehens“ anerkennen (254), bedeutet in ihrem Kern offenbar folgendes: jeder Versuch, eine Äußerung, einen Text oder einen anderen Sachverhalt verstehen zu wollen, bringt immer schon Vormeinungen über die Sache und entsprechende Vorerwartungen ins Spiel. Ausdrückliches Verstehen beginnt nie an einem Nullpunkt, sondern stets bei etwas, was man schon verstanden hat. Selbst, wenn man etwas unvoreingenommen verstehen möchte, kann es nicht darum gehen, die ‚Vorurteile', die im eigenen ‚Vorverständnis' enthalten sind, kurzerhand auszuklammern. Weil man seine ‚Vorurteile' als solche in vielen Fällen ausdrücklich noch gar nicht kennt, wäre ihre Eliminierung auch nicht ohne weiteres einfach möglich. Erforderlich ist in einer solchen Situation zunächst einmal die „Offenheit" für die Meinung des anderen oder des Textes (255). Wer verstehen will, darf die eigene Vormeinung nicht absolut setzen, sondern muß bereit sein, sich von einem anderen oder von einem Text etwas sagen zu lassen und die eigene Meinung zu korrigieren oder gegebenenfalls auch ganz aufzugeben, wenn die sachliche Berechtigung der Meinung des anderen erkennbar wird und die eigene Meinung mit jener teilweise oder ganz unverträglich ist. Die Empfänglichkeit für die Meinung eines anderen setzt keineswegs so etwas wie völlige eigene Meinungsneutralität oder gar ‚Selbstauslöschung' voraus. Nicht die ‚Vorurteile' verhindern das ‚Verstehen'; es sind „die undurchschauten Vorurteile, deren Herrschaft uns gegen die in der Überlieferung sprechende Sache taub macht" (254).

Doch wie durchschaut man ‚Vorurteile'? Auf welche Weise lassen sich ‚Vorurteile' als solche überhaupt bewußt machen? Gadamers Antwort: das ‚Vorurteil' muß „gereizt" werden. Was es zu „reizen" vermag, ist gerade die Meinung der anderen in ihrer Andersartigkeit. Die Meinungen müssen gegenseitig zur „Abhebung" gelangen. Für das Verstehen in den Geisteswissenschaften eröffnet insbesondere die Begegnung mit der zeitlich zurückliegenden Überlieferung die Chance, sich der eigenen Vorurteilshaftigkeit bewußt zu werden (285). Die Überlieferung wird zu diesem Zweck primär nicht in ihrer Verwandtschaft zur Gegenwart, sondern in ihrer Abständigkeit von ihr relevant. Die Möglichkeit einer verhältnismäßig klaren „Abhebung“ der Vergangenheit von der Gegenwart begründet die besondere Bedeutung des „Zeitenabstandes“ für das Verstehen in den Geisteswissenschaften (275–283). Dieser ‚Zeitenabstand‘ ist nicht etwas, was aktualisierend zu überwinden wäre, sondern ist im Gegenteil gerade in der Form einer „abhebenden Aneignung“ der Überlieferung für die Aufdeckung der eigenen Vorurteilshaftigkeit positiv zu nutzen.

Die „Abhebung“ der Meinungen ist aber lediglich ein erster Schritt auf dem Wege zur Aufklärung der eigenen Befangenheit in Vorurteilen. Die eigene vorgängige Meinung ist nicht nur ‚abhebend‘ ins Spiel zu bringen, sie muß in der Auseinandersetzung mit der Überlieferung auch „aufs Spiel gesetzt“ werden (HI, 78). Der überlieferte Text ist nicht als bloßer Lebensausdruck zu verstehen, der sich vom eigenen Lebensgefühl oder Lebensverständnis unterscheidet, sondern muß „in seinem Wahrheitsanspruch ernst genommen“ werden (WM, 281). Der Text muß „seine sachliche Wahrheit“ gegen die eigenen Vorurteile ausspielen können (WM, 254). Einen Text verstehen heißt in diesem Sinn: einen argumentativen Streit der Meinungen austragen, in dem man ebenso gewinnen wie verlieren kann. Der Auseinandersetzung um den Wahrheitsanspruch der Überlieferung liegt der Versuch ihrer „Applikation“ auf den Verstehenden zugrunde. „Applikation“ ist, das wird von Gadamer wiederholt nachdrücklich betont, keine nachträgliche ‚Anwendung‘ des Erkannten auf einen konkreten Fall der Gegenwart, sondern gehört wesentlich zum Verstehen selbst (WM, 323; HI, 296f.). Indem der Verstehende das Gesagte der Sache nach ernst zu nehmen und auf sich und seine Gegenwart zu übertragen versucht, muß er sowohl den überlieferten Text als auch seine eigene auf die Sache bezogene Vormeinung nach ihren sachlichen Rechtfertigungsmöglichkeiten befragen. Auf diese Weise treibt die argumentative Auseinandersetzung um den im Text behaupteten Sachverhalt die Erkenntnis des Überlieferten in seiner Eigenart und das Verständnis der eigenen ‚Vorurteile' gleichsam wechselweise immer stärker aus sich heraus.

Der sogenannte ‚hermeneutische Zirkel' verändert bei Gadamer im Anschluß an Heidegger der älteren Hermeneutik gegenüber auf charakteristische Weise seinen Sinn. Hatte diese die verstehenstheoretische Metapher des ‚Zirkels' als Ausdruck für die wechselseitige Bedingtheit des ‚Einzelnen' und des ‚Ganzen' verwendet, wie sie beim Verstehen eines Textes oder eines geschichtlichen Zusammenhanges immanent eine Rolle spielen, so erweitert sich diese Wechselbeziehung bei Gadamer auf das Verhältnis zwischen der Überlieferung und dem Erkennenden selbst (WM, 277). Der Prozeß zunehmend an Klarheit und Deutlichkeit gewinnenden Verstehens besteht jetzt nicht mehr nur darin, daß der Verstehende die Einzelheiten und das Ganze eines Überlieferungszusammenhanges oder Textes wechselseitig aufeinander zu beziehen sucht, sondern daß er zwischen der Überlieferung und sich selbst gleichsam fortwährend hin- und herschreitet. In dem Maße, in welchem die eigenen ‚Vorurteile' als begründungsfähige oder der Begründung ermangelnde Vormeinungen bewußt werden, vermag der Verstehende sowohl das Überlieferte als auch sich selbst in neuem Licht zu sehen.

Es ist vor allem das Beispiel des ‚Klassischen', an dem sich das fortschreitende Wechselverhältnis von Überlieferung und Erkennendem studieren läßt (WM, 269ff.). ‚Klassiker' veralten nicht: sie können zu verschiedenen Zeiten der Lebensgeschichte eines Menschen von diesem immer wieder gelesen und neu verstanden werden. Aber auch jede Zeit im allgemeinen Geschichtsverlauf interpretiert einen überlieferten ‚klassischen' Text auf ihre besondere Weise. Denn der Sinn eines Textes ist „immer auch durch die geschichtliche Situation des Interpreten mitbestimmt" (280). Die Forschungsgeschichte ist der eindrucksvollste Beleg, daß es nicht einfach ein einziges ‚objektiv richtiges' Verständnis eines ‚klassischen' Textes gibt, sondern je nach dem geschichtlich-gesellschaftlichen Fragehorizont mehrere mögliche, gleichwohl untereinander verschiedene Interpretationen. So besitzt auch der Erkenntnisfortschritt in den Geisteswissenschaften seine Eigenart: Neuere Forschungsarbeiten lösen hier wichtige ältere Arbeiten über den gleichen Themenbereich nicht kurzerhand ab; diese behalten vielmehr in der Regel neben jenen durch die Besonderheit ihrer Fragestellungen und Forschungsaspekte auch weiterhin ihre Bedeutung (267f.). ‚Fortschritt' ist in den Geisteswissenschaften deshalb auch nicht notwendig mit einer Vermehrung objektiven Wissens verbunden, sondern besteht häufig in nichts anderem als in der „Erreichung einer höheren Reflexionsstufe der Fragestellung" (269). Erst in der aspektgebundenen Vielfalt der Interpretation eines ‚klassischen' Werkes zeigt sich daher, welche Verständnismöglichkeiten in ihm enthalten sind und welche Bedeutung ihm wirkungsgeschichtlich zukommt (268).

Am Beispiel des ‚Klassischen' wird auch besonders deutlich, daß die wirkungsgeschichtlich bedeutsamen Werke der menschlichen Überlieferung nicht allein als ‚Objekte' wissenschaftlicher Analyse, sondern gleichsam als Dialogpartner anzusehen sind: man gerät mit einem klassischen Text in ein Gespräch. Das aber bedeutet vor allem, daß man für das, was der Text zu sagen hat, offen ist (343ff.). Ein Gespräch vollzieht sich nach der Struktur von Frage und Antwort, wobei die Frage den Vorrang hat. Einen Text verstehen, heißt vor allem die Frage verstehen, die er dem Interpreten stellt. Texte können betroffen machen; man muß bereit sein, aus dem Gesagten für sich selbst zu lernen. Einen Text verstehen, heißt aber auch, ihn auf die richtige Weise befragen. Hier gilt es vor allem, fragend so hinter das Gesagte zurückzugehen, daß der Text selbst als Antwort auf eine Frage verstanden werden kann. Die Kunst des Fragens besteht vor allem in der rechten Art, weiterzufragen und das Gesagte auf diese Weise zu erproben. Zum Gespräch gehört die „Kunst des Stärkermachens": man versucht, das Gesagte nicht in seiner Schwäche zu treffen, sondern es erst zu seiner wahren Stärke zu bringen (349). Denn gerade der starke Gesprächspartner lohnt die Auseinandersetzung um eine Sache. Mit einem Text ins Gespräch zu kommen, bedeutet also: das Überlieferte aus der entfremdeten Form, in der es sich als literarische Überlieferung zunächst befindet, in die lebendige Gegenwart des Gesprächs zurückzuholen (350).

Geisteswissenschaften, die sich auf ein solches fragendes und erprobendes Gespräch mit Texten einlassen, sind nicht nur Forschung, sondern zugleich „Vermittlung von Überlieferung" (268). In der Form von Frage und Antwort konfrontieren und vermitteln sie beständig Vergangenheit und Gegenwart. So ermöglichen sie beides: Distanz zu den eigenen geschichtlich-gesellschaftlichen ‚Vorurteilen' und Nähe zu der kritisch auf die Legitimität ihrer Wahrheitsansprüche überprüften, neu verstandenen Überlieferung. Die Geisteswissenschaften rücken selbst in das Überlieferungsgeschehen ein, indem sie es kritisch reflektierend mitgestalten. Geisteswissenschaftler sind nicht lediglich ‚Beobachter' der Überlieferung, sondern vor allem ‚Teilnehmer' am Überlieferungsgeschehen. Sie erforschen nicht nur historische und philologische Wahrheiten, vermitteln vielmehr in fragender Erörterung auch „Wahrheit, an der es Teil zu gewinnen gilt“ (WM, S. XV).

Philosophische Texte, überlieferte Dichtungen, religiöse oder rechtliche Dokumente der Vergangenheit wollen ja nicht von sich aus „historische Quellen“ sein. Dazu werden sie erst von Philologen und Historikern gemacht, die aus dem ‚historischen Textmaterial‘ auch noch anderes herauslesen als was nach der eigenen Intention des Textes in ihm zur Sprache kommt. Gewiß werden sich auch aus historisch-philologischer Sichtweise mancherlei relevante Aufschlüsse zur Rekonstruktion von Texten oder historischen Ereigniszusammenhängen gewinnen lassen, aber die ‚historische‘ oder ‚philologische‘ Perspektive allein wird Texten, deren Wahrheitsanspruch noch vernommen werden kann, nicht wirklich gerecht. Solche Texte sind Aufforderungen zur Auseinandersetzung mit ihrem sachlichen Gehalt. Nur ‚historisch‘ verstanden, werden sie „aus dem Anspruch, Wahres zu sagen, förmlich herausgedrängt“ (287). Gadamer möchte die Gewichte gleichsam wieder umverteilen: Wenn der Versuch gescheitert ist, einen Text als wahr gelten zu lassen, ist man darauf angewiesen, ihn ‚historisch‘ oder auch ‚psychologisch‘ zu erklären (278). Primär wichtig jedoch sei es, einen Text seiner eigenen Intention nach in seinem Wahrheitsanspruch ernstzunehmen.

Gadamer plädiert deshalb für die „Auflösung des abstrakten Gegensatzes zwischen Tradition und Historie“ (267). Dieser Appell meint sicher nicht, daß der Unterschied zwischen Geschichte selbst und ihrer Erforschung überhaupt zum Verschwinden gebracht werden soll (vgl. Patzig *1980*, 69), sondern nur, daß das Verhältnis zwischen Tradition und historischer Forschung seine sterile Wirkungslosigkeit verliert, die durch das objektivistische und ungeschichtliche Selbstverständnis einer allein ‚historisch-philologisch‘ orientierten Geschichtsforschung verursacht wird. Nicht die historischen Fakten und Ereignisse selbst sind für Gadamer der ‚eigentliche Gegenstand‘ der Geschichtswissenschaft, aber auch nicht, wie für Dilthey, die menschlichen ‚Lebensäußerungen‘, aus denen die farbenreiche Mannigfaltigkeit menschlicher Lebenserscheinungen rückerschlossen werden kann; die wichtigste Aufgabe des Historikers ist es vielmehr, die „Bedeutung“ des Erforschten für die Gegenwart neu zu bestimmen (WM, 266f., 311, 321). Diesem Ziel der Neubestimmung der Bedeutung des Erforschten bleibt die methodisch streng verfahrende Analyse tradierter Texte und Überreste, z. B. die Entzifferung einer schwer lesbaren Inschrift, ein- und untergeordnet (WM, 268).

Selbst in Fällen, in denen das Erforschte keinen Bezug zur Gegenwart zu enthalten scheint, hängt die Beurteilung seiner Bedeutung vom Gewicht der Fragestellungen ab, die für die Erforschung leitend waren. Um die Relevanz der Fragestellungen ermessen zu können, hat man sich in jedem Fall mit der Gegenwart und ihren Forschungsinteressen auseinanderzusetzen. So hat der Historiker „die historische Bedeutung eines Vorgangs im Ganzen seines geschichtlichen Selbstbewußtseins zu bestimmen“ (321).

Der einseitigen Gegenstandsbezogenheit des ‚historischen Objektivismus‘ hält Gadamer die „Naivität“ vor, sich der Reflexion der eigenen ‚Vorurteile‘ zu entziehen und im Vertrauen auf die Methodik des wissenschaftlichen Verfahrens die eigene Geschichtlichkeit zu vergessen (283). Man täusche sich, wenn man seine eigene Geschichtlichkeit „auf die Seite der Vorurteile schiebt, von der man frei werden muß“ (266). Eine vermeintlich

„vorurteilslose Wissenschaft" im Sinne des ‚historischen Objektivismus' gleiche darin der Statistik, daß sie, wenn sie die Sprache der Tatsachen sprechen lasse, eine Objektivität vortäusche, die in Wahrheit von der Legitimität ihrer Fragestellung abhänge (285).

Im Gegensatz zu einem objektivistischen oder positivistischen Selbstverständnis der Wissenschaft tritt Gadamer dafür ein, daß die Geisteswissenschaften die Relevanz ihrer Fragestellungen hinsichtlich ihrer Bedeutung für die Daseinsorientierung von Menschen kritisch prüfen; daß sie sich ihre eigenen geschichtlich-gesellschaftlich bedingten ‚Vorurteile' durch sachliche ‚Abhebung' gegen die Überlieferung selbst bewußt machen; daß sie also in der vermeintlichen Unmittelbarkeit, mit der sie sich auf Werke der Überlieferung richten, doch bereits die Wirkung jener umfassenden, schon in Vorurteilen, Fragestellungen und Forschungsinteressen zum Ausdruck kommenden ‚Wirkungsgeschichte' erkennen, in der sie selber stehen. Gadamer kritisiert in diesem Zusammenhang auch die angeblich unmittelbare Weise des Zugangs zu Forschungsgegenständen, die Dilthey ‚Erleben' nennt. Das im ‚Erleben' wirksam werdende und für ‚unmittelbar' gehaltene Fühlen, Wollen und Vorstellen ist nach Gadamers Deutung selbst auch bereits das Resultat geschichtlicher Vermittlungen. Im geschichtlich-gesellschaftlichen Lebenszusammenhang endlicher Menschen gibt es keine ‚Unmittelbarkeit', die nicht bereits in sich vermittelt wäre. Das gilt gleicherweise für Erleben, Intuition, Wahrnehmung und Beobachtung. Keine dieser Instanzen kann als letzte, in sich gewisse Erfahrungsgrundlage menschlicher Erkenntnis angesehen werden. Das Streben nach letzter Erfahrungsgewißheit und objektiver Sicherheit wissenschaftlicher Erkenntnis ist deshalb niemals vollständig zu befriedigen. ‚Objektives' Wissen ist nie ‚absolutes', sondern stets bedingtes, in geschichtlichen Vermittlungsprozessen stehendes Wissen.

Die Forschung muß von hermeneutischer Selbstbesinnung durchdrungen werden (269). Die Geisteswissenschaften gehören zum Typus „philosophischer Wissenschaften", die beides in sich vereinigen: sorgfältige methodische Analyse der Forschungsgegenstände und Reflexion ihrer Einbettung in den wirkungsgeschichtlichen Zusammenhang, in dem sie selber stehen. Dieses Doppelgesicht macht den Anspruch der Geisteswissenschaften, eben auch Wissenschaften zu sein, keinesfalls zur Illusion.

Gadamer stellt die Geisteswissenschaften in den Zusammenhang menschlicher Bildung (7–16). „Was die Geisteswissenschaften zu Wissenschaften macht, läßt sich eher aus der Tradition des Bildungsbegriffes verstehen als aus der Methodenidee der modernen Wissenschaft. Es ist die humanistische Tradition, auf die wir zurückgewiesen werden." (15) Mit ‚Bildung' meint Gadamer jenen Vorgang der bewußten persönlichen Aneignung der Überlieferung, in dem diese nichts Äußerliches mehr ist, sondern sich im Menschen zu „gewordenem Sein" verwandelt hat. In Prozessen menschlicher Bildung hat die Überlieferung jedoch nicht nur die Funktion eines Mittels zum Zwecke der Bildung. Die Überlieferung wird mit zunehmender Verwirklichung menschlicher Bildung nicht in gleichem Maße überflüssig, sondern behält weiterhin Bedeutung. ‚Bildung' enthält zwei Bewegungsmomente in sich: Der sich bildende Mensch nimmt Überlieferungsinhalte in sich auf und gliedert sich auf solche Weise zugleich in den Überlieferungszusammenhang ein. ‚Bildung' ist deshalb für Gadamer „ein echter geschichtlicher Begriff" (9): sie ist Applikation der Überlieferung und Teilhabe an ihr.

Wenn die Geisteswissenschaften selbst in den Prozeß menschlicher Bildung einzubeziehen sind, dann kommt hier dem beständigen nahen Umgang mit den Inhalten der Überlieferung im ganzen offenbar größere Bedeutung zu als der scharfsinnigen Anwendung von Methoden zum Zwecke der Feststellung und wissenschaftlichen Erklärung von historischen und philologischen Tatsachen. Auch wenn exakte logische oder linguistische Textanalysen zur Klärung und Entscheidung wichtiger kontroverser Interpretationsalternativen ihre Wichtigkeit behalten, so können sich Geisteswissenschaften, die zugleich Forschung und Vermittlung von Überlieferung sein wollen, doch nicht allein auf exakte Verfahren der Textanalyse festlegen. Um die ‚Bedeutung' historischer, philologischer oder ästhetischer Gegenstände ermessen zu können, sind Formen wirkungsgeschichtlicher Reflexion nicht zu vermeiden, und um die weitgehend kontingente, nur schwer systematisierbare Mannigfaltigkeit geschichtlicher Erscheinungen im ganzen angemessen zu beschreiben, braucht es augenscheinlich vor allem den Reichtum vielfältiger persönlicher Erfahrung im Umgang mit Texten und Dokumenten der Überlieferung. Gadamer betont in diesem Zusammenhang die durch keine Methode ersetzbare Bedeutung des historischen und philologischen ‚Taktes', der es versteht, Unwichtiges zu übersehen und gleichsam mit sicherem Instinkt auf das Wichtige zuzugehen (12ff.). Eine Sache erscheint uns, meint Gadamer, „erst im Lichte dessen wahrhaft bedeutsam, der sie uns recht zu schildern weiß" (268). Zur rechten Schilderung gehört, daß das Überlieferte in verschiedenen relevanten Aspekten gezeigt wird (268), und zudem, daß die Auslegung die rechte Sprache zu finden versteht. „Der Text soll durch die Auslegung zum Sprechen kommen. Kein Text und kein Buch spricht aber, wenn es nicht die Sprache spricht, die den anderen erreicht." (375) Man muß letztlich selbst ‚gebildet' sein, um der umfassenden Aufgabe der Erforschung und Vermittlung des Überlieferten Genüge tun zu können.

Die Geisteswissenschaften gehören Gadamer zufolge mit dem sittlichen Wissen eng zusammen; sie sind ‚moralische', nicht ‚theoretische' Wissenschaften (297). Gadamer greift zur Erörterung dieser These auf Begriffe der Nikomachischen Ethik des Aristoteles zurück. Dieser unterscheidet zwischen dem theoretischen Wissen der ‚Episteme', dem sittlich-praktischen Wissen der ‚Phronesis' und dem handwerklichen Wissen der ‚Techne'. Gadamer setzt das ‚Verstehen' der Geisteswissenschaften mit dem Wissen der ‚Phronesis' in Verbindung, der in neuerer Zeit auf modifizierte Weise die Begriffe des ‚sensus communis' und der ‚Urteilskraft' entsprechen (16ff.). Das ‚praktische Wissen' ist auf die konkrete Situation gerichtet und muß auch die ‚Umstände' in ihrer unendlichen Varietät erfassen (18). Eine konkrete geschichtliche Situation kann niemals nur als Anwendungsfall einer allgemeinen Regel verstanden werden, sondern muß stets auch in seiner einmaligen Besonderheit gewürdigt werden. Im lebenspraktischen Erfahrungsbereich hat aber auch das Wissen um Regelmäßigkeiten nicht den gleichen Grad an Genauigkeit wie im Bereich theoretischer Erfahrung. Eine mathematische Exaktheit erscheint dem Bereich lebenspraktischer Erfahrungen nicht angemessen. Aristoteles hält es geradezu für ein Anzeichen menschlicher Unbildung, in einem Gebiet eine größere Präzision zu verlangen, als es die Natur des Gegenstandes zulasse (EN, 1094b 23–25). Im Bereich menschlichen Handelns können sich die Gegenstände so und auch anders verhalten. Deswegen müssen die Handelnden selbst die jeweilige Lage bedenken; sie müssen überlegen, welches in der konkreten Situation das angemessene Ziel des Handelns sein kann. In dieser Lage urteilt der durch lange Übung Erfahrene, der seine Sache im einzelnen wie nach ihren allgemeinen Aspekten genau kennt, am zutreffendsten. Ein Wissen im allgemeinen, das sich nicht der konkreten Situation zu applizieren weiß, bleibt hier „sinnlos" und droht die konkreten Forderungen, die von der Situation ausgehen, eher zu verdunkeln (WM, 296). Der ‚Gegenstand' der Geisteswissenschaften als ‚moralischer' Wissenschaften ist mithin „der Mensch und was er von sich weiß" (297f.). Das Wissen, das sie vom konkret handelnden und sich verstehenden Menschen zu gewinnen suchen, will nicht lediglich feststellen was ist, sondern soll Menschen die Möglichkeiten ihres Handelns und wesentlichen Daseins erschließen. Das Wissen „soll sein Tun leiten" (289). Diese Art von Wissen, das nach Gadamers Ansicht für die Geisteswissenschaften bestimmend ist, kann gegen das „theoretische" und „technische" Wissen abgegrenzt werden: es ist „praktisches", auf den Menschen und die wesentlichen Ziele seines Handelns reflektierendes Wissen. Geht man davon aus, daß die Geisteswissenschaften im engeren Sinn durch ihr praktisch-philosophisches Erkenntnisziel der menschlichen Selbstverständigung bestimmt sind, erscheint die hermeneutische Betrachtung dieser Wissenschaften durch Gadamer als ein besonders konsequentes Beispiel philosophischer Reflexion. Die Geisteswissenschaften verwalten nach Gadamers Überzeugung ein „humanistisches" Erbe, „das sie gegenüber allen anderen Arten moderner Forschung auszeichnet und in die Nähe ganz andersartiger außerwissenschaftlicher Erfahrungen, insbesondere der der Kunst, bringt" (WM, S. XVI).

Gadamers Buch „Wahrheit und Methode" hat die Diskussion um das Selbstverständnis der Geisteswissenschaften seit seinem Erscheinen nachhaltig beeinflußt. Mit einigen seiner Kritiker hat sich Gadamer selbst auseinandergesetzt, so insbesondere mit Emilio Betti (482–484). Dieser hatte Gadamer „Verlust der Objektivität“ vorgeworfen und hatte in Rückbeziehung vor allem auf Friedrich Schleiermacher in der Hermeneutik als einer „Lehre der Auslegung“ die „allgemeine Methodik“ der Geisteswissenschaften überhaupt sehen wollen. Gadamer umgekehrt hält Betti eine ungerechtfertigte Verengung der mit den Geisteswissenschaften sich stellenden philosophisch-hermeneutischen Problematik vor; Betti thematisiere die Geisteswissenschaften nur unter dem Gesichtspunkt ihrer „Methodenlehre“ und bleibe auch hier allzusehr im Gefolge der durch Schleiermacher begründeten „psychologischen Interpretation“ und deren „Subjektivismus“ (482, 484). Auch anderen Kritikern (K.-O. Apel, J. Habermas, H. Albert), die eine Aufweichung der wissenschaftlichen Objektivität durch die philosophisch-hermeneutische Reflexion befürchten, antwortet Gadamer mit dem Hinweis, sie seien „so sehr im Methodologismus der Wissenschaftstheorie befangen“, daß sie „stets Regeln und ihre Anwendung im Auge haben“, nicht aber erkennen, „daß Reflexion über Praxis nicht Technik ist“ (518). Einige wichtige produktive wie kritische Beiträge aus den Jahren nach dem Erscheinen von Gadamers „Wahrheit und Methode“ sollen in den systematischen Auseinandersetzungen der folgenden Kapitel noch näher berücksichtigt und gewürdigt werden. An dieser Stelle beschränke ich mich darauf, die geschilderten Positionen der Entwicklung eines philosophischen Selbstverständnisses der Geisteswissenschaften miteinander zu vergleichen und ein vorläufiges Fazit zu ziehen.

7. Vergleichende Zusammenfassung

Eines drängt sich dem Betrachter vor allem auf: Das philosophische Selbstverständnis der geschichtlichen Wissenschaften, wie es sich exemplarisch insbesondere bei Droysen, Dilthey und Gadamer im einzelnen auf durchaus verschiedene Weise ausspricht, ist gleichwohl primär durch eine bestimmte Ziel- und Aufgabenstellung der Geisteswissenschaften bestimmt, der die methodischen Fragen nachgeordnet sind. Dieses Ziel ist bei allen die menschliche Selbsterkenntnis, die sich nicht als direkte Introspektion vollzieht, sondern den ‚Umweg' über die Erforschung der geschichtlichen Überlieferung wählt. Dem Ziel der Selbsterkenntnis wird von allen die Aufgabe möglicher Orientierung des Handelns von Menschen in ihrer konkreten geschichtlich-gesellschaftlichen Welt beigeordnet. Die Geisteswissenschaften wollen demnach Selbst-, Welt- und Handlungsorientierung ermöglichen; sie haben den Status von ‚Erfahrungswissenschaften', aber nicht lediglich im empirischen Sinn, sondern als ‚philosophisch-praktische Wissenschaften', deren Wissen stets rückbezüglich bleibt auf den Erkennenden selbst. Ihres ‚praktischen' Erkenntniszieles wegen sind sie eher mit Wissenschaften von der Art der Medizin, der Jurisprudenz oder der Theologie vergleichbar als den ‚reinen' Erfahrungswissenschaften. In ihnen kommt es nicht allein auf die logischen Subsumptionsfähigkeiten des Verstandes an, sondern auch in besonderer Weise auf die Kultivierung dessen, was Kant „reflektierende Urteilskraft" nannte (vgl. dazu Wieland *1974*). Das Bestreben der Geisteswissenschaften zielt auf menschliche ‚Bildung', die es auch schon immer auf vielfältige Weise voraussetzt wie andererseits zugleich erweitert und vertieft. Ein Mangel an ‚Bildung' führt hier leicht zu jener verhängnisvollen ‚Dummheit', die die Intelligenz als Mittel verwendet (vgl. Marquard *1981*, 6) und von der bereits Kant wußte, das sie mehr auf einem Mangel an Urteilskraft als an einem solchen des Verstandes beruht (KrV, B 172f.).

Die Bestimmung des Wissenschaftszieles der ‚Selbsterkenntnis' unterscheidet sich im einzelnen bei den exemplarisch zugrunde gelegten Autoren durchaus voneinander. Droysen geht es noch vor allem um die Erkenntnis der für alles menschliche Handeln verbindlichen „sittlichen Mächte", die die Geschichte der Menschheit wesentlich durchwirken. Dilthey, dem der Glaube an die durchgehende Wirksamkeit ‚sittlicher Mächte' historisch verloren gegangen ist, sieht in der Geschichtserkenntnis ein Mittel der menschlichen Selbstbefreiung von handlungsdeterminierenden Traditionen und der Erweiterung der persönlichen Erfahrung durch geschichtlich erlebbare Möglichkeiten, die im eigenen Leben nicht realisierbar sind. Grundsätzlich befreit von der normativen Einengung des Lebens durch die Vergangenheit vermag die Geschichtserkenntnis die Voraussetzung dafür zu schaffen, handlungsregelnde Normen des eigenen gesellschaftlichen Lebenszusammenhangs frei und bewußt als soziale Vereinbarungen zu setzen. Geschichtserkenntnis im Sinne Diltheys wird zum lebensermöglichenden und gemeinschaftsbildenden Gedächtnis der Menschheit.

Bei Gadamer wird die Beziehung zwischen der Erkenntnis des wirkungsgeschichtlichen Überlieferungszusammenhanges und den Möglichkeiten menschlichen Selbstverständnisses am engsten. Das Fortschreiten der Geisteswissenschaften und die Vertiefung der menschlichen Selbsterkenntnis sind bei Gadamer durchgehend wechselseitig miteinander verbunden. Wem vermittels der geisteswissenschaftlichen Erforschung der Überlieferung sein eigener wirkungsgeschichtlicher Standort zunehmend klar wird, der vermag sich auch besser in den Wirkungszusammenhang der Geschichte bewußt einzugliedern und sich auf seine eigensten Möglichkeiten hin verstehend zu entwerfen. Die hermeneutisch verstandenen Geisteswissenschaften vermitteln Vergangenheit und Gegenwart so miteinander, daß sich Zukunft eröffnet. Gadamer nimmt für sich in Anspruch, die grundlegende Bedeutung des ‚wirkungsgeschichtlichen' Charakters des Verstehens in den Geisteswissenschaften allererst hinreichend expliziert zu haben.

Dem wesentlich ‚philosophisch-praktischen' Erkenntnisziel der Geisteswissenschaften, Selbsterkenntnis und Handlungsorientierung zu ermöglichen, haben sich die Methoden zu assimilieren. Nicht bestimmt die Methode einfach den ‚Gegenstand' der Wissenschaft; die Fragestellungen der im aristotelischen Sinn ‚praktischen' Geisteswissenschaften machen vielmehr die Verwendung oft recht unterschiedlicher, entweder schon bekannter oder noch zu entwickelnder Methoden erforderlich. Interessant ist nun, daß Droysen und Dilthey wohl so etwas wie eine geschichts- oder geisteswissenschaftliche Methode im ganzen kennen, während Gadamer von einer besonderen geisteswissenschaftlichen Methode und Methodenlehre bewußt absieht. Für Droysen besteht die ‚Methode' der Geschichtswissenschaft darin, „forschend zu verstehen". Diese Methode ‚forschenden Verstehens' wird im Rahmen einer ‚Methodik' nach Regeln gesondert beschrieben. Droysens ‚Methodik' faßt im wesentlichen die methodischen Grundsätze der historisch-philologischen Forschungspraxis der ‚historischen Schule' zusammen. Auch Dilthey bezeichnet das ‚Verstehen' als die Methode der Geisteswissenschaften. Doch muß man berücksichtigen, daß der Ausdruck „Methode" bei Dilthey nicht in streng definierter Weise verwendet wird. ‚Methode‘ ist hier noch allgemein ohne genauere wissenschaftslogische Normierung lediglich – dem griechischen Wortsinn entsprechend – der ‚Weg‘ der Erkenntnis. So kann Dilthey auch das „Erleben“ als „Methode“ bezeichnen (Dilthey Schriften VII, 225) oder er kann „Aufklärung, Abbildung und Repräsentation“ zusammen eine „Methode“ nennen (ebd. VII, 224). Man wird deshalb den ‚methodischen‘ Anspruch der erkenntnis- und wissenschaftsphilosophischen Überlegungen Diltheys nicht im Sinne moderner Methodologie allzusehr strapazieren dürfen; solche Versuche müssen notwendig unbefriedigt bleiben. Gadamer hingegen, der den Stand moderner Forschungslogik und Wissenschaftsmethodologie kennt, verhält sich in der Frage nach der Eigenständigkeit der geisteswissenschaftlichen Methode konsequenter als seine hermeneutischen Vorgänger: in den Geisteswissenschaften kann grundsätzlich jede Methode, die sich zur Formulierung und Lösung geisteswissenschaftlicher Probleme eignet, verwendet werden. Es gibt spezielle Fragen, die nur mit Hilfe von logisch exakten Verfahren befriedigend beantwortet werden können. Es wäre Unfug, Formen exakter logischer oder linguistischer Textanalyse aus den Geisteswissenschaften ausschließen zu wollen. Nicht nur sprachstatistische, selbst chemische, radiologische oder dendrologische Verfahren können z.B. zur Beantwortung von Echtheitsfragen oder chronologischer Probleme herangezogen werden. Die ‚hermeneutische Reflexion‘ in den Geisteswissenschaften verträgt sich mit allen Methoden, die sich für die Erforschung der Überlieferung als fruchtbar erweist. Dementsprechend ist das ‚Verstehen‘ für Gadamer auch gar keine ‚Methode‘, sondern das ‚Erkenntnisziel‘ der Geisteswissenschaften. Allerdings wird man nicht verkennen können, daß Gadamers hermeneutische Reflexion der Geisteswissenschaften doch auch einige besondere methodische Implikationen enthält.

Nicht die Feststellung von ‚historischen Fakten', sondern deren geschichtliche ‚Bedeutung', oder genauer: die geschichtliche wie menschliche ‚Bedeutung' der in den überlieferten Texten, Denkmälern und Resten gegebenen Informationen ist das zentrale Thema der Geisteswissenschaften. Auch darin besteht zunächst Übereinstimmung zwischen Droysen, Dilthey und Gadamer. Doch zeigen sich auch gleich wieder typische Unterschiede: Dilthey will das „Bedeutsame" der Struktur der ‚in-sich-zentrierten' historischen und systematischen Wirkungszusammenhänge der menschlichen Lebenswelt entnehmen. Gadamer wendet gegen Dilthey ein, die ‚Bedeutung' geschichtlicher Phänomene lasse sich nicht nach dem Muster ‚in-sich-zentrierter' biographischer Erlebniseinheiten bestimmen, und betont die Abhängigkeit der ‚Bedeutung' von der Fragestellung, also von dem, was man für wissenswert ansieht. Die gegenstandskonstituierende Funktion der Fragestellung, die dem Erfahrungshorizont der Gegenwart des Forschenden zugehört, hatte schon Droysen gebührend gewürdigt. Gadamer unterscheidet sich von Droysen in diesem Punkt dadurch, daß er die wirkungsgeschichtliche Eingebundenheit der Fragestellung und die Möglichkeiten, sich ihrer bewußt zu werden, ausdrücklich analysiert. Im ganzen aber gelten die Geisteswissenschaften als bedeutungs- oder sinnverstehende Wissenschaften.

Auch darin besteht Einigkeit: die Geisteswissenschaften bleiben der allgemeinen menschlichen Lebenserfahrung und den auch außerwissenschaftlichen Formen der Sammlung, Betrachtung und Pflege der Überlieferung eng verbunden. Die literarische und künstlerische Überlieferung gehört nicht den Geisteswissenschaften allein. Die interpretierende Vermittlung bislang unbekannter, in Vergessenheit geratener, fremd gewordener oder umstrittener Überlieferungen betrifft deswegen nicht allein den engen Kreis kompetenter Fachkollegen, sondern hat als Adressaten alle interessierten Menschen, die sich die Überlieferungszusammenhänge, in denen sie stehen, bewußt zu machen versuchen. Der ‚Insider-Diskussion' zwischen spezialisierten Wissenschaftlern, die von terminologisch streng normierten Sprachregelungen und formallogischen oder idealsprachlichen Ausdrucksmöglichkeiten Gebrauch machen, kommt deshalb eher eine Ausnahmestellung zu, die in Relation zur Relevanz und Schwierigkeit einer wissenschaftlichen Fragestellung gerechtfertigt zu werden vermag. Sie kann aber nicht den überlieferungsgeschichtlichen ‚Vermittlungsanforderungen' der Geschichtswissenschaften im ganzen genügen. Hier geht es vielmehr darum, die mit methodischer Sorgfalt zu erforschenden Überlieferungsinhalte in einer lebendigen, ausdrucksmäßig nuancenreichen und an Erfahrungsaspekten reichhaltigen Sprache auf solche Weise darzustellen, daß sie für einen sachlich interessierten Leser in der Gegenwart zu neuem Leben gelangen können – nach Gadamers bereits zitierten Worten: „Der Text soll durch die Auslegung zum Sprechen kommen. Kein Text und kein Buch spricht aber, wenn es nicht die Sprache spricht, die den anderen erreicht. So muß die Auslegung die rechte Sprache finden." (Gadamer WM, 375) Die Geisteswissenschaften sind nicht Selbstzweck, sondern nehmen am kulturellen Kommunikationszusammenhang der eigenen Zeit teil. Sie würden deshalb ihrer Aufgabe, Überlieferung forschend der Gegenwart zu vermitteln, nicht gerecht, wenn sie sich über eine durchgehend verwendete terminologisch und logisch strenge

Wissenschaftssprache dem allgemeinen kulturellen Kommunikationszusammenhang entzögen.

Nicht genau zu klären war die Frage nach der Extension des Begriffes ,Geisteswissenschaft'. Droysen hatte – pars pro toto – vor allem die Geschichtswissenschaft selbst im Blick, zudem noch die spezielleren geschichtlichen Darstellungen der Sprachen und Literaturen, der Künste, Wissenschaften, Religionen, aber auch der Arbeits-, Wohlfahrts- und ökonomisch strukturierten Gesellschaftssysteme, des Rechtes und des Staates. Im ganzen hält Droysen an der „geschichtlichen" Betrachtungsweise der sittlichen Welt fest, die er von anderen möglichen Betrachtungsaspekten, z.B. dem praktischen, technischen, rechtlichen, sozialen Gesichtspunkt unterscheidet (Droysen *1868*, 394). Dilthey ist demgegenüber universeller: Für ihn ist die Gesamtheit der menschlich-geschichtlich-gesellschaftlichen Welt sowohl unter historischem als auch unter systematischem Gesichtspunkt der ,Gegenstand' der Geisteswissenschaften. Bei Dilthey ist es ganz deutlich, daß der Begriff ,Geisteswissenschaft' alle Wissenschaften umfaßt die nicht zu den Naturwissenschaften gehören. Auch die Sozial-, Wirtschafts-, Rechts- und Staatswissenschaften sind für Dilthey historisch wie systematisch ,Geisteswissenschaften'. Bei Gadamer ist die Sache weniger eindeutig: Paradigmatisch sind für Gadamer die textverstehenden Wissenschaften, aber ebenfalls die Theologie und die Jurisprudenz. Doch auch die Kunstwissenschaften sind offenbar Geisteswissenschaften. Darüber hinaus finden sich bei Gadamer Formulierungen, die darauf schließen lassen, daß die systematischen Gesellschafts-, Wirtschafts- und Staatswissenschaften für ihn nicht mehr zu den ,Geisteswissenschaften' gehören, sondern, wie später bei Habermas, zur besonderen Gruppe der ,Sozialwissenschaften' gezählt werden.

Wichtiger als die genaue Festlegung des Begriffsumfanges scheint indes die intensionale Bestimmung des Begriffs der Geisteswissenschaften zu sein. Nach den vorangegangenen problemgeschichtlichen Erörterungen kann man zu folgendem Schluß kommen: ‚Geisteswissenschaften' sind jene Wissenschaften, denen es interpretierend um die Bedeutungsanalyse und um das Sinnverständnis der verschiedenen Formen menschlicher Überlieferungen und damit zugleich um das ‚philosophisch-praktische' Erkenntnisziel menschlichen Selbstverständnisses geht. Da es neben diesem erkenntnisleitenden Gesichtspunkt gleichfalls noch andere geben dürfte, könnte man einschränkend auch sagen: Insoweit es Wissenschaften auf dem Wege der Interpretation menschlicher Überlieferungen reflexiv um ‚Selbsterkenntnis' zu tun ist, sind sie – im engeren Sinn – ‚Geisteswissenschaften'. Nach dieser eingrenzenden Bestimmung würde sich der Ausdruck ‚Geisteswissenschaften' nicht mehr lediglich auf eine feste Klasse von Wissenschaften beziehen, deren jede sich durchgehend und insgesamt ‚als Geisteswissenschaft' aufzufassen hätte. Mit dem Ausdruck ‚Geisteswissenschaft' wäre vielmehr im engeren Verstande nur der mögliche erkenntnisleitende Aspekt textauslegenden Interesses an menschlicher ‚Selbstverständigung' bezeichnet. Dieser Gesichtspunkt könnte jedoch für alle Wissenschaften von einer gewissen Wichtigkeit sein. Auch in den Naturwissenschaften könnte der ‚geisteswissenschaftliche' Aspekt eine begrenzte Relevanz beanspruchen. Andererseits müßten die sogenannten ‚Geisteswissenschaften' nicht insgesamt ‚als Geisteswissenschaften' betrieben werden. Auch für sie wäre der ‚geisteswissenschaftliche' Gesichtspunkt, vermittels der sinnverstehenden Interpretation von Überlieferungen zu einem Zuwachs an Selbsterkenntnis zu gelangen, nur ein möglicher Aspekt neben anderen.

II. Zur Einteilung der Erfahrungswissenschaften in Natur- und Geisteswissenschaften: Einwände und Rechtfertigungen

1. Methodische Abgrenzungsversuche

Die systematische Untergliederung der Erfahrungswissenschaften in Natur- und Geisteswissenschaften hat man von den Methoden, den spezifischen Gegenständen und den Erkenntnisinteressen dieser Wissenschaftsgruppen her zu rechtfertigen versucht. Am unbefriedigendsten dürften wohl die methodischen Differenzierungsversuche geblieben sein. In seiner Straßburger Rektoratsrede über „Geschichte und Naturwissenschaft" aus dem Jahr 1894 hatte bereits Wilhelm Windelband den Vorschlag unterbreitet, zwischen dem „nomothetischen" Denken der Naturwissenschaften und dem „idiographischen" der historischen Disziplinen zu unterscheiden: „Die einen suchen allgemeine Gesetze, die anderen besondere geschichtliche Tatsachen." (Windelband GN, 166) Beide, Natur- wie Geisteswissenschaften, sind Erfahrungswissenschaften; doch sind die einen „Gesetzeswissenschaften", die anderen „Ereigniswissenschaften". „Jene lehren, was immer ist, diese, was einmal war." (Ebd. 167)

Heinrich Rickert knüpft an die Unterscheidungen seines Lehrers Windelband an, wenn er von der „generalisierenden" Methode der Naturwissenschaften und der „individualisierenden" Methode der historischen Kulturwissenschaften spricht (Rickert *1899*, S. VII u. a.). Deutlicher als Windelband erkennt Rickert jedoch, daß es sich bei dieser Unterscheidung nicht um einen „absoluten Gegensatz", sondern nur um einen „relativen Unterschied“ handelt (ebd. S. VII). Wie es „historische Elemente“ in den Naturwissenschaften gibt, so finden sich auch „naturwissenschaftliche Elemente“ in den Geschichtswissenschaften (Rickert *1902, 237*); in diesen wird nicht nur „individualisierend“, sondern auch „generalisierend“ vorgegangen (Rickert *1899*, S. IX). Es bleibt lediglich ein Unterschied in der Gewichtung: bei der Erforschung der Natur wird „hauptsächlich“ nach generalisierender „naturwissenschaftlicher Methode“, bei der Erforschung des Kulturlebens „hauptsächlich“ nach individualisierender „historischer Methode“ verfahren (ebd. 16). Mit diesem Eingeständnis ist jedoch die Unterscheidung einer „genidie Unterscheidung einer „generalisierenden“ und einer „individualisierenden“ Methode als strenges Abgrenzungskriterium zwischen Natur- und Geisteswissenschaften unbrauchbar geworden. Darin liegt die Inkonsequenz Rickerts, daß er ein „generalisierendes“ Teilverfahren der Naturforschung schlechthin „naturwissenschaftlich und das gegenläufige „individualisierende“ Teilverfahren der Kulturwissenschaften unzutreffend verallgemeinernd im ganzen „historisch“ nennt (ebd. 15).

Windelband und Rickert ist es im Grunde auch um etwas anderes gegangen: sie haben gesehen, daß dem „Individuellen“ in den historischen Disziplinen eine andere Bedeutung zukommt als in den Naturwissenschaften. Für diese ist, von naturgeschichtlichen und morphologischen Ausnahmen abgesehen, das Einzelne gewöhnlich nicht in seiner besonderen Eigentümlichkeit und historischen Einmaligkeit interessant. Das Einzelne wird hier vielmehr bereits schematisch reduziert auf die Möglichkeit seiner Ableitbarkeit aus allgemeinen Gesetzeshypothesen, oder in der älteren Ausdrucksweise Windelbands ausgedrückt: Für den Naturforscher hat das einzelne gegebene Objekt „niemals als solches“, sondern nur „als Spezialfall eines Gattungsbegriffs“ wissenschaftlichen Wert (Windelband GN, 171). Das Einzelne wird lediglich als prinzipiell wiederholbare Beobachtungstatsache oder als gesetzmäßig zu erwartender singulärer Sachverhalt einer wissenschaftlichen Prognose relevant. Auch in jenen Fällen, in denen über das Eintreten zufälliger Ereignisse statistische Aussagen formuliert werden können, wird doch gerade von der konkreten Besonderheit des einzelnen Ereignisses abstrahiert.

Rickert unterscheidet deshalb die „mathematische Individualität“ von der „Individualität der stets qualitativ bestimmten, anschaulich gegebenen empirischen Wirklichkeit“; beide hätten „nicht viel mehr als den Namen gemein“ (Rickert *1902*, 203). „Wirklich geschehen“, so betont Rickert, ist allein das „Individuelle“ in seiner „nie wiederkehrenden Besonderheit, Einzigkeit und Einmaligkeit“ (ebd. 195, 217). Diese individuelle ‚Wirklichkeit‘ läßt sich nicht durch generalisierende oder quantifizierende Verfahren, z.B. nicht durch Zeit- und Ortsangaben, hinreichend beschreiben. An der ‚qualitativ bestimmten Individualität‘ findet die naturwissenschaftliche Methode die unüberschreitbare Grenze ihrer Anwendbarkeit (ebd. 197).

Die historischen Kulturwissenschaften andererseits beschäftigen sich gewiß nicht allein mit dem historisch Einmaligen, sondern auch mit allgemeinen strukturellen Zusammenhängen und Regelmäßigkeiten in der Geschichte. Doch wenn sie sich dem Einzelnen, beispielsweise einer historischen Persönlichkeit, einem bestimmten Gedicht oder einem Bauwerk zuwenden, dann tun sie es in der Regel nicht allein, um darin einen Spezialfall einer allgemeinen Gattung, Stilrichtung oder etwa einer sozialen oder politischen Gesetzmäßigkeit zu erkennen. Die einzelne Persönlichkeit, das einzelne ästhetische Objekt, das einzelne historische Ereignis vermag vielmehr auch in seinem eigenen unverwechselbaren Charakter, gleichsam um seiner selbst willen, unser Interesse zu wecken.

Nun weiß Rickert sehr genau, daß sich auch die historischen Kulturwissenschaften, wenn sie sich mit qualitativ Individuellem befassen, in einer verständlichen Sprache ausdrücken müssen. Die prädikativen Ausdrücke der Sprache aber sind allgemein; mit ihnen läßt sich das Individuelle in seiner konkreten Anschaulichkeit ebensowenig seinem qualitativen Gehalt nach adäquat aussprechen wie Eigennamen als solche dazu bereits in der Lage sind. Entzieht sich dann aber das eigentlich Individuelle nicht jeder Sprache überhaupt? Die „Poesie“ dient Rickert als Beispiel dafür, daß es gleichwohl möglich ist, Individuelles „mit Hilfe des Allgemeinen“ darzustellen. Doch die historischen Kulturwissenschaften sind nicht „Poesie“, sie müssen selbst geeignete Mittel finden, um ihr Ziel, Individuelles darzustellen, wenigstens annäherungsweise zu erreichen. Dieses Problem einer individualisierenden, spezifisch „historischen Begriffsbildung“ sucht Rickert schließlich von seinen wertphilosophischen Voraussetzungen aus zu lösen.

Mit seinem Kriterium der Unterscheidung einer ‚generalisierenden‘ und einer ‚individualisierenden‘ Methode konnte Rickert die Verschiedenheit zwischen Natur- und Kulturwissenschaften nicht wirklich fassen. Es zeigte sich vielmehr, daß jede Wissenschaft ‚generalisierend‘ wie ‚individualisierend‘ vorgehen kann, je nachdem, ob sie ihr Interesse allgemeinen Zusammenhängen oder singulären Tatsachen zuwendet. Die spezifische Differenz zwischen Natur- und Kulturwissenschaften zeigt sich bei Rickert im Grunde auch an anderer Stelle: Die interne Unterscheidung verschiedener „individualisierender“ Forschungsinteressen markiert vielmehr jenen Punkt, von dem aus sich eine gewisse Differenzierungsmöglichkeit zwischen Natur- und Kulturwissenschaften ergibt. Die Naturwissenschaften interessieren sich für Singuläres, soweit es im Rahmen von wissenschaftlichen Erklärungen oder Prognosen als Fall einer allgemeinen Gesetzmäßigkeit auftritt; die Kulturwissenschaften hingegen wählen darüber hinaus auch jene eigentliche „qualitative Individualität“ zu ihrem Thema, deren Beschreibung in einer begrifflichen Sprache nur ‚annäherungsweise‘ möglich erscheint. Warum sich die Kulturwissenschaften gerade auch für dieses „eigentliche“ Individuelle in seiner qualitativen Eigentümlichkeit und Einmaligkeit interessieren, wird von Rickert nicht weiter erörtert. Rickert setzt dieses Interesse als ein legitimes wissenschaftliches Erkenntnisinteresse einfach voraus (Rickert *1902*, 217–221, 261). Eine philosophische Reflexion des lebenspraktischen und geschichtlichen Ortes eines solchen Interesses am Individuellen im qualitativen Sinn hätte Rickert indes über seinen selbstgewählten methodologischen Ansatz hinausführen können.

Die Unterscheidung von ‚Erklären‘ und ‚Verstehen‘ eignet sich zumindest in der Art, wie sie von Dilthey ins Spiel gebracht worden ist, ebenfalls nicht als strenges Abgrenzungskriterium zwischen Natur- und Geisteswissenschaften. Seine pauschale Formulierung „Die Natur erklären wir, das Seelenleben verstehen wir“ (Dilthey Schriften V, 144) schränkt Dilthey sogleich selbst wieder ein. Denn insoweit in jedem Verstehen auch allgemeine Sachkenntnis enthalten ist, ist es zumindest unausdrücklich mit erklärbarem Wissen verknüpft. Sobald darüber hinaus die Kenntnis allgemeiner sachlicher Zusammenhänge bewußt und methodisch verwendet werden soll, muß zum ‚Verstehen' sogar die ausdrückliche ‚Erklärung' des Sachzusammenhanges hinzutreten (ebd. V, 337). Mit anderen Worten: Die Geisteswissenschaften ‚verstehen' nicht nur, sie ‚erklären' auch. Das gilt vor allem für die ‚systematischen Geisteswissenschaften', insbesondere die Sozial- und Wirtschaftswissenschaften; es gilt aber gleichfalls für die ‚historischen Geisteswissenschaften', wenn sie z. B. historische Handlungszusammenhänge analysieren.

Dilthey sieht zudem deutlich, daß auch die geistigen Gebilde und intentionalen Zusammenhänge, die er ‚Lebensäußerungen' nennt, stets durch ‚Tatsachen der Natur' bedingt sind, so daß also das Studium der ‚geistigen' auch von dem der ‚physischen' Tatsachen abhängt. Trotzdem ist er nicht bereit, die Unterschiede beider Bereiche einfach zu nivellieren. Die ‚geistigen' Tatsachen sind zwar bedingt durch die ‚physischen', lassen sich aber aus diesen nicht ableiten (I, 11). Bei aller Untrennbarkeit sind beide Bereiche für Dilthey doch unvergleichlich: in dem einen bestehe ein Zusammenhang objektiver Notwendigkeit, in dem anderen blitze an unzähligen Punkten „Freiheit" auf und zeigten sich die mit ihr verbundenen Tatsachen des sittlichen Lebens (I, 6 u. 12). Dilthey unterscheidet „zwei große Tendenzen", die in allen wissenschaftlichen Arbeiten zur Geltung gelangten: die eine geht darauf aus, die Natur als eine Ordnung nach Gesetzen zu konstruieren, die andere besteht in einer Rückwendung des Menschen auf sich selbst (VII, 82f.). Es bedeutet für Dilthey einen wichtigen Unterschied, ob man einen gesetzmäßigen Zusammenhang des Naturgeschehens analysiert oder ob man die wert-, zweck- und bedeutungsorientierten Erfahrungen von Menschen thematisiert, die sie mit sich und ihresgleichen in lebens- und überlieferungsgeschichtlichen Zusammenhängen machen. Dem ‚Verstehen' kommt deshalb bei Dilthey die Bedeutung einer spezifischen Differenz zwischen Natur- und Geisteswissenschaften zu: beide ‚erklären', doch die Geisteswissenschaften ‚verstehen' darüber hinaus auch noch in einem besonderen Sinn. Daß umgekehrt die Naturwissenschaften nicht nur ‚erklären', sondern, wenn sie Sprachsysteme verwenden oder sich metatheoretisch ihr eigenes Tun und die Bedeutung ihrer Theorien begreiflich zu machen versuchen, auch ‚verstehen', ist von Dilthey nicht ebenso deutlich hervorgehoben worden.

Bis in die jüngste Zeit sind immer wieder Versuche unternommen worden, die vieldeutigen Ausdrücke ‚Erklären' und ‚Verstehen' so zu präzisieren, daß sich mit ihnen ein klar umrissener methodologischer Sinn verbinden läßt (vgl. Apel u. a. *1978*). Gleichwohl kann man auch nach solchen Präzisierungen die These nicht mehr aufrecht erhalten, daß die Methode der Naturwissenschaften das ‚Erklären' und die der Geisteswissenschaften das ‚Verstehen' sei. Denn das Argumentationsverfahren, das man seit seiner logischen Klärung durch C. Hempel und P. Oppenheim ‚wissenschaftliche Erklärung' nennt (Hempel/Oppenheim *1948*), findet längst auch in den Geisteswissenschaften seine berechtigte Anwendung. Es mag durchaus auch methodisch relevante Präzisierungen des Ausdrucks ‚Verstehen' geben, die in der Lage sind, der spezifischen Zielsetzung der Geisteswissenschaften im engeren Sinn zu entsprechen. Doch auch in solchen Fällen wird man nicht mehr vom ‚Verstehen' allgemein als der ‚geisteswissenschaftlichen Methode' schlechthin sprechen können.

2. *Inhaltliche Differenzierungen*

Auf besondere Schwierigkeiten stoßen auch inhaltliche Abgrenzungsversuche zwischen beiden Wissenschaftsgruppen. Auch hier wußte bereits Dilthey, daß man nicht einfach ‚Natur' und ‚Geist' als zwei gesonderte Klassen von Gegenständen einander gegenüberstellen kann. Der Mensch als „psychophysische Lebenseinheit" ist nicht allein Gegenstand geisteswissenschaftlicher Humanwissenschaften, sondern gleichfalls Gegenstand naturwissenschaftlicher Disziplinen, beispielsweise der Physiologie (Dilthey Schriften I, 14 ff.). Desgleichen besitzt alles, was Menschen geschaffen und worin sich ihr Lebensgefühl und Selbstverständnis ausgedrückt hat, ein materielles Substrat, das zum Gegenstand naturwissenschaftlicher Untersuchungen gemacht werden kann. So haben, meint Dilthey, „die Wissenschaften des Menschen, der Gesellschaft und der Geschichte... die der Natur zu ihrer Grundlage" (ebd. I, 19). Die Gegenstände der Geisteswissenschaften, gleich ob es sich um überlieferte Texte, künstlerische oder technische Artefakte oder um geschichtliche oder gesellschaftliche Handlungsverläufe handelt, haben stets eine Seite an sich, die zum Gegenstand naturwissenschaftlicher Analysen gemacht werden kann; nicht aber sind umgekehrt alle Gegenstände der Naturwissenschaften potentiell auch solche der Geisteswissenschaften. Zwischen den Gegenständen beider Wissenschaftsgruppen besteht offenbar ein Inklusionsverhältnis: die spezielle Teilmenge der geisteswissenschaftlichen Gegenstände ist in der Gesamtmenge der naturwissenschaftlichen Gegenstände enthalten.

Die Gegenstände der Geisteswissenschaften unterscheiden sich jedoch von denjenigen der Naturwissenschaften durch ihre besondere ‚reflexive' Struktur: sie sind nicht lediglich ‚Sachen', sondern ‚Äußerungen' von Menschen, und das besagt: die geisteswissenschaftlichen Gegenstände haben stets einen Rückbezug auf sprechende und handelnde Menschen. Die wissenschaftliche Thematisierung solcher ‚reflexiver' Gegenstände muß sich gegenüber derjenigen von ‚Sachen' entsprechend verändern: ‚Äußerungen' bieten den Anlaß, mit Menschen in ein Gespräch zu kommen, in dem jeder Teilnehmer den anderen fragt und ihm zu antworten sucht. ‚Äußerungen' von Menschen treten mit eigenen Geltungsansprüchen auf, die zur Auseinandersetzung mit der Weltsicht und dem Selbstverständnis dieser Menschen auffordern; sie vollständig zur ‚Sache' zu machen, wird ihnen nicht gerecht.

Menschen sind, das zeigt bereits die Sprache des Rechtes, ‚Personen', nicht ‚Sachen': sie können als verantwortliche Subjekte für ihr Reden und Handeln zur Rechenschaft gezogen werden. Im Unterschied zu ‚Personen' sind ‚Sachen' offensichtlich keine moralischen ‚Subjekte', sondern ausschließlich ‚Objekte'. Ein erklärungsbedürftiges ‚Objekt' kann im Hinblick auf seine Eigenschaften, seine Struktur, seine Veränderungen, seine Relation zu anderen Objekten beobachtet und mit Hilfe von allgemeinen Gesetzesannahmen theoretisch erklärt werden. Ist dies gelungen, gilt der problematische Sachverhalt als verstanden und hat damit einen ‚Sinn' bekommen. Erklärungszusammenhänge können auf solche Weise als ‚Sinnzusammenhänge' aufgefaßt werden. Naturerscheinungen verlieren ihre Rätselhaftigkeit und erhalten einen ‚Sinn', wenn es gelingt, sie zu erklären. Mit dem ‚Sinn' von Sätzen hingegen verhält es sich anders: Aussagesätze haben einen ‚Sinn', wenn sie syntaktisch wie logisch korrekt gebildet sind und einen nachweisbaren empirischen Gehalt besitzen. Der objektiv erklärbare ‚Sinn' von Vorgängen in der Natur und ebenso der ‚Sinn' grundsätzlich falsifizierbarer Aussagesätze darf jedoch nicht mit jener Form von ‚Sinn' verwechselt werden, den Menschen in ihrem Lebenszusammenhang oder in der Geschichte finden oder zu setzen suchen. Der ‚Sinn' geschichtlichen Handelns oder menschlichen Lebens, das betont Dilthey vor allem, erweist sich als ein durch Zwecksetzungen und Wertgesichtspunkte bestimmter struktureller ‚Bedeutungszusammenhang', der etwas anderes als ein ‚Kausalzusammenhang' ist. Seine ‚Bedeutung' erhält das Einzelne im gegliederten Lebens- und Geschichtszusammenhang dementsprechend nicht durch seine gesetzmäßige Ableitbarkeit, sondern durch die besondere Relevanz, die ihm für das Selbstverständnis von Menschen im konkreten geschichtlichen oder gegenwärtigen Lebenszusammenhang zukommt.

Die ‚Gegenstände' der Geisteswissenschaften haben einen Doppelcharakter: sie sind wie alle Erfahrungsgegenstände eingebettet in den allgemeinen Naturzusammenhang und sind doch als menschliche Lebensäußerungen durch ihre ‚reflexive' Struktur spezifisch von anderen Gegenständen unterschieden. Das hat zur Folge: Die ‚Geisteswissenschaften' können zur umfassenden Erforschung ihrer Gegenstände wie die Naturwissenschaften von erklärenden Verfahren der empirischen Analyse Gebrauch machen; um dem ‚reflexiven' Charakter ihrer Gegenstände gerecht zu werden, müssen sie sich darüber hinaus auslegend und verstehend mit den Geltungsansprüchen überlieferter ‚Äußerungen' auseinandersetzen. Die Geisteswissenschaften erweisen sich deshalb sowohl als empirisch analysierende Text- und Tatsachenwissenschaften wie auch als Geltungsansprüche reflektierende ‚moralische' Wissenschaften.

3. *Unterscheidung nach Erkenntnisinteressen: Jürgen Habermas*

Verhältnismäßig bekannt dürfte gegenwärtig wohl der Vorschlag von Jürgen Habermas sein, als Klassifikationsprinzip der Wissenschaft deren ‚erkenntnisleitende Interessen' zu wählen: die ‚empirisch-analytischen' Wissenschaften folgen einem ‚technischen', die ‚historisch-hermeneutischen' Wissenschaften einem ‚praktischen' und die ‚kritisch orientierten' Wissenschaften einem ‚emanzipatorischen' Erkenntnisinteresse. Diese Einteilung der Wissenschaften nach ‚erkenntnisleitenden Interessen' ist in der nachfolgenden kontroversen Literatur häufig schematisch simplifiziert und sachlich mißverstanden worden. Deswegen seien zunächst einige Erläuterungen zum Vorschlag von Habermas gegeben.

Wohlgemerkt: Habermas greift hier nicht einfach die bekannte Dreiteilung der Wissenschaften in Natur-, Geistes- und Sozialwissenschaften auf. Denn zu den ‚empirisch-analytischen' Wissenschaften gehören, Habermas zufolge, nicht allein die Naturwissenschaften, sondern gleicherweise die auch auf die Hervorbringung nomologischen Wissens gerichteten systematischen Handlungswissenschaften, sprich: Ökonomie, Soziologie und Politik. Nur insoweit sie sich nicht mit der ‚nomologischen' Aufgabenstellung zufrieden geben, sondern selber ‚kritisch' werden, gehören die ‚Sozialwissenschaften' zu den ‚kritisch orientierten' Wissenschaften. In diesem Fall teilen sie das ‚emanzipatorische Erkenntnisinteresse' „mit der Philosophie", soweit diese als „kritische Theorie" aufgefaßt wird, muß man hier wohl ergänzen (Habermas TW I, 159). Denn auch für die Philosophie gilt, daß sie nicht allerorten einem ‚emanzipatorischen Erkenntnisinteresse' folgt. Da von den ‚kritisch orientierten' Wissenschaften gleichfalls in offen bleibender Weise geredet wird, kann man mit Recht fragen, welche Wissenschaften außer den ‚kritischen' Sozialwissenschaften sonst noch in diese Gruppe gehören. Habermas macht darüber namentlich keine weiteren Angaben, nennt aber als thematische Stichworte für die ‚kritische' Sozialwissenschaft die „Ideologiekritik" und die „Psychoanalyse". So wäre anzunehmen, daß auch andere Disziplinen, soweit sie nach Art der Ideologiekritik oder Psychoanalyse betrieben werden, zu den ‚kritisch orientierten' Wissenschaften gerechnet werden können, also etwa entsprechend zielorientierte Text- oder Geschichtswissenschaften oder auch eine ‚emanzipatorische' Pädagogik oder Psychologie. Wie die ‚kritischen' Sozialwissenschaften können offenbar auch ‚kritisch orientierte' Geisteswissenschaften zu jenen Wissenschaften zählen, die durch ein ‚emanzipatorisches Erkenntnisinteresse' bestimmt sind. Im übrigen dient der Ausdruck „historisch-hermeneutische" Wissenschaften hier offenbar zur Bezeichnung der historischen und philologischen Disziplinen der Geisteswissenschaften.

Habermas' begrifflich nicht gerade besonders klare Diktion verursacht auch dem Verständnis der veschiedenen ‚erkenntnisleitenden Interessen' einige Schwierigkeiten. Was kann es heißen, von den empirisch-analytischen Natur- und Sozialwissenschaften zu behaupten, sie hätten ein ‚technisches Erkenntnisinteresse'? Augenscheinlich meint Habermas nicht, daß für den einzelnen Natur- oder Sozialwissenschaftler das Interesse an der technischen Umsetzung und Verwertung seiner Erkenntnisse direkt das persönliche Hauptmotiv seiner Forschung sei. Das wäre eine nicht beweisbare Unterstellung, der sicher von vielen Wissenschaftlern mit Recht auf das entschiedenste widersprochen werden könnte. Doch in dieser Weise will Habermas seine These vom ‚technischen'

Erkenntnisinteresse der empirisch-analytischen Wissenschaften offenbar nicht aufgefaßt sehen. Die These bezieht sich nicht auf die motivationale Bestimmung einzelner Wissenschaftler und ebensowenig auf die Befriedigung unmittelbarer technischer Bedürfnisse in der Gesellschaft; die Wissenschaft soll hier nicht ihre Selbständigkeit verlieren und ‚interessegeleitet' kurzerhand vor den Karren des technischen Fortschrittes gespannt werden. Gemeint ist vielmehr, daß sich „im Funktionskreis instrumentalen Handelns" die „Wirklichkeit" der empirisch-analytischen Wissenschaften überhaupt erst erschließt (Habermas EI, 235ff.). Das leitende Erkenntnisinteresse hat hier keinen unmittelbaren ‚pragmatischen', sondern einen ‚transzendentalen' Stellenwert: „Die strikten Erfahrungswissenschaften stehen unter den transzendentalen Bedingungen instrumentalen Handelns." (EI, 236) Durch die „vorgängige Organisation unserer Erfahrung im Funktionskreis instrumentalen Handelns" konstituiert sich allererst der Objektsbereich der empirisch-analytischen Wissenschaften (TWI, 156). Selbst „der Sinn der Geltung von Aussagen" und „die Bedingungen der Objektivität möglicher Erfahrung" werden nach Habermas' Ansicht bereits von vornherein durch diesen „transzendentalen Rahmen" instrumentalen Handelns festgelegt (EI, 240). Das heißt: Empirisch-analytische Aussagen können überhaupt nur dann allgemeine Geltung beanspruchen, wenn sie fähig sind, einer Überprüfung durch instrumentales Handeln standzuhalten. Die experimentellen Verfahren zur Überprüfung wissenschaftlicher Aussagen sind die „Bedingungen der Objektivität" der in den empirisch-analytischen Wissenschaften möglichen Erfahrung.

Habermas verwendet den Ausdruck ‚transzendental' anders als Kant, durch den er vor allem geprägt worden ist. Für Kant waren ‚transzendentale' Bedingungen der Erkenntnis solche, die Erkenntnis ermöglichen, ohne selbst Gegenstand der Erfahrung zu sein. Bei Habermas hingegen werden auch solche Bedingungen ‚transzendental' genannt, die Erkenntnisprozesse fundieren, zugleich aber Gegenstände der Erfahrung sind. In diesem veränderten Sinn bilden bestimmte fundamentale Lebenszusammenhänge, die zugleich als zentrale menschliche Interessenzusammenhänge aufgefaßt werden, den „transzendentalen" Rahmen, in dem sich Wissenschaften konstituieren. Habermas unterscheidet im Anschluß an Hegels Jenenser Realphilosophie zwei fundamentale Lebenszusammenhänge, die als ‚transzendentaler Rahmen' für die Konstitution von Wissenschaften in Frage kommen: es sind die Zusammenhänge von ‚Arbeit' und ‚Interaktion'. „Gesellschaftliche Arbeit" ist an die Regeln „instrumentalen Handelns" gebunden; „symbolisch vermittelte Interaktion" folgt den Regeln „kommunikativen Handelns". Beide Zusammenhänge bilden die „fundamentalen Bedingungen der möglichen Reproduktion und Selbstkonstituierung der Menschengattung" (EI, 242).

Die empirisch-analytischen Wissenschaften werden von Habermas auf den Lebenszusammenhang gesellschaftlicher Arbeit zurückbezogen. In der für die Selbsterhaltung des Menschen elementar wichtigen instrumentalen Bearbeitung und zunehmenden Beherrschung der Natur haben sie ihren Entstehungsort. Worauf es Habermas bei dieser Rückführung vor allem ankommt, ist folgendes: Das empirisch-analytisch gewonnene Wissen entstammt einer Erfahrung, die den Bedingungen instrumentalen Handelns unterliegt. Die instrumental vermittelte Erfahrung ist jedoch ein von vornherein eingeschränkter Modus von Erfahrung. Die empirisch-analytischen Wissenschaften beschreiben deswegen die Wirklichkeit nicht, wie sie ist, sondern nur, wie sie unter den Bedingungen instrumentalen Handelns ‚erscheint' (EI, 114ff.). Habermas will zeigen, daß die empirisch-analytischen Wissenschaften den von einem objektivistischen Wissenschaftsverständnis an sie herangetragenen Anspruch, die Wirklichkeit zu beschreiben „als das, was sie ist", von ihren eigenen Voraussetzungen instrumental reduzierter Erfahrung her nicht einzulösen vermögen.

Der durch Bedingungen instrumentalen Handelns eingeschränkten Erfahrung der empirisch-analytischen Wissenschaften tritt in den historisch-hermeneutischen Wissenschaften ein anderer Typus von Erfahrung zur Seite, der unter Bedingungen kommunikativen Handelns steht. Dieses folgt jedoch anders als ‚instrumentales Handeln' nicht einfach den allgemeinen Normen zweck- und erfolgsorientierten Handelns, es richtet sich vielmehr nach den Regeln einer „Grammatik der Umgangssprache", die nach Art einer Wittgensteinschen ‚Sprachspielgrammatik' Symbole, Handlungen und Expressionen miteinander verknüpft (EI, 237). Habermas greift Diltheys Einteilung der ‚Lebensäußerungen' in ‚sprachliche Ausdrücke', ‚Handlungen' und ‚Erlebnisausdrücke' in produktiv modifizierender Form auf, um die besondere Art einer solchen ‚Grammatik der Umgangssprache' zu verdeutlichen (206ff.). Sprache, Handeln und expressive Ausdrucksphänomene interpretieren sich in der alltäglichen Lebenspraxis wechselseitig. Die Umgangssprache folgt deshalb nicht der ‚Syntax einer reinen Sprache', sondern ist mit Interaktionen und leiblichen Ausdrucksformen verbunden: „Im Rahmen sozialer Lebenswelten ist die umgangssprachliche Kommunikation niemals von den eingespielten Interaktionen und den begleitenden oder intermittierenden Erlebnisausdrücken isoliert." (212) Eine ‚reine' Sprache kann durch metasprachliche

Konstitutionsregeln mit ausschließlich symbolischen Mitteln erschöpfend definiert werden; eine natürliche Sprache hingegen entzieht sich letztlich einer formal strengen Rekonstruktion, weil Nicht-Sprachliches interpretierend in sie verwoben ist. Gerade durch ihre nichtsprachlichen Elemente, aber auch durch eine Reihe von sprachlichen Ausdrucksformen hat die Umgangssprache die Möglichkeit, sich jederzeit auf sich selbst zurückzubeziehen und Mißverständnisse auf diese Weise zu artikulieren und zu bereinigen. Die Umgangssprache ist deshalb durch ‚Reflexivität' gekennzeichnet: sie enthält ihre eigene Metasprache in sich (213). Der ‚Grammatik der Umgangssprache' kommt im ganzen ein „transzendentaler Stellenwert" zu: „Die Wirklichkeit konstituiert sich im Rahmen einer umgangssprachlich organisierten Lebensform kommunizierender Gruppen." (237)

Die ‚historisch-hermeneutischen' Wissenschaften sind nun nach Habermas Auffassung „den umgangssprachlich vermittelten Interaktionen so eingelagert wie die empirisch-analytischen Wissenschaften dem Funktionskreis instrumentalen Handelns" (221). Das gilt sowohl ihrer geschichtlichen Herkunft nach als auch grundsätzlich im Hinblick auf die Konstitution ihres Gegenstandsbereiches. Die geisteswissenschaftlichen Disziplinen haben sich historisch aus Berufsarten und Handlungsbereichen entwickelt, in denen nicht handwerkliche Fähigkeiten und technisches Wissen entscheidend sind, sondern in denen vor allem „praktische Klugheit" erforderlich ist, wie z. B. in politischen, rechtspflegerischen oder pädagogischen Berufen. Systematisch wichtiger aber erscheint die Einsicht, daß der Gegenstandsbereich der Geisteswissenschaften sich nicht unter den ‚transzendentalen' Bedingungen der Methodologie der Forschung konstituiert, sondern sich im Lebenszusammenhang kommunikativen Handelns bereits als konstituiert vorfindet: Das Verstehen und die Interpretation der verschiedenen Arten von Lebensäußerungen beginnt nicht mit den methodisch betriebenen Geisteswissenschaften, sondern gehört selbst zur allgemeinen Lebenspraxis umgangssprachlich vermittelter Interaktionen. Auch in der alltäglichen Lebenswelt führen Kommunikationsstörungen, Verständnisschwierigkeiten oder Abweichungen von sozial eingeübten Handlungsformen in der Regel zu Rückfragen oder zu interpretierenden Annahmen über Gründe, durch welche die Abweichungen oder Schwierigkeiten verständlich werden. Die Interpretation setzt ein, sobald die verläßliche kommunikative Erfahrung gestört wird und hat das Ziel, Verstehen wiederherzustellen.

Das ‚kunstmäßige Verstehen' in den historisch-hermeneutischen Wissenschaften ist nichts anderes als die rational disziplinierte, methodische oder wissenschaftliche Form der „interpretatorischen Alltagsleistungen" (EI, 220, 206). Entsprechend bringt die historisch-hermeneutische Forschung auch nur einen Prozeß der Verständigung, der sich vorwissenschaftlich im Traditionszusammenhang symbolisch vermittelter Interaktionen eingespielt hat, in eine methodische Form (EI, 235). Der hermeneutische Prozeß der Verständigung vollzieht sich in Form „umgangssprachlicher Dialoge" zwischen sprechenden Subjekten; er richtet sich auf die Entschlüsselung von ‚Lebensäußerungen' im Sinne Diltheys, also von sprachlichen Äußerungen, intentionalen Handlungen und expressiven Ausdrucksphänomenen. Die Interpretation von ‚Lebensäußerungen', in denen sich auch das „unaussprechlich Individuelle" konzentrierter Lebenserfahrung symbolisch mitzuteilen vermag (206), kann nach Ansicht von Habermas „nicht die Form einer analytisch zwingenden Rekonstruktion durch Anwendung allgemeiner Regeln annehmen – noch darf sie an einem solchen Standard gemessen werden“ (217). Die hermeneutische Interpretation bleibt vielmehr notwendig auf eine selbst mit der Praxis verbundene Umgangssprache angewiesen; denn allein die Umgangssprache, deren Grammatik zugleich die nichtsprachlichen Elemente einer eingeübten Lebenspraxis regelt, vermag aufgrund ihrer besonderen kommunikativen Leistungsfähigkeit den individuellen Sinngehalt von ‚Lebensäußerungen‘ angemessen auszusprechen.

Im ausdrücklichen Gegensatz zu Diltheys „Modell des Hineinversetzens“, dem ein verkappter Objektivismus zugrunde liege, wählt Habermas bewußt ein „Modell der Teilnahme an einer eingelebten Kommunikation“ (226). Denn nur ein solches könne die spezifische Leistung der Hermeneutik begreiflich machen. Verstehen ist „kommunikative Erfahrung“; es bindet den Interpreten an die Rolle eines Dialogpartners. Der Interpret ist selbst ein „Beteiligter“ in einer umgangssprachlich hergestellten Interaktion mit dem „Interpretandum“: An die Stelle des Verhältnisses von beobachtendem Subjekt und Gegenstand tritt hier das Verhältnis von teilnehmendem Subjekt und Gegenspieler (227). ‚Objektivität‘ des Verstehens ist nur innerhalb der Rolle des reflektierten Mitspielers in einem Kommunikationszusammenhang möglich. Ähnlich wie Gadamer meint Habermas, Sachlichkeit des hermeneutischen Verstehens sei in dem Maße zu erreichen, „als das verstehende Subjekt über die kommunikative Aneignung der fremden Objektivationen sich selbst in seinem eigenen Bildungsprozeß durchschauen lernt“ (228). Die hermeneutische Interpretation von ‚Lebensäußerungen‘ besitzt offenbar eine doppelte Pointe: Das ausdrückliche Verstehen des Interpretandum ermöglicht durch ‚Abhebung' im Sinne Gadamers ein Bewußtwerden der eigenen Bildungsvoraussetzungen. Umgekehrt vermag sich die zunehmende Selbsterkenntnis des Interpreten in einer größeren Bewußtheit und Sachlichkeit der Interpretation selbst wieder niederzuschlagen; im Hinblick auf die geschichtliche Bedingtheit ihrer eigenen Fragestellungen, Begriffe und Methoden kann eine Interpretation auf solche Art einen höheren Grad selbstreflektierter Bewußtheit aufweisen.

Der Sinn des ‚praktischen' Erkenntnisinteresses, das den ‚historisch-hermeneutischen' Wissenschaften von Habermas zugeschrieben wird, dürfte allmählich deutlicher geworden sein: Er besteht darin, daß zwischen ‚Dialogpartnern' in einem methodisch disziplinierten umgangssprachlichen Rahmen Verständigung über den umstrittenen oder überhaupt noch verborgenen ‚Sinn' von sprachlichen Äußerungen, intentionalen Handlungen oder expressiven Ausdrucksformen hergestellt wird. Dieser Verständigungsdialog kann mit Partnern unterschiedlicher Art geführt werden. Habermas unterscheidet im großen zwei Klassen von Dialogpartnern: historische oder gegenwärtige Individuen und Gruppen des eigenen kulturellen Überlieferungszusammenhanges und ebensolche fremder Kulturen (221, 236). Die Selbstbesinnung auf die eigene individuelle Lebensgeschichte bildet gewissermaßen den Grenzfall eines ‚Dialoges' mit sich selbst.

Wenn Habermas zudem stets auch die notwendige „Intersubjektivität" der Verständigungsdialoge betont, so ist hier nicht von der Notwendigkeit einer ‚Intersubjektivität' im Sinne einer im Prinzip von jedermann nachvollziehbaren empirischen oder experimentellen Überprüfung einer singulären oder generellen Aussage die Rede, sondern davon, daß der Dialog den Normen einer ‚Grammatik der Umgangssprache' genügen muß; denn diese ist die ‚transzendentale' Bedingung für kommunikatives Handeln überhaupt und mithin einer Verständigung zwischen ‚Dialogpartnern'. Wer gegen die Regeln der ‚Grammatik der Umgangssprache' verstößt, spricht und handelt nicht mehr ‚intersubjektiv'.

Habermas setzt außerdem durchgehend voraus, daß die Verständigung mit anderen ebenso wie die Selbstverständigung grundsätzlich auch Möglichkeiten der Handlungsorientierung freisetzt. Das Interesse an der Erhaltung und Erweiterung der ‚Intersubjektivität' handlungsorientierender Verständigung ist nach Habermas' Überzeugung für das gattungsgeschichtliche Leben und Überleben der Menschheit von gleicher „elementarer" Bedeutung wie das Interesse am Erfolg intrumentalen Handelns in den empirisch-analytischen Wissenschaften (222). Denn wenn die Kommunikationsströme innerhalb einer kulturellen Tradition oder zwischen verschiedenen Kulturen abrissen und wenn die umgangssprachlich bedingte ‚Intersubjektivität' die Verständigung erstarrte oder zerfiele, wäre eine Bedingung menschlichen Überlebens zerstört (221f.). Weil die Möglichkeit umgangssprachlich vermittelter ‚intersubjektiver' Verständigung die grundlegende Voraussetzung menschlichen Lebensvollzuges überhaupt ist, nennt Habermas das Interesse an einer solchen Verständigung ‚praktisch', offenbar in Anlehnung an den Begriff der menschlichen ‚Praxis' bei Aristoteles (vgl. dazu Ritter *1969*, 9ff.).

Habermas hat ausdrücklich den hermeneutischen ‚Dialog' mit fremden Kulturen und deren Überlieferungsgeschichte in sein Konzept der auf die Möglichkeit handlungsorientierender Verständigung zielenden historisch-hermeneutischen Wissenschaften aufgenommen. An diesem herausfordernden und sicher auch besonders schwierigen Fall vermag sich das Habermassche Modell einer methodisch disziplinierten, gleichwohl umgangssprachlich vermittelten ‚intersubjektiven' und potentiell ‚handlungsorientierenden' Verständigung zwischen ‚Dialogpartnern' durchaus zu bewähren. Die ‚Intersubjektivität' umgangssprachlicher Verständigung mag beispielsweise in ‚Dialogen' mit historischen oder gegenwärtigen Repräsentanten chinesischer Kultur verhältnismäßig schwer herzustellen sein. Wie jedoch bestimmte Übertragungen und Interpretationen von chinesischer Literatur oder von religiösen und politischen Dokumenten chinesischer Überlieferung zeigen, ist eine umgangssprachlich vermittelte wissenschaftliche Kommunikation, die auf die jeweiligen kulturellen Lebensformen rückbezogen bleibt, keineswegs unmöglich. Und wer wollte bestreiten, daß das auf solche Weise gewonnene Verständnis chinesischer Menschen und ihrer Kultur für den individuellen oder nationalen Umgang mit chinesischen Zeitgenossen von größter handlungsorientierender Relevanz ist! Doch mehr noch: die Kontrastierung chinesischer Kultur und Lebensformen mit bestimmten europäischen etwa eröffnet gerade auch die Möglichkeit, am Beispiel der anderen Kultur die besondere Eigenart des eigenen kulturellen Überlieferungszusammenhanges zu erkennen. Der ‚Dialog' mit Repräsentanten fremder Kulturen ist deshalb gerade auch im Hinblick auf das Ziel fortschreitender ‚Selbsterkenntnis' sinnvoll und, soweit sich der sachliche oder sittliche Geltungsanspruch fremder Überlieferung einlösen und akzeptieren läßt, potentiell auch für die eigene individuelle oder politisch-kollektive Handlungsorientierung von Interesse.

Im Falle des ‚Dialoges' mit den ‚Lebensäußerungen' von Autoren des eigenen Traditionskreises ergeben sich mit gewissen Akzentverschiebungen ähnliche Möglichkeiten. Gewiß mag hier der bestehenden Vertrautheit mit der Überlieferung eine wichtige Funktion in Verständigungsprozessen zukommen, doch zeigen sich an den Äußerungen von historischen wie gegenwärtigen ‚Dialogpartnern' in der Regel auch sprachliche oder sozial und kulturell bedingte Eigenschaften, die mehr oder weniger fremd wirken. Der ‚Dialog' vermag sich auf Befremdliches wie auf Vertrautes zu beziehen. Das Fremde wird er nachfragend und interpretierend verständlich, das Vertraute reflektierend bewußt zu machen versuchen. Die Geltungsansprüche des Fremden wie gleicherweise des Vertrauten müssen im ‚Dialog' oder wie Habermas in jüngeren Arbeiten sagt: in ‚Diskursen' überprüft werden und können dann entweder bewußt in Geltung gesetzt oder auch abgewiesen werden.

Allerdings dürfte nicht jedes Dokument der geschichtlichen Überlieferung an die Stelle eines ‚Dialogpartners' einrücken können, dessen ‚Äußerungen' einen ‚Wahrheitsanspruch' enthalten, der ‚applikativ' überprüfbar wäre. Es mag viele historische Materialien geben, beschriebene Zettel, Rechnungen, Amtsvermerke und dergleichen, die in direkter Weise mit keinem besonderen Geltungsanspruch verbunden sind, bis auf den vielleicht, überhaupt wahre Bekundungen irgend eines sozialen oder historischen Sachverhaltes zu sein. Doch ist der Hinweis auf solche offenbar nicht applizierbaren Bestände der Überlieferung noch kein triftiges Argument gegen den ‚praktischen' auf handlungsorientierende Verständigung gerichteten Charakter der historisch-hermeneutischen Wissenschaften im ganzen. Wie auch der Erfahrungsgehalt und die Anwendbarkeit einer empirischen Theorie nicht dadurch gesichert werden müssen, daß für jeden Teilausdruck der Theorie Anwendungsbedingungen zu formulieren wären, sondern in der Regel schon einige Anwendungsregeln genügen, um die Theorie im ganzen als empirisch gehaltvoll zu akzeptieren, so muß auch nicht für schlechthin alles Überlieferte ein ‚praktisches' Erkenntnisinteresse nachgewiesen werden. Auch hier gibt es Bestandteile der Überlieferungen, die nicht eigentlich für sich, sondern nur in Verbindung mit anderen ‚applizierbaren' Überlieferungen eine sinnvolle Funktion für die historisch-hermeneutische Forschung erhalten. Um hermeneutisch sinnvolle Fragen im ‚Dialog' mit wichtigen Zeugen der Überlieferung beantworten zu können, sind oft Informationen heranzuziehen, die auf dem Umweg der Analyse scheinbar nebensächlicher Materialien gewonnen werden. So vermag manches zunächst unwichtig erscheinende historische Dokument indirekt doch relevant zu werden. Da die ‚praktische' Relevanz historischer Überlieferungen maßgeblich von der Art der hermeneutisch für sinnvoll gehaltenen Fragestellung abhängt, diese aber wirkungsgeschichtlichen Veränderungen unterliegt, ist ohnedies nicht streng zwischen ‚praktisch' relevanten und ‚praktisch' irrelevanten Überlieferungen zu unterscheiden. Grundsätzlich vermag alles Überlieferte auf direkte oder indirekte Weise ‚praktisch' bedeutungsvoll zu werden. ‚Praktisch' von Bedeutung sind nicht allein die unvergänglichen ‚Klassiker' der eigenen oder fremden kulturellen Tradition, sondern auch bereits jedes Überlieferungsdetail, das als sinntragendes Element in den hermeneutischen Verständigungsprozeß zwischen ‚Dialogpartnern' einzutreten vermag.

Durch die Rückbeziehung der Wissenschaften auf die beiden elementaren lebenserhaltenden Handlungszusammenhänge der gesellschaftlichen Arbeit und der umgangssprachlich vermittelten Interaktion zwischen Menschen hat Habermas der Unterscheidung von Natur- und Geisteswissenschaften eine neue Basis zu geben versucht. Der Gegenstandsbereich der empirisch-analytischen Naturwissenschaften konstituiert sich durch Normen des Funktionszusammenhanges instrumentalen Handelns, derjenige der historisch-hermeneutischen Geisteswissenschaften durch Normen einer ‚Grammatik der Umgangssprache' im Zusammenhang kommunikativen Handelns. Empirisch-analytische Theorien beziehen sich auf eine durch Bedingungen instrumentalen Handelns grundsätzlich beschränkte Erfahrung, beweisen dafür andererseits eine hohe empirische Sicherheit. Historisch-hermeneutische Forschung kann zwar durch fragmentarische Überlieferung und durch deren verschiedene Interpretierbarkeit in ihrer Sicherheit eingeschränkt sein, bezieht sich dafür aber auf einen Typus umgangssprachlich vermittelter kommunikativer Erfahrung, die keinen Beschränkungen durch instrumentale Handlungsschemata unterworfen ist. Die Objektivität historisch-hermeneutischen Wissens wird im Sinne umgangssprachlich vermittelter ‚Intersubjektivität' durch methodisch disziplinierte Sachlichkeit und selbstkritisches Bewußtsein hinsichtlich der eigenen geschichtlichen Bedingtheit ermöglicht, nicht aber durch Verfahren instrumentaler oder apparativer Überprüfung garantiert. Die empirisch-analytischen Wissenschaften stehen nach Habermas Auffassung letztlich unter dem bestimmenden Interesse an der Erkenntnis eines instrumental bestätigten und grundsätzlich auch technisch verwertbaren Wissens zum Zwecke der menschlichen Lebens- und Überlebenssicherung. Die historisch-hermeneutischen Wissenschaften folgen dem leitenden Interesse an einer umgangssprachlich vermittelten ‚dialogischen' Verständigung und Selbstverständigung von Menschen; solchen Formen kommunikativen Handelns wird eine mögliche handlungsorientierende und gleichfalls lebenserhaltende Bedeutung zugesprochen.

Im Unterschied zu den Natur- und den Geisteswissenschaften werden die Sozialwissenschaften nicht gleicherweise von Habermas in einem für sie spezifischen elementaren Interessen- und Lebenszusammenhang begründet. Denn ‚Arbeit' und ‚Interaktion' sind für Habermas die beiden einzigen fundamentalen Zusammenhänge menschlichen Lebens. Die Sozialwissenschaften haben deshalb ihren systematischen Ort sozusagen zwischen den empirisch-analytischen und den historisch-hermeneutischen Wissenschaften. Habermas greift Diltheys Begriff der ‚systematischen Geisteswissenschaften' auf, zu denen dort die Sozialwissenschaften gezählt werden. Für die ‚systematischen Geisteswissenschaften' sei die methodologische Grundlage der ‚historischen Geisteswissenschaften' zu schmal. Sie beschränkten sich nicht auf die Explikation von Bedeutungszusammenhängen, sondern analysierten „gesetzmäßige Beziehungen zwischen empirischen Größen" (EI, 232). Deshalb schlägt Habermas für die ‚systematischen Geisteswissenschaften' eine wichtige Unterscheidung der Forschungshinsichten vor: „Soweit sie nomologische Wissenschaften sind, müssen sie sich der empirisch-analytischen Verfahrensweisen bedienen; soweit sie der Intention von Geisteswissenschaften folgen, bleiben sie zugleich dem methodologischen Rahmen der Hermeneutik verhaftet und rücken nicht in gleicher Weise wie die Naturwissenschaften in den Funktionskreis instrumentalen Handelns ein." (232) Für die ‚Logik der Sozialwissenschaften' sei das Problem einer „Verschränkung empirisch-analytischer Verfahrensweise mit Hermeneutik" von zentraler Bedeutung (232).

Wissenschaft wird von Habermas grundsätzlich nicht in einem philosophisch-kontemplativen Sinn als reiner Selbstzweck verstanden: sie ist nicht einfach sich selbst genügende Beschreibung des innersten Zusammenhanges der Welt oder der Wirklichkeit, wie sie an sich ist; Wissenschaft ist für Habermas von vornherein eine geschichtliche Erscheinung, die in den realen gesellschaftlichen Lebenszusammenhang von Menschen eingebettet ist und bleibt. Habermas' Untergliederung der Wissenschaften nach leitenden Erkenntnisinteressen kann als konkreter Vorschlag angesehen werden, das grundlegende Verhältnis von geschichtlich-gesellschaftlicher Lebenswelt und Wissenschaft durchsichtig zu machen. Eine Auseinandersetzung mit diesem Vorschlag hätte vor allem zu klären, ob die Lebenszusammenhänge von ‚Arbeit' und ‚Interaktion' tatsächlich als die beiden maßgebenden fundamentalen Interessen- und Handlungszusammenhänge angesehen werden müssen, wie Habermas meint. Mit Sicherheit aber kann die Rückbeziehung der Wissenschaften auf diese Lebenszusammenhänge bei Habermas nicht lediglich im Sinne einer historischen Rekonstruktion der Entstehungsgeschichte der Wissenschaft gedeutet werden. Habermas will vielmehr auf durchgehend relevante lebensweltliche Bedingungen der Organisation wissenschaftlicher Handlungs- und Erkenntniszusammenhänge hinweisen. Die geschichtlich-gesellschaftliche Lebenswelt greift von ihren fundamentalen Interessen- und Handlungszusammenhängen her in den Aufbau und das Selbstverständnis der Wissenschaften ein. Diese tun lediglich in besonderer, weil methodisch regulierter Weise etwas, was in der Lebenswelt auch bereits, und zwar ebenfalls auf unterschiedliche Art, getan wird.

Habermas' Lehre von den leitenden Erkenntnisinteressen widerspricht im übrigen keineswegs der These, daß es der Wissenschaft vor allem um Wahrheit gehe. Habermas fragt aber überdies danach, wie es den Wissenschaften um die Wahrheit zu tun ist. Wahrheit ist nicht direkt, sondern nur in vermittelter Weise zu haben. Das Streben nach Wahrheit ist in der Regel längst methodisch organisiert und wissenschaftlich institutionalisiert. Nicht das Streben nach Wahrheit überhaupt, sondern dessen methodisch organisierte Formen unterstehen nach Habermas' Ansicht geschichtlich-gesellschaftlichen Bedingungen. In diesem Zusammenhang wird der Satz verständlich: „Die möglichen Gegenstände der wissenschaftlichen Analyse konstituieren sich vorgängig in den Selbstverständlichkeiten unserer primären Lebenswelt." (TWI, 151) Die empirisch-analytischen Wissenschaften beschreiben die Wirklichkeit gar nicht, wie sie ist, sondern nur, wie sie im Funktionskreis instrumentalen Handelns erscheint. Die Gegenstände der wissenschaftlichen Analyse sind durch das ‚vorgängige', nicht durch ein konkretes situationsbedingtes, Interesse „an der möglichen informativen Sicherung und Erweiterung erfolgskontrollierten Handelns" bereits wie selbstverständlich konstituiert. Insoweit die empirisch-analytische Wissenschaft wirklich an der Wahrheit interessiert ist, müßte sie sich der eigenen methodisch auferlegten Reduktion bewußt zu werden versuchen und hätte ihren Beitrag zur Erforschung der ‚Wirklichkeit' nicht mit der Erforschung der Wahrheit schlechthin zu verwechseln.

4. Zur These von der ‚Einheitswissenschaft'

Gegen die methodische Abgrenzung von Natur- und Geistes- oder Kulturwissenschaften, wie sie vor allem von Dilthey, Windelband und Rickert vertreten wurde, hatte der ‚Logische Empirismus' des ‚Wiener Kreises' entschieden Front gemacht. Ihm liegt die schon von M.

Schlick ausgesprochene Überzeugung zugrunde, daß es nur eine Wirklichkeit gebe, die der Erkenntnis auf prinzipiell gleiche Weise zugänglich sei. „Wir brauchen im Prinzip nur ein System von Begriffen zur Erkenntnis aller Dinge des Universums und es gibt nicht daneben noch eine oder mehrere Klassen von erfahrbaren Dingen, für die jenes System nicht paßte." (Schlick *1918*, 364 f.) Diese Grundüberzeugung von der prinzipiellen Gleichartigkeit aller Objekte ist, wie Schlick mehrfach klarstellte, selbst keine wissenschaftliche, sondern eine philosophische Grundannahme. Darin wird bereits der zentrale Selbstwiderspruch eines jeden konsequenten Empirismus sichtbar: Die Annahme einer einzigen prinzipiell gleichartigen Wirklichkeit ist selbst Ausdruck eines philosophischen ‚Glaubens'; der aus diesem ‚Glauben' hervorgehenden Ablehnung aller ‚metaphysischen' Sätze liegt selbst eine ontologisch-metaphysische Annahme zugrunde.

a. ‚Physikalismus'

Die Überlegung, es müsse möglich sein, alle wissenschaftliche Erkenntnis in einer einheitlichen Sprache zu formulieren, ist nicht eigentlich neu. Schon im 17. Jahrhundert hatte Leibniz versucht, eine allgemeine rationale Begriffsschrift, die ‚Characteristica Universalis', zu entwickeln, in der sich alles überhaupt mögliche Wissen darstellen lassen sollte (vgl. Krüger *1969*). Auch der frühe ‚logische Empirismus' sucht nach einer universellen Wissenschaftssprache, auf die sich jede fachwissenschaftliche Sondersprache durch logische Transformation zurückführen lassen muß. Doch während Leibniz noch hoffte, eine logische und mathematische Universalsprache könne selbst auch bereits die gesuchte inhaltliche Analyse der Welt im Sinne des Rationalismus liefern, vertritt der frühe ‚logische Empirismus' die Ansicht, daß die wissenschaftliche Einheitssprache, wenn sie die gemeinsame Sprache aller Wissenschaft sein soll, außer durch logische und mathematische Eigenschaften auch durch empirische Bestimmungen gekennzeichnet ist (vgl. Carnap *1931a;* Neurath *1931*). Denn die wissenschaftliche Sprache enthält generelle und singuläre Sätze. Mit Hilfe der generellen Sätze, der Gesetzeshypothesen, können aus singulären Sätzen andere singuläre Sätze abgeleitet werden (Carnap *1931a,* 450). Die singulären Sätze dürfen jedoch nur ‚physikalische Bestimmungen' oder solche Bestimmungen, die auf ‚physikalische Bestimmungen' zurückgeführt werden können, enthalten. Denn als empirische Kriterien können allein „physikalische", d.h. auf raum-zeitliche Beobachtungen zurückgehende Bestimmungen Anspruch auf „intersubjektive" und „intersensuale" Geltung erheben (ebd. 445ff.).

Hat man erst einmal eine solche auf „physikalische Bestimmungen" rückführbare „physikalistische" Sprache als einheitliche Sprache der Wissenschaft anerkannt, so verschwindet nach Rudolf Carnaps Meinung auch deren „Zerspaltung": „die Wissenschaft selbst wird einheitlich" (462). Aus der These des „Physikalismus" ergibt sich die „These der Einheitswissenschaft" (462). Diese These bedeutet nach Äußerungen Carnaps nicht, daß alle wissenschaftlichen Fächer die Terminologie der Physik im engeren Sinn übernehmen müßten, sondern nur, daß ihre Sonderterminologien grundsätzlich „auf die Basis physikalischer Bestimmungen zurückgeführt sein müssen" (462).

Von solchen Voraussetzungen aus wendet sich Carnap gegen die „übliche Auffassung", daß auf dem Gebiete der sogenannten Geistes- oder Kulturwissenschaften „die Methode der Beobachtung körperlicher Vorgänge" nur ein „untergeordneter Erkenntnisweg“, das „Verstehen“ des Sinngehaltes geschichtlicher Werke und Ereignisse hingegen „die eigentliche Methode“ sei (434). Auch die sogenannten Geisteswissenschaften können wie alle Wissenschaft nur im konzeptionellen Rahmen einer physikalischen Einheitswissenschaft betrieben werden. Für die Soziologie hat insbesondere Otto Neurath zu zeigen versucht, daß sie „nicht eine Geisteswissenschaft“, sondern „als Sozialbehaviorismus ein Teil der Einheitswissenschaft“ ist (Neurath *1931*, 408). Wie jede Realwissenschaft spürt die Soziologie „Korrelationen auf, die für Voraussagen verwendbar sind“ (ebd. 416). Der „Dualismus“ von Natur- und Geisteswissenschaften ist für Neurath „letzten Endes Restbestand der Theologie“ (407). Die vermeintlichen Begründungen für diesen Dualismus mögen verschieden sein, immer aber sind sie „metaphysischer Art, das heißt sinnleer“ (406). Weil die Geisteswissenschaften im traditionellen Sinn einheitswissenschaftlich nicht zu begründen sind, spricht Julius Kraft thematisch geradezu von der „Unmöglichkeit der Geisteswissenschaften“ (J. Kraft *1934*).

Daß mit dem streng ‚physikalistischen‘ Verständnis der Einheitswissenschaft doch manche Schwierigkeiten verbunden sind, hatte auch Carnap später bemerkt. Er schwächt die ‚physikalistische‘ These der Einheitswissenschaften selbst in dem Sinne ab, daß er dieser nur mehr eine „Dingsprache“ oder „Körperweltsprache“ zuordnet, die sich auf beobachtbare Eigenschaften von Dingen und auf beobachtbare Relationen zwischen Dingen bezieht. Doch selbst in dieser abgeschwächten Form ist die These von der Einheitswissenschaft im Hinblick auf die Geisteswissenschaften nicht zu halten. Denn sie würde weitreichende Amputationen am überkommenen Aufgabenkatalog der Geisteswissenschaften zur Folge haben. Auch die empiristisch aufgefaßte These der Einheitswissenschaft führt zu einem rigorosen Ausschluß aller Erfahrungsbereiche, deren wissenschaftliche Durchdringung sich nicht einfach auf die universelle intersubjektive und intersensuelle „Beobachtung“ raum-zeitlicher Gegebenheiten zurückführen läßt. ‚Einen Text lesen‘ ist, wie später noch eingehender erörtert werden soll, etwas anderes als einen Text als raum-zeitliches Gebilde ‚beobachten‘. Sinnexplikationen menschlicher Lebensäußerungen, intentionale Deutungen menschlicher Handlungszusammenhänge, rationale Kritik an menschlichen Zielsetzungen und Wertgesichtspunkten oder etwa ästhetische Kritik an der strukturellen Stimmigkeit eines Kunstgegenstandes lassen sich nur um den Preis einer rigiden Selbstverstümmelung der Geisteswissenschaften ‚physikalistisch‘, ‚empiristisch‘ oder auch ‚behavioristisch‘ aus diesen ausscheiden. Der ‚Physikalismus‘ kann als extremes Beispiel einer Wissenschaftsauffassung verstanden werden, in der die Forderung nach universeller intersubjektiver Überprüfbarkeit aller wissenschaftlichen Sätze auf der Basis raum-zeitlicher Beobachtung zum entscheidenden Kriterium der Wissenschaft erhoben wird.

b. ‚Strukturelle‘ Einheitswissenschaft

Doch weil sich die Wissenschaften selbst im ruhigen Gang ihres sachorientierten Fortschreitens durch „philosophische Schnurrpfeifereien“ (Dehmel *1922,* 208), insbesondere durch normative Auflagen wissenschaftstheoretischer Art, zumeist kaum beeindrucken lassen, blieb auch die Physikalismusthese des ‚logischen Empirismus‘ im ganzen ohne besondere Folgen für die konkrete Arbeitsweise der Geisteswissenschaften. Weniger restriktiv als die ‚physikalistische‘ wirkt sich die ‚strukturelle‘

Version der These von der Einheitswissenschaft auf die Deutung der Geisteswissenschaften aus. Vor allem J. v. Kempski vertrat die Meinung, zwischen Natur- und Geisteswissenschaften brauche nicht erst eine Brücke geschlagen zu werden; denn sie sei in der Mathematik als reiner Strukturwissenschaft längst vorhanden. Die Aufteilung der Wissenschaften in Natur- und Geisteswissenschaften sei überholt; denn „wir erfassen die Erfahrungswirklichkeit in den Naturwissenschaften und in den sogenannten Geisteswissenschaften – wenn wir einen Augenblick die Historie und die Philologien beiseite lassen dürfen – mit Hilfe abstrakter Strukturen, auch wenn wir uns davon nicht die stets nötige Rechenschaft geben“ (Kempski *1964*, 228). Die Exaktheit einer empirischen Theorie bestehe darin, daß sie mit den Mitteln von Mathematik und Logik zeigen könne, daß aus Sätzen über Sachverhalte Sätze über gewisse andere Sachverhalte folgten und daß dem Erschlossenen die erfahrungsmäßigen Befunde nicht widersprächen. Eine exakte erfahrungswissenschaftliche Theorie ist mithin „in einem deduktiv zusammenhängenden System darstellbar“ (ebd. 97). Nicht allein die Naturwissenschaften, auch die Handlungswissenschaften könnten exakte Theorien ausbilden. In diesem Fall könne man allerdings aus einer exakten Theorie nicht folgern, daß, wenn eine gewisse Situation vorliege und die Zwecke der Beteiligten hinreichend bestimmt seien, diese sich auch in einer bestimmten Weise verhalten werden. „Die Theorie gibt uns nur Auskunft über mögliches Verhalten.“ (98) Soweit im Bereich der Handlungen jedoch exakte Theorien zur Verfügung ständen, lieferten diese auch Maßstäbe für die Beurteilung des tatsächlich erfolgten Handelns. Das gelte in den Sozialwissenschaften gleicherweise wie in den Geschichts- oder Rechtswissenschaften. Die exakte

Theorie „erhellt das Feld möglichen Handelns, und nur in bezug auf dieses Feld kann der Historiker Aussagen über das wirkliche Handeln machen" (98). Eine „rein strukturelle Rechtstheorie", die exakt, weil logisch streng kohärent wäre, könnte für die Rechtswissenschaft eine vergleichbare Funktion haben, wie eine „Logik der Philologie" für die Auslegung von Texten. Die mathematische Strukturtheorie wäre die gemeinsame Grunddisziplin für natur-, handlungs- und textwissenschaftliche Fächer.

W. Pannenberg hat mit Recht darauf hingewiesen, die Unterscheidung von möglichem und wirklichem Handeln bei v. Kempski impliziere immer noch einen grundsätzlichen Unterschied zwischen Naturwissenschaften und Historie. Denn das wirkliche Handeln falle heraus aus dem ‚Modellplatonismus' der normativen Strukturtheorie; das faktische Handeln und Erleben mit seinen Sinnimplikationen, die dem historischen Prozeß verhaftet seien, entziehe sich der Fragestellung abstrakt-allgemeiner Strukturtheorien (Pannenberg *1973,* 122f.). Die wichtigen Hinweise v. Kempskis auf mögliche Verwendungsformen mathematischer Strukturtheorien auch in geisteswissenschaftlichen Fächern reichen nicht aus, um die Unterscheidung von Natur- und Geisteswissenschaften überflüssig zu machen.

c. ‚Einheitswissenschaft' im kritisch-rationalistischen Verständnis: Hans Albert

Unter den ‚kritischen Rationalisten' hat vor allem H. Albert in Anknüpfung an K. R. Poppers ‚falsifikationistische' Wissenschaftslehre ein Plädoyer für die methodische Einheitlichkeit der Wissenschaft und ihr gemeinsames Erkenntnisziel vorgetragen. Albert verbindet seine einheitswissenschaftliche Deutung der Geisteswissenschaften mit einer heftigen, auch irreführende Unterstellungen und unsachliche Diffamierungen nicht scheuenden Polemik gegen die Ansichten verschiedener hermeneutischer Autoren. Man wird den verbalen Pointen dieser polemischen Ausfälle Witz und einen gewissen Unterhaltungswert nicht absprechen können, zur Klärung der umstrittenen Fragen und Standorte tragen sie jedoch wenig bei. So wird sich die folgende Rekonstruktion der Position Alberts auch nur auf seine wichtigsten Thesen beschränken.

Für die Geisteswissenschaften gelte grundsätzlich die gleiche Verfahrensweise von Konstruktion und Kritik wie für alle Wissenschaft und darüber hinaus sogar für jedes rationale Verhalten. Das offene undogmatische Modell kritischer Prüfung von Problemlösungshypothesen wie ihrer Konfrontierung mit alternativen Hypothesen müsse an die Stelle des „Prinzips der zureichenden Begründung" treten; das bedeutet vor allem: auch die Geisteswissenschaften müßten darauf verzichten, das Begründungsverfahren an irgendeiner Stelle durch die Berufung auf vermeintlich selbstgewisse Instanzen wie die Selbstevidenz, Selbstbegründung, Fundierung in unmittelbarer Erkenntnis, in Intuition, Erlebnis, Erfahrung u. ä. abzubrechen (Albert *1968*, 14). Wahrheit und Gewißheit seien nicht dasselbe; im Gegenteil: wer konsequent nach Wahrheit suche, müsse stets bereit sein, von bisherigen Gewißheiten Abschied zu nehmen. Die Wahrheit sei eine regulative Idee; man komme ihr durch die Korrektur von Irrtümern näher (ebd. 33). „Nicht der Rekurs auf letzte und sichere Gründe, sondern die Suche nach relevanten unvereinbaren Instanzen, das heißt: die Suche nach Widersprüchen, ist demnach erforderlich, wenn man sich der Wahrheit nähern will." (43) Ein konsequenter Kritizismus verstehe sich deshalb notwendigerweise als „Fallibilismus in bezug auf jedwede Instanz" (36). Im Hinblick auf Vorurteile bedeute das: Vorurteile seien nichts anderes als „theoretische Gesichtspunkte", die sich im früheren Problemverhalten, auch in dem früherer Generationen, herausgebildet hätten und die Grundlage für die Bewältigung späterer Probleme bildeten. Die Idee, daß sie schon deshalb falsch seien, weil sie vererbt, durch Tradition vermittelt oder in früheren Situationen erworben wurden und daher radikal beseitigt werden müßten, sei kaum akzeptabel und stelle einen negativen genetischen Fehlschluß dar. Die Vorstellung, man könne den Geist radikal von Vorurteilen reinigen, enthält nach Alberts Überzeugung „eine Illusion" (42). Albert kommt es nicht darauf an, Vorurteile pauschal zu eleminieren, sondern sie, soweit jeweils möglich, prüfbar zu machen und sie tatsächlich auch an Hand ihrer Konsequenzen zu überprüfen. Vorurteile seien nicht als „Dogmen", sie seien als „Hypothesen" zu behandeln, die in für sie prüfungsrelevanten Situationen scheitern könnten (43).

Die gleiche kritisch offene und undogmatische Haltung wie zu Vorurteilen nimmt Albert gleichfalls „metaphysischen Ideen" gegenüber ein: auch in diesem Fall müsse man sich bemühen, die metaphysischen Ideen zu prinzipiell widerlegbaren Theorien weiterzuentwickeln, die in Konkurrenz mit den bisherigen wissenschaftlichen Theorien treten könnten (48). So stehe der Kritizismus im ganzen für einen „theoretischen Pluralismus" ein, dem es darum zu tun ist, „nach Alternativen zu suchen, nach anderen Theorien, die möglicherweise besser sind, weil sie größere Erklärungskraft haben, bestimmte Irrtümer vermeiden oder überhaupt Schwierigkeiten irgendwelcher Art überwinden, die von bisherigen Theorien nicht bewältigt werden" (49). Albert meint, mit der Methodologie der kritischen Prüfung sei ein Rationalitätskonzept entworfen worden, das nicht allein für die Wissenschaft, sondern für alle Bereiche des sozialen Lebens Konsequenzen haben dürfte.

Vergleicht man diese grundlegenden kritizistischen Überzeugungen Alberts mit seiner Stellungnahme zur hermeneutischen Philosophie der Geisteswissenschaften, so kann man sich des Eindrucks nicht erwehren, daß der kritische Rationalismus hier weit hinter seinem eigenen Anspruch eines undogmatischen, kritisch nach Alternativen suchenden „theoretischen Pluralismus" zurückbleibt. Es könnte bisweilen scheinen, auf diesem Felde kämpfe ein Don Quichote verbissen gegen Feinde, die es bei näherem Hinsehen so gar nicht gibt. Wenn Albert die gedanklichen Intentionen seiner hermeneutischen Kontrahenten in kritizistischer Unbefangenheit und polemisch unverstellt wahrnähme, dann wäre ihm nicht entgangen, daß wichtige Grundannahmen des kritischen Rationalismus auch hermeneutischen Philosophen nicht unvertraut sind. Er hätte möglicherweise die Gemeinsamkeiten entdeckt, die ihn gerade mit seinem angeblich „quasitheologischen" Antipoden Gadamer verbinden. Auch dieser hat im Bewußtsein der Endlichkeit des Menschen jedem Absolutheitsanspruch der Philosophie und jedem entsprechenden Dogmatismus abgesagt und ist sich über die wirkungsgeschichtliche ‚sozialkulturelle' Bedingtheit auch vermeintlich unmittelbarer Erfahrungen wie ‚Erlebnissen', ‚Intuitionen' oder anderen Formen der Selbstgewißheit keineswegs im Unklaren. Gadamer wendet sich deshalb ebenfalls gegen einen ‚hermeneutischen Positivismus', wie er ihn bei Dilthey vorliegen sieht. Vorurteile will Gadamer gleichfalls nicht einfach gänzlich eliminieren, sie ihrem normativen Geltungsanspruch nach auch nicht von vornherein schlechthin ablehnen oder ins Recht setzen, vielmehr sie allererst als Vorurteile bewußt und damit überhaupt prüfbar machen. Gegen den Historismus und seine historisch-philologische Nivellierung der Geltungsansprüche der Überlieferung macht auch Gadamer Front; seine Betonung des ‚applikativen' Momentes beim Verstehen verfolgt, auch wenn Gadamer hier von den Theologen und Juristen gelernt hat, selbst kein ‚theologisches' oder ‚juristisches', sondern ein ‚antihistoristisches' Interesse: Gadamer besteht darauf, daß man einen Gesprächspartner, und dazu zählen auch die überlieferten menschlichen Äußerungen, nur dann wirklich ernst nimmt, wenn man die Wahrheitsansprüche des jeweils Gesagten einlöst und kritisch überprüft. Einem allgemein formulierten ‚Prinzip der kritischen Prüfung', das allerdings nicht sogleich mit einem streng empirischen oder logischen Falsifikationsverfahren gleichgesetzt werden dürfte, würde Gadamer sicher ebensowenig widersprechen wie im Grunde jeder verständige Mensch.

Über solche Gemeinsamkeiten hinaus hätte Albert, wenn er tatsächlich in kritizistischer Weise systematisch nach Gegenbelegen für seine hypothetische Deutung des hermeneutischen Wissenschaftskonzeptes gesucht hätte, unschwer entdecken können, wie wenig sein pauschales Bild von den „Hermeneutikern" mit den Intentionen der verschiedenen hermeneutischen Autoren im einzelnen tatsächlich übereinstimmt. Albert unterstellt dem hermeneutischen Wissenschaftsverständnis eine „ontologische Rechtfertigung des methodologischen Autonomieanspruchs der Geisteswissenschaften" auf der Grundlage einer „Aussonderung der menschlichen Welt aus der Natur" (Albert *1968,* 132, 135). Doch wer unter den hermeneutischen Autoren beansprucht überhaupt für die Geisteswissenschaften „methodische Autonomie“? Bei Gadamer zumindest ist es ganz deutlich, daß er den Geisteswissenschaften keine ‚methodische Autonomie‘ sichern will. Für Gadamer ist demgemäß auch das ‚Verstehen‘ überhaupt keine Methode, sondern ein ‚Erkenntnisziel‘, dessen methodische Realisierung je nach Fragestellung variieren kann. Wird die Methodenfrage jedoch offengelassen, klagt Albert indes gleich wieder, es werde bei Gadamer der Eindruck erweckt, als wenn Methodenfragen zweitrangig oder gar irrelevant seien (ebd. 140). Doch bezweifelt Gadamer überhaupt nicht, daß Methodenfragen, und das sind für ihn gerade auch Fragen der Entdeckung und Einführung neuer Methoden, für die Wissenschaften von außerordentlicher Wichtigkeit sind, nur ordnet er den Geisteswissenschaften eben nicht von vornherein eine spezifische, mit eigenem Autonomieanspruch versehene Methode zu.

Die Entwicklung einer „Technologie“ des Sinnverstehens, wie sie von Albert vorgeschlagen wird, könnte durchaus eine größere Durchsichtigkeit und Effizienz der Theorien sprachlicher Kommunikation und Interpretation zur Folge haben und wäre mithin zu begrüßen. Doch offenbar kann eine ‚Technologie des Verstehens‘ die hermeneutische ‚Reflexion des Verstehens‘ nicht ersetzen. Beide, Gadamer und Albert, zielen, wenn sie die Frage: Wie ist Verstehen möglich? stellen, auf etwas Verschiedenes: Albert will ‚Verstehen‘ auf der Grundlage einer erklärenden Theorie des Verhaltens zu einer nomologischen Forschungstechnik im Rahmen der üblichen Methodologie weiterentwickeln (ebd. 152ff.); Gadamer hingegen will die methodisch arbeitenden Wissenschaften reintegrieren in einen Kommunikationsprozeß, in dem Menschen auf dem Wege kritischer Selbstbesinnung ihre

Stellung in der Natur, in der geschichtlich-gesellschaftlichen Lebenswelt und zu sich selbst zu klären versuchen. Diese durch Wissenschaften, Kunst und andere lebensweltliche Erfahrungen vermittelte Daseinsorientierung von Menschen bezieht sich bei Gadamer auf eine Reflexion des geschichtlichen wie natürlichen Lebenszusammenhanges (Gadamer WM, S. XVI). Von einer „Aussonderung der menschlichen Welt aus der Natur" kann der Intention nach bei Gadamer nicht gesprochen werden.

Nicht ebenso eindeutig wie bei Gadamer liegt die Sache allerdings bei Droysen und Dilthey. Hier kann man Albert zugestehen, daß beide die Geschichts- oder Geisteswissenschaften auf eine eigene feste Erkenntnisgrundlage zu stellen beabsichtigten, jedoch nicht im Sinne eines „methodologischen Autonomieanspruches", wie Albert meint. Gerade Dilthey ist es von Anfang an klar gewesen, daß die Gegenstände der Geisteswissenschaften zugleich in einen Naturzusammenhang eingebettet sind, von dem sie nicht getrennt werden können. ‚Verstehen' und ‚Erklären' sind deshalb bei ihm keine sich ausschließenden, vielmehr sich ergänzende Wege der Erkenntnis (Dilthey Schriften V, 337). Andererseits wird man Diltheys Hermeneutik auch wiederum nicht, wie Albert glaubt, als eine ‚Technologie der Interpretation' auf der nomologischen Grundlage des Verstehens auffassen können (Albert *1971*, 128f.). Dilthey will hinter die von ihm referierten traditionellen Zusammenstellungen von Regeln der Interpretation gerade zurückgehen auf eine „erkenntnistheoretische, logische und methodische Analysis des Verstehens" (Dilthey Schriften V, 333). Diese „Analysis des Verstehens selber" (ebd. V, 327) läuft jedoch ihrerseits weder auf eine neue ‚Technologie von Interpretationsregeln' hinaus, noch besitzt sie selbst einen ‚technologischen' Charakter; sie hat vielmehr die

Form einer erkenntnisphilosophischen Reflexion auf den Zusammenhang von Erlebnis, Ausdruck und Verstehen. Die Diltheysche ‚Analysis des Verstehens' will zeigen, wie in Korrelation mit Zweck-, Wert- und Bedeutungsgesichtspunkten der ‚Sinn' individueller ‚Lebensäußerungen' und unwiederholbarer Lebensverläufe erfaßt und vermittelst situationsbezogener ‚Kategorien des Lebens' zum Ausdruck gebracht werden kann. Die im ‚Verstehen' hergestellte Beziehung zwischen einzelnen Erlebnisinhalten und den dazugehörigen in sich zentrierten und strukturierten Lebenszusammenhängen hat bei Dilthey keinen ‚nomologischen' Charakter im Sinne Alberts. Das Einzelne ist hier nicht ein Subsumptionsfall unter ein Gesetz, sondern mitkonsituierendes Moment eines selbst erst entstehenden Sinnganzen, von dem her es seine mit der allmählichen Erzeugung des Sinnganzen sich seinerseits noch fortentwickelnde Bedeutung erhält. Ein wechselseitiges generatives Konstitutionsverhältnis dieser Art ließe sich strukturell noch am ehesten nach Art kybernetischer Regelzusammenhänge beschreiben. (Zur Kritik an Alberts Diltheyverständnis vgl. vor allem Pannenberg *1973*, 133f.)

Doch auch Droysen wird von Albert zu stark auf den vermeintlichen Methodendualismus von Natur- und Geisteswissenschaften festgelegt (Albert *1968*, 133ff.). In seiner Auseinandersetzung mit H. T. Buckles Versuch einer methodologischen Begründung der Geschichtswissenschaft nach dem Muster der Naturwissenschaften räumt Droysen ausdrücklich ein, es gebe in den Bereichen, mit denen es die Geschichtswissenschaft zu tun hat, vieles, was auch der naturwissenschaftlichen Methode zugänglich sei (Droysen *1868*, 392). In seiner eigenen ‚Methodik' weist Droysen auf die Notwendigkeit der Interpretation auch der raumzeitlichen Bedingungen hin, denen menschliches Handeln untersteht; insbesondere spricht er hier von dem fast noch unberührten unermeßlichen „Feld der technologischen Interpretation“ und meint damit im engeren Sinn die Analyse und Interpretation der materiellen Mittel, der Stoffe und Werkzeuge instrumentalen Handelns (ebd. 340f.). Die Geschichtsforschung ist für Droysen eine „empirische“ Wissenschaft, die nicht mit spekulativer Philosophie oder Theologie verwechselt werden darf. Obwohl andererseits in der Geschichtswissenschaft der Einmaligkeit alles historischen Geschehens wegen nicht wie in den Naturwissenschaften experimentiert werden könne, sorge indes dic historisch-philologische Methode der kritischen Sicherung und Auswertung der historischen Quellen für überprüfbares und sicheres Wissen. Es gebe Erscheinungen, „die eine andere als die naturwissenschaftliche Empirie fordern“ (18). Auch für Droysen bedeutet es einen grundlegenden Unterschied, ob man Tiere, Pflanzen oder Dinge der anorganischen Natur empirisch-experimentell untersucht oder ob man sich fragend und interpretierend mit Menschen, menschlichen Äußerungen und Gestaltungen auseinandersetzt. Für Droysen steht es außer jeder Frage, daß für Erscheinungen, die mit bestimmten Methoden nicht zugänglich sind, noch andere Erkenntniswege gefunden werden müssen. „Gibt es denn immer nur einen Weg, eine Methode des Erkennens? Sind die Methoden nicht je nach ihren Objekten andere und andere?“ (392) Nur tiefe und vielseitige Sachkenntnis kann nach Droysen darüber entscheiden, welche Methoden dem gegebenen Fall angemessen sind (424). Droysen gibt freimütig zu, daß auch der ‚geschichtliche‘ nur einer von mehreren möglichen Gesichtspunkten ist, unter dem menschliche Handlungszusammenhänge betrachtet werden können (394). „Unsere Wissenschaft“, sagt Droysen, „macht nicht den

Anspruch, daß die Methode ihres Forschens die einzig wissenschaftliche sei." (365)

Droysens ‚methodischer Pluralismus' gerät, so könnte man paradoxerweise geradezu meinen, in einen eigentümlichen Kontrast zu Alberts Programm eines „theoretischen Pluralismus", der doch starr an einen ‚methodischen Monismus' rückgebunden bleibt. Theoretische Alternativen sind für Albert überhaupt nur im vorgegebenen Rahmen des methodischen Kritizismus akzeptierbar. Diese Einschränkung ist zwar nicht allzu folgenreich, solange das Prinzip kritischer Überprüfung in der Allgemeinheit seiner umgangssprachlichen Formulierung vorausgesetzt wird. Der kritizistische Imperativ: Suche nach relevanten Widersprüchen und alternativen theoretischen Konzeptionen, ist so allgemein gehalten, daß er ohne Schwierigkeit für alle Wissenschaft Geltung beanspruchen kann. Sobald jedoch aus diesem allgemeinen Prinzip kritischer Prüfung unter der Hand ein empiristisches Falsifikationsprinzip im strengen Sinne wird, ist es mit der universellen Integrierbarkeit aller Wissenschaften unter ein solches Prinzip nicht mehr ebensogut bestellt. Denn in dieser Weise gilt es grundsätzlich allein für empirisch-experimentell falsifizierbare Sätze. Beurteilungen der historischen, ästhetischen oder ethischen Bedeutung geschichtlich-gesellschaftlicher Gegebenheiten hingegen sind zwar rational kritisierbar, nicht aber empirisch falsifizierbar. Darüber hinaus wären Sätze der Überlieferung, in denen Beurteilungen zum Ausdruck kommen, in ihren eigenen Geltungsansprüchen wissenschaftlich nicht mehr diskutierbar. Auch der ‚Kritische Rationalismus' Alberts führt zu einer empiristischen Beschränkung der Wissenschaft, auf die sich Wissenschaften, denen es nicht nur um die Feststellung von Tatsachen, sondern auch gerade um die Bestimmung der ‚Bedeutung' dieser Tatsachen im

Zusammenhang menschlicher Selbstbesinnung und Daseinsorientierung geht, nicht einlassen können. Der durch empirisch-experimentell falsifizierbare Sätze beschriebene Erfahrungsbereich ist nicht identisch mit den Grenzen kritischer Rationalität überhaupt. Es steht in Frage, ob das Prinzip strenger empirischer Falsifizierbarkeit von Sätzen als Abgrenzungskriterium für Wissenschaft anzusehen ist oder ob darüber hinausreichende Prinzipien kritischer Rationalität ausschlaggebend dafür sind, was als Wissenschaft anerkannt werden kann.

d. Marxistische Einheitswissenschaft

Die Tatsache, daß in einem weitverbreiteten „Marxistisch-Leninistischen Wörterbuch der Philosophie" (Klaus/Buhr *1972*) die Ausdrücke ‚Geisteswissenschaften', ‚Kulturwissenschaften', ‚Geschichtswissenschaften' oder etwa ‚Humanwissenschaften' nicht aufgeführt sind, läßt sich als Indiz dafür nehmen, daß der mit diesen Bezeichnungen verbundenen wissenschaftsphilosophischen Thematik keine besondere Aufmerksamkeit entgegengebracht wird. In einem Artikel über die „Klassifikation der Wissenschaften" wird in dem gleichen Nachschlagewerk ausdrücklich die „dualistische Trennung" von Geistes- und Naturwissenschaften als „unannehmbar" zurückgewiesen (ebd. 581). Der Fortschritt des menschlichen Wissens habe in der modernen Wissenschaft „zu einer immer weitergehenden Differenzierung, zu einer Teilung in zahlreiche Disziplinen geführt" (1169). Die Einzelwissenschaften können auch nach verschiedenen praxisbezogenen Gesichtspunkten klassifiziert werden. Entscheidend bleibt aber, daß alle Einzelwissenschaften und Wissenschaftsgruppen in die „Einheit aller Wissenschaften" integriert bleiben (580, 1169f.). Die

„Grundlage für die Einheit der Wissenschaften" ist „die objektive materielle Einheit der Welt, die im historisch fortschreitenden Erkenntnisprozeß als einheitliches System erkannt wird" (580). Die verschiedenen Einzelwissenschaften sind in diesen „historisch fortschreitenden Erkenntnisprozeß" eingebunden: Da sich die Wissenschaften „mit der Erforschung jeweils bestimmter Bereiche, Bewegungsformen, Seiten oder Zusammenhänge der objektiven Realität oder aber ihrer Widerspiegelungen im Bewußtsein erfassen", diese „objektive Realität" aber „kein zusammenhangloses Chaos, sondern ein gesetzmäßig geordnetes Ganzes" ist, muß die Entwicklung schließlich „zu einer Annäherung der einzelnen Wissenszweige führen" (1170).

Funktional ist die Wissenschaft nach Meinung des ‚historisch-dialektischen Materialismus' eingebettet in den gesamtgesellschaftlichen Arbeitsprozeß; sie ist eine „spezifische Form des gesellschaftlichen Bewußtseins" (1170). Wissenschaftliche Erkenntnis ist nach dieser Ansicht kein Selbstzweck: „aus den Bedürfnissen der Produktion und des praktischen Lebens hervorgegangen, dient sie der wachsenden Beherrschung der natürlichen und sozialen Umwelt" (1170). An diesem doppelten Prozeß der Erkenntnis der „objektiven Realität" und der zunehmenden „Beherrschung der natürlichen und sozialen Umwelt" nehmen die Naturwissenschaften gleicherweise teil wie die Gesellschaftswissenschaften. Beide sind nicht durch den methodischen Gegensatz nomothetischer, generalisierender und idiographischer, individualisierender Verfahren, sondern in erster Linie durch ihren Gegenstand voneinander zu unterscheiden; beide decken indes „in ihren Bereichen allgemeine Gesetzmäßigkeiten auf" (772). Die Behauptung, daß es in der Natur kausal und gesetzmäßig, in der Gesellschaft aber akausal und damit nicht gesetzmäßig zugehe, ist nach marxistischer Meinung ein „ideologischer" Irrtum (580). Auch ihrer gesellschaftlichen Funktion nach bilden Natur- und Gesellschaftswissenschaften eine Einheit: sie sind gemeinsam „die wissenschaftliche Grundlage der Lenkung und Leitung der Gesellschaft" und sie stehen beide als „Produktivkraft" im gesellschaftlichen Arbeitsprozeß (772). Insbesondere die Gesellschaftswissenschaften sind als „theoretische Fundierung" der „prognostisch begründeten" gesellschaftlichen Praxis ein geeignetes „theoretisches Instrument zur Führung der Massen" (441). Ihr „grundlegendes Prinzip" sei „die unbedingte Einheit von strengster wissenschaftlicher Objektivität und revolutionärer Parteilichkeit" (441).

Wie man sehen kann, ist das marxistische Wissenschaftsverständnis derart einseitig durch glaubensmäßige Grundannahmen über die „objektive Realität" und entsprechende kausalanalytische Verfahrensweisen festgelegt, daß die Geisteswissenschaften in ihrem überkommenen Selbstverständnis darin keinen Platz mehr finden. Wenn gleichwohl auch heute wieder der Versuch unternommen wird, von den Voraussetzungen eines historischen Materialismus aus den ‚Geisteswissenschaften' eine Stellung unter den Wissenschaften und im gesellschaftlichen Lebenszusammenhang zuzuweisen, dann kann das nicht ohne Veränderungen im Selbstverständnis der ‚Geisteswissenschaften' wie auch der historisch-materialistischen Theorie gelingen. Mit dieser Intention hat Heinz Kimmerle 1978 eine Arbeit über „Philosophie der Geisteswissenschaften als Kritik ihrer Methoden" vorgelegt. Für ihn sind die Geschichte und Sprache thematisierenden „Geisteswissenschaften" als „Humanwissenschaften" so im gesellschaftlichen Arbeitsprozeß als „Produktivkräfte" angesiedelt, daß sie durch ihr spezifisches

„Reflexionswissen" die Weitergabe des „Produktionswissens", wie es von den Naturwissenschaften erarbeitet wird, „effektiver" machen können (Kimmerle *1978*, 23ff.). Die Geisteswissenschaften werden hier auf der Grundlage einer „kritischen Ökonomie" gemeinsam mit Natur- und Gesellschaftswissenschaften in den „Zusammenhang der Ermöglichung steigender Produktivität der gesellschaftlichen Arbeit" gestellt (ebd. 2). Aufgabe der Geisteswissenschaften ist bei Kimmerle primär nicht mehr die offene und vielgestaltige kritische Selbstbesinnung von Menschen, sondern die Verbesserung der materiellen Lebensverhältnisse der Menschen durch eine kommunikative Optimierung des gesellschaftlichen Arbeitsprozesses.

e. Karl-Otto Apels Kritik an der These von der ‚Einheitswissenschaft'

Apels Kritik enthält im wesentlichen zwei grundsätzliche Einwände: Der ‚Logik der Einheitswissenschaft' lägen selbst ‚metaphysische Voraussetzungen' zugrunde, die von ihr nicht reflektiert und geklärt worden seien. Die Wissenschaftslogik sei ferner bislang nicht fähig gewesen, mit den besonderen Interessen und Problemen der Geisteswissenschaften fertig zu werden (Apel *1975*, 24ff.). Den ersten Kritikpunkt präzisiert Apel mit dem Hinweis auf den „szientistischen Reduktionismus" der Theorie der Einheitswissenschaft: Sie beschränke Wissenschaft auf die Beschreibung und Erklärung objektivierter Daten, die als Einsetzungsinstanzen möglicher Gesetze aufgefaßt würden, und gehe von der Annahme aus, das Erkenntnissubjekt sei grundsätzlich in der Lage, die ganze Welt einschließlich seiner Mitmenschen zu objektivieren. Die Beschreibung und Erklärung objektivierter

Weltdaten habe die Konstruktion idealer Wissenschaftssprachen zur Voraussetzung, welche mathematische Logik und erfahrbare Tatsachen überhaupt erst in eindeutiger Weise zu verbinden erlaubten. Zum Entwerfen von Wissenschaftssprachen wie auch zu ihrer Interpretation würden jedoch Konventionen über den Gebrauch von Wörtern benötigt, die selbst nicht der Wissenschaftssprache entnommen werden können, sondern auf ‚Sprachspiele' der Kommunikationsgemeinschaft von Wissenschaftlern zurückzuführen sind. Apel zufolge muß deshalb nach dem inneren Zusammenhang zwischen der vorwissenschaftlichen Rationalität von Bedeutungskonventionen und der methodischen ‚ratio' der Wissenschaften gefragt werden.

Offenbar erschöpft ‚wissenschaftliche Rationalität' im Sinne der Wissenschaftslogik nicht das Ganze menschlicher Rationalität überhaupt. Nach Apel hat man vielmehr mehrere „Rationalitätstypen" zu unterscheiden, so die „instrumentelle Zweckrationalität", eine „formal-logische und mathematische Rationalität", eine „ethische Kommunikationsrationalität" oder „philosophische Diskursrationalität" (Apel *1984,* 23ff.). Der Theorie der Einheitswissenschaft hält Apel vor, daß sie die „wissenschaftliche Rationalität von Operationen an Objekten" unreflektiert und einseitig verabsolutiere. So verkenne sie auch, daß hinter der Konstruktion von idealen Wissenschaftssprachen nicht einfach nur ad-hoc-Konventionen stehen, sondern „lange Ketten eines rationalen, durch die Interpretation und Kritik der Tradition von Philosophie und Wissenschaft vermittelten Diskurses" (Apel *1975,* 45). Das Beschreiben und Erklären objektiver raum-zeitlicher Ereignisse setze mithin immer schon Verstehen und Interpretation in einer Kommunikationsgemeinschaft voraus. Verstehen und Interpretation als Mittel der

Kommunikation erfüllten deshalb eine zu Beschreibung und Erklärung komplementäre Funktion. Wissenschaftliche Rationalität bleibe in dieser Weise auf kommunikative Diskursrationalität rückbezogen.

Weil wissenschaftliche Rationalität nicht mit Rationalität schlechthin zusammenfällt, müsse auch eine Kritik an der ‚Logik der Einheitswissenschaft' nicht von vornherein irrational sein, sondern könne von einem vollständigeren Rationalitätskonzept aus vollzogen werden. Apel versucht, mit seiner Theorie der Rationalitätstypen dem philosophischen Gedanken der Selbstdifferenzierung der Vernunft, wie er von Kant und in modifizierter Form von Hegel entwickelt worden ist, neue Geltung zu verschaffen. Vor allem die Unterscheidung von ‚abstraktem Verstand' und ‚integrativer Vernunft' könnte für eine Theorie der Rationalitätstypen nach Apels Meinung immer noch richtungsweisend sein (Apel *1984,* 18). Die Kritik an der Verabsolutierung abstrakter Formen der ‚Verstandes'-Rationalität sei deshalb Aufgabe der Vernunft selber.

Den Geisteswissenschaften könne man, das war Apels zweiter Haupteinwand, von der Basis einer ‚Logik der Einheitswissenschaft' aus nicht gerecht werden. Apels wichtigste Begründungen für diesen kritischen Einspruch sind: Das ‚Objekt' der Geisteswissenschaften sei zugleich auch deren ‚Wissenschaftssubjekt': nämlich die menschliche Gesellschaft als eine Kommunikationsgemeinschaft (Apel *1975,* 23). Dieser besondere Umstand hat eine grundsätzliche Einschränkung der Objektivierbarkeit geisteswissenschaftlicher Gegenstände zur Folge. Diese können stets nur von dem historischen Standort aus thematisiert werden, den der Geisteswissenschaftler innehat. Eine kritische Sachanalyse ist hier nicht lediglich im einheitswissenschaftlichen Sinn eine Beschreibung und

Erklärung objektivierter raum-zeitlicher Ereignisse; die Erforschung und kritische Beurteilung der Bedeutung von menschlichen Äußerungen, Werken und Handlungen bleibt vielmehr rückgebunden an eine Reflexion der eigenen geschichtlichen Position; und das heißt für Apel vor allem: an eine transzendental-hermeneutische Reflexion der eigenen Sprachspiele und Lebensformen (ebd. 43). Apel wendet sich mit Nachdruck gegen die Nivellierung des Unterschiedes zwischen menschlichen Wesen und ihren Handlungen auf der einen und irgendwelchen anderen natürlichen Ereignissen auf der anderen Seite (37). Menschliche Wesen seien nicht auf Objekte der Beschreibung und Erklärung ihres Verhaltens mit Mitteln formalisierter Sprachen reduzierbar (31). Die logisch rekonstruierte Wissenschaftssprache sei zur Beschreibung und Erklärung einer Welt reiner Objekte bestimmt; sie eigne sich nicht dazu, Kommunikation auszudrücken. Denn Äußerungen, welche die menschliche ‚kommunikative Kompetenz' durch Sprache bezeugen, könnten in der Logik formalisierter ‚Ding-Sprachen' nur Gegenstand von Beschreibungen „verbalen Verhaltens" durch einen Beobachter sein, der selbst nicht an der Kommunikation teilnimmt (30). Anstelle einer auf Beobachtung und Schlußfolgerungen beruhenden Erkenntnis einer Welt von Objekten gehe es in den Geisteswissenschaften jedoch zentral um eine Erkenntnis, die „als Verstehen und Interpretation" vornehmlich als Austausch zwischen Menschen in einer Kommunikationsgemeinschaft aufzufassen sei (45). Das „Apriori sprachlicher Kommunikation" sei die angemessene Grundlage dafür, um die gesellschaftliche Funktion und die Methodologie der Geisteswissenschaften zu verstehen (46). Wissenschaftliche Erklärungen mögen sich durch äußere Beobachtungen rechtfertigen lassen; intersubjektives Verstehen hingegen könne nur durch die Verbesserung von intersubjektivem Verstehen gerechtfertigt werden (40). Apel unterscheidet entsprechend zwei unterschiedliche, jedoch komplementäre erkenntnisleitende Interessen: Für die Wissenschaft im engen Sinne der modernen Wissenschaftslogik bestehe ein leitendes Interesse an der „Beschreibung und Erklärung objektivierter Weltdaten" (46). Ähnlich wie Habermas nimmt auch Apel eine enge Verbindung zwischen diesem Erkenntnisinteresse und instrumenteller Arbeit an und spricht von einer „technologischen" Beziehung von wissenschaftlicher Erkenntnis in diesem Sinn zur Lebenspraxis. Das andere dazu komplementäre erkenntnisleitende Interesse sei das „Interesse an einer Verbesserung der Kommunikation in ihrer eigenen Dimension der Intersubjektivität" (46). Die Geisteswissenschaften versuchten Kommunikation allerdings nicht dadurch zu verbessern, daß sie die Instrumente und Funktionen der Kommunikation objektivierten und erklärten, wie das von der Informationstheorie und in gewissem Sinne auch von der Linguistik versucht werde; die Geisteswissenschaften verbesserten Kommunikation vielmehr dadurch, „daß sie das eigentliche Verstehen von Bedeutung durch Methoden der Interpretation ausarbeiten" (47). Das kann Apel zufolge auf zweifache Weise geschehen: in einem engeren Sinne von Hermeneutik dadurch, daß die Geisteswissenschaften „das zwischenmenschliche (interlinguale und interkulturelle) Verstehen von Bedeutungsintentionen absichern", in einem weiteren Sinne dadurch, „daß sie durch inhaltliche Interpretation fremder und fremd gewordener (vergangener) Lebenswelten und Lebensformen Anregungen und Vergleichsmaßstäbe liefern für Diskussionen und auch Konventionen über die Erfordernisse eines guten Lebens einschließlich selbst der Anwendung von Wissenschaft und Technologie" (48).

Nun sieht allerdings auch Apel, daß die Geisteswissenschaften keineswegs ausschließlich Dialoge mit Autoren der eigenen oder fremden Überlieferung führen. Sobald sie Texte als historische Dokumente, d.h. als „Quellen" oder „Überreste" auffaßten, durch die man in den Besitz von Informationen über raumzeitliche Ereignisse gelangen könne, interessierten nicht nur die Bedeutung und die Gründe von Handlungen und Institutionen, sondern auch die Ursachen dafür, was mit Menschen tatsächlich geschehen ist oder im allgemeinen geschieht. Insbesondere ein kritischer und emanzipatorischer Typus von Sozial- und Geschichtswissenschaft mache deshalb nicht nur vom hermeneutischen Verstehen Gebrauch, sondern auch von „quasinaturalistischer Kausalerklärung" im Rahmen einer historischen Objektivation menschlichen Lebens. Ähnlich wie bereits Dilthey sieht auch Apel den Grund für diese doppelte Arbeitsmöglichkeit der Sozial- und Geschichtswissenschaften darin, „daß die Menschen immer auch natürliche Wesen sind und daher ihre Geschichte (noch) nicht als Ergebnis ihrer bewußten und verantwortlichen Entscheidungen machen oder gestalten, sondern eher der Geschichte als einem Ergebnis kausal bedingter Prozesse, die der Kontrolle des Bewußtseins entzogen sind, unterliegen" (49). Auch für Apel können demnach Verfahren der Beschreibung und Erklärung objektivierter raumzeitlicher Ereignisse in den Geisteswissenschaften eine Rolle spielen. Näher besehen plädiert Apel also lediglich dafür, daß die Geisteswissenschaften nicht durchgehend nach einheitswissenschaftlicher Logik zu verfahren haben, sondern komplementär dazu, sobald sie es mit der inhaltlichen Diskussion von menschlichen Bedeutungsintentionen zu tun haben, den hermeneutischen Weg des interpretierenden und verstehenden Dialogs mit menschlichen Kommunikationspartnern wählen.

5. *Zum Wissenschaftsverständnis*

Was Wissenschaft sei, welchen Erkenntniszielen sie nachzugehen und welche Methoden sie zu verwenden habe, in einer zumindest für alle Wissenschaftler akzeptierbaren Weise zu bestimmen, ist offensichtlich trotz aller Versuche bis heute nicht gelungen. So ergibt sich ein paradoxer Anblick: Über Wissenschaft, die doch angeblich besonders sicheres, weil wohlbegründetes Wissen zu vermitteln vermag, wird selbst heftig gestritten. Dieser Meinungsstreit bezieht sich indes weniger auf das, was Wissenschaft einmal war. Über die historische Entwicklung der Wissenschaften gehen die Kontroversen im allgemeinen nicht weiter als bei der Rekonstruktion historischer Gegenstände überhaupt. Hier besteht auch im ganzen Übereinstimmung darüber, daß es sich bei Wissenschaften um gewisse Arten kultureller Handlungen und Äußerungen von Menschen handelt, die in der Regel mit dem Anspruch verbunden sind, erprobtes und begründetes Wissen zur Lösung praktischer, technischer oder theoretischer Probleme bereitzustellen. Die Erforschung der Geschichte der Wissenschaften ist zudem mit der allgemeinen Erkenntnis verknüpft, daß die Wissenschaften und ihre institutionellen Organisations- und Handlungsformen, wie andere kulturelle Phänomene auch, dem geschichtlichen Wandel unterliegen. Der wissenschaftshistorischen Betrachtung bietet sich dabei im einzelnen eine derart große Vielfalt an Erscheinungen dar, daß es bisweilen schwerfällt, sie alle einer Klasse kultureller Phänomene zuzurechnen, und sich die Frage stellt, ob sich zwischen den verschiedenen historisch rekonstruierbaren Wissenschaftserscheinungen im ganzen nicht nur mehr ‚Familienähnlichkeiten' im Wittgensteinschen Sinne auffinden lassen.

Der Streit um die Wissenschaft gewinnt denn gewöhnlich auch eine prinzipielle Schärfe erst, wenn es darum geht, verbindliche Wissenschaftsnormen vorzuschlagen und zu rechtfertigen. Bei diesen Kontroversen stehen weniger die Wissenschaften selbst als vielmehr bestimmte normative Wissenschaftsbegriffe zur Diskussion. Weil sich wissenschaftshistorisch, wissenschaftssoziologisch oder wissenschaftswissenschaftlich nicht zwingend ableiten läßt, was und wie Wissenschaft sein soll, weil sich Wissenschaftsnormen selbst nicht erfahrungswissenschaftlich beweisen, sondern allenfalls rational rechtfertigen lassen, ist der Streit um ein intersubjektiv verbindliches Wissenschaftsverständnis auch kaum zu schlichten oder gar mit überzeugenden Gründen allgemein zu entscheiden. Erschwerend tritt hinzu, daß sich unter die Rechtfertigungsargumente, wie sich gerade auch in der Auseinandersetzung um das Verständnis der Geisteswissenschaften zeigt, immer wieder suggestive Annahmen mischen, die der persönlichen Überzeugung und Weltanschauung wissenschaftsphilosophischer Autoren entstammen: der Glaube an die prinzipielle Gleichartigkeit aller Erfahrungsgegenstände gehört ebenso hierher wie derjenige an die methodische Einheitlichkeit aller Wissenschaft. Vorannahmen dieser Art können nicht zur Grundlage eines allgemeinen Wissenschaftsverständnisses gemacht werden; sie behalten einen problematischen Charakter und besitzen allenfalls eine heuristische Funktion, um herauszufinden, wie weit sich Wissenschaften überhaupt von der Art ihrer Gegenstände her oder methodisch vereinheitlichen lassen. Die These von der Einheitlichkeit aller Wissenschaft ist nicht als Voraussetzung eines allgemeinen Wissenschaftsverständnisses, sondern nur als bewährtes Resultat wissenschaftlicher Vereinheitlichung akzeptierbar. In diesem Fall müßte jedoch nachgewiesen werden, daß sich von einheitlichen Normierungen der wissenschaftlichen Sprache und Verfahrensweisen aus alle wesentlichen Probleme und Erkenntnishinsichten der einzelnen Erfahrungswissenschaften in befriedigender Weise bearbeiten lassen. Es wäre zu zeigen, daß sich unter solchen Voraussetzungen alle wichtigen Themenstellungen und Fragehinsichten unverkürzt in einheitswissenschaftlich normierte Sprech- und Verfahrensweisen transformieren lassen. Denn keine Wissenschaft würde es hinnehmen, wenn sie sich aufgrund einheitlicher Normierungen der Sprech- und Verfahrensweisen in ihrer Thematik und Aufgabenstellung unbillig reduziert sähe. Die eigene rationale Kultur der Formulierung und Bearbeitung von Problemen, wie sie in den verschiedenen Erfahrungswissenschaften nach und nach selbst ausgebildet worden ist, läßt sich nicht normativ gleichsam von außen her kurzerhand neu regulieren. Derartige Versuche sind in den meisten Fällen von vornherein zum Scheitern verurteilt. Die überwiegende reale Wirkungslosigkeit wissenschaftstheoretischer Normierungsvorschläge dürfte hierin eine wichtige Ursache haben.

a. Logisch-rekonstruktive Wissenschaftsanalyse: Wolfgang Stegmüller

Das oft schon langjährige Bestehen eigener rationaler Wissenschaftstraditionen wird deshalb von der jüngeren analytischen Wissenschaftsphilosophie auch zunächst einmal anerkannt. Sie verzichtet darauf, den Wissenschaften von außen normative Sprach- und Verfahrensvorschriften zu machen, sondern begnügt sich mit ihrer „rationalen Rekonstruktion“. Die „vorhandenen Wissenschaften“ bilden ausdrücklich „das Datum“, welches der

„rationalen Rekonstruktion" vorgegeben ist (Stegmüller *1973 b*, 8). Deren Zielsetzung besteht darin, „zur Klärung und Präzisierung vorliegenden wissenschaftlichen Materials beizutragen" (ebd. 9). Die Methoden der Wissenschaftstheorie sind logische Methoden. Die logische Rekonstruktion wissenschaftlicher Tätigkeit richtet sich auf die „begriffliche Durchdringung und Präzisierung des Begriffs- und Satzgerüstes von Theorien, der in Theorien enthaltenen logisch-mathematischen Strukturen, der Methoden wissenschaftlicher Überprüfung und der Anwendungskriterien von Theorien" (8). Stegmüller läßt keinen Zweifel daran, daß nach seiner Überzeugung jede Begriffsexplikation in eine mehr oder weniger starke Formalisierung einmünden werde. Denn erst die formalen Kunstsprachen stellten die Mittel dafür bereit, „genau zu sagen, was wir eigentlich meinen" (14). So läuft der logisch-analytische Vorschlag der „rationalen Rekonstruktion" einer Wissenschaft im wesentlichen auf eine möglichst weitgehende Formalisierung des wissenschaftlichen Begriffs- und Satzgerüstes hinaus. Denn Logiktheorien sind auf Kunstsprachen bezogen; für die Überprüfung von Argumenten, die in einer natürlichen Sprache vollzogen werden, liefern Logiktheorien „überhaupt keine Kriterien" (10).

Es dürfte nicht zuviel gesagt sein, wenn man behauptet, daß es bis heute noch immer keine linguistische oder logisch-analytische Sprachtheorie gibt, die in der Lage wäre, die kommunikative Vielfalt umgangssprachlicher Verständigung zwischen Menschen angemessen zu beschreiben. Die täglich geübte, sozial eingebettete Umgangssprache erweist sich bei näherem Zusehen als derart komplex, daß ihr bisher keine Grammatik, auch keine pragmalinguistische, vollständig gerecht werden konnte. Die informative, expressive oder reflexive Leistungsfähigkeit der Umgangssprache ist noch von keiner Kunstsprache eingeholt worden. So versteht man die Kühnheit logisch-analytischer Wissenschaftstheoretiker nicht ganz, wenn sie immer wieder vorschlagen, die Umgangssprache in den Wissenschaften möglichst weitgehend durch formale Kunstsprachen zu ersetzen. Es ist ein modern gewordenes Vorurteil zu versichern, man könne allererst in einer formalen Sprache genau sagen, was man meine. Was man in einer logischen Kunstsprache ausdrückt, sagt man wohl genau. Doch läßt sich formalsprachlich nicht alles sagen, was man meint und umgangssprachlich verständlich ausdrücken kann. Die logische Kunstsprache nivelliert wichtige Konnotationen, die umgangssprachlichen Ausdrücken zukommen können.

Aussagenlogisch werden z. B. umgangssprachlich verschiedene Wörter wie ‚aber', ‚gleichwohl', ‚trotzalledem', ‚auch', ‚sowohl... als auch', ‚nicht nur... sondern auch' in der Regel als Konjunktion interpretiert. Doch schon das umgangssprachliche ‚aber' ist dem aussagenlogischen Konjunktor ‚und' nicht wirklich äquivalent. Sage ich z. B.: „Die Sonne scheint, aber es ist kalt", so drücke ich nicht nur aus, daß die Sonne scheint und daß es kalt ist; ich sage umgangssprachlich vielmehr etwa folgendes: die Sonne scheint; eigentlich müßte es warm sein; doch merkwürdigerweise ist es kalt. Das Wort ‚aber' bringt über seine konjunktive Funktion hinaus noch eine relative Gegensätzlichkeit der Teilsätze zum Ausdruck, die logisch jedoch noch nicht durch ein Negationszeichen wiedergegeben werden kann. Die Umgangssprache ist schon in einem derart einfachen Beispiel und viel mehr noch in anderen Fällen nuancenreicher als die logische Ausdrucksweise. Deshalb ist auch die Annahme, nur in einer formalen Sprache ließe sich genau sagen, was wir eigentlich meinen, nicht zu halten. Nur wenn man von vornherein gar nichts anderes will, als formale Begriffs- und Aussagestrukturen exakt darzustellen, kann eine logische Kunstsprache genau sagen, was intendiert ist. Wenn es hingegen darum geht, die konkrete Vielfalt menschlicher Erfahrungen auszudrücken, vermag eine logische Kunstsprache keineswegs genau zu sagen, was wir eigentlich meinen; hier besitzt eine in Wortwahl und Satzbildung differenziert verfahrende natürliche Sprache (man denke etwa an Goethes beschreibenden Stil!) ihre eigene unüberbietbare Genauigkeit. Die Umgangssprache mag formallogisch nicht die ‚exakteste' sein, inhaltlich ist sie jedoch in jedem Fall die ‚prägnanteste'. Der konkrete Reichtum menschlicher Erfahrung läßt sich immer noch in den kulturell überkommenen Sprachen am differenziertesten und geschmeidigsten ausdrücken.

Insoweit es den Geisteswissenschaften um die Beschreibung, Interpretation und Beurteilung vorwiegend einmaliger und unverwechselbarer Sachverhalte wie bestimmter Kunstwerke, überlieferter Texte oder historischer Ereignisse zu tun ist, wird man auf die inhaltliche Prägnanz und nuancenreiche Ausdrucksfähigkeit der natürlichen Kultursprachen nicht verzichten können. Logische Begriffs-, Satz- und Textanalysen können in bestimmten Fällen eine nicht unwichtige kontrollierende, Alternativen sichtende, ordnende und bisweilen auch entscheidende Funktion übernehmen. Im ganzen sind solche Analysen jedoch von nachgeordneter Art. Aus der Logik als einer Theorie formaler Eigenschaften von Sätzen lassen sich selbst keine Erfahrungsinhalte ableiten. Der Erfahrungsgehalt von Begriffen und Sätzen muß vielmehr bei logischen Analysen empirischer Sätze bereits vorausgesetzt werden. Wenn Interpretationen von Texten oder Kunstdenkmälern mittels logischer Sprachen in die Form eines strengen Argumentationszusammenhanges gebracht werden, so vermehrt das nicht ihren empirischen Gehalt, sondern erleichtert nur ihre Überprüfbarkeit. Formalsprachliche Schematisierungen des Argumentationsganges von Interpretationen müssen indes selbst stets besonders streng daraufhin kontrolliert werden, ob tatsächlich alle wesentlichen Aspekte der Interpretation und ihrer begrifflichen Explikationen in die logisch-formalsprachliche Transformation eingegangen sind. Denn hier kann es leicht zu unangemessenen Reduktionen kommen. Es ist sicher kein Zufall, daß die jüngeren logisch-analytischen Arbeiten zur Interpretation ästhetischer Texte sich in der Regel nicht direkt mit den ästhetischen Objekten selbst, als vielmehr mit den kontroversen Interpretationsalternativen verschiedener literaturwissenschaftlicher Autoren beschäftigen (vgl. z. B. Göttner *1973;* Savigny *1976*).

Der mathematische Logiker Gottlob Frege verglich einmal die besondere Leistung logischer Kalküle mit der Funktion eines Mikroskops (Frege *1879,* S. V). In Fällen, für die das Mikroskop geschaffen wurde, erweist es dem bloßen Auge gegenüber seine Überlegenheit. Niemand jedoch würde etwa auf den Gedanken verfallen, den Horizont mit dem Mikroskop absuchen zu wollen. Die logische Analyse ist in diesem Sinne für bestimmte Fälle, in denen eine exakte Text- oder Argumentationsanalyse zur Klärung und Entscheidung wichtiger alternativer Problemlösungshypothesen erforderlich ist, ein nützliches Hilfsmittel. Doch nur in wirklich wichtigen Fällen dürfte sich der mit logischen Analysen in der Regel verbundene formalistische Aufwand überhaupt lohnen. Als universelles Verfahren wäre die logische Analyse in den Geisteswissenschaften für die Bewältigung ihrer vielfältigen Aufgaben und Probleme ebenso unangemessen wie eine logisch normierte Kunstsprache als universelle Wissenschaftssprache der Geisteswissenschaften.

Die ‚rationale Rekonstruktion' vorgegebener Wissenschaften ist nach Ansicht der logisch-analytischen Wissenschaftstheorie jedoch nicht nur ‚deskriptiv'; sie enthält auch eine „normative Komponente" (Stegmüller *1973 b*, 8). Die „normative" Kritik kann sich jedoch von der selbstgewählten logisch-analytischen Basis aus nur auf strukturelle Eigenschaften von Begriffsexplikationen, Satzzusammenhängen und Theorien sowie von Überprüfungs- und Anwendungsverfahren beziehen. Eine rationale Kritik an inhaltlichen Zielsetzungen und Aufgabenstellungen, an Voraussetzungen und Kriterien der Themenwahl ist im Konzept der ‚rationalen Wissenschaftsrekonstruktion' nicht enthalten. Daran läßt sich die Einseitigkeit des logisch-analytischen Rationalitätskonzeptes erkennen. In den Geisteswissenschaften ist mit logisch-analytischer Rationalität allein nur erst wenig bewirkt. Mindestens ebenso wichtig wie der analytische Verstand ist in ihnen, wenn man einmal Kantische Unterscheidungen zugrunde legt, ein sensibles Anschauungsvermögen, eine die Erkenntnishinsichten regulierende Vernunft wie insbesondere die reflektierende Urteilskraft. Die Individualität der Gegenstände, um die es in den Geisteswissenschaften überwiegend geht, bringt es mit sich, daß hier die singulären Sachverhalte nicht schon dadurch verstanden sind, daß sie unter deduktiv-nomologische oder induktiv-statistische Gesetze subsumiert werden. Einmalige ästhetische Objekte, unwiederholbare historische Begebenheiten oder einmalige soziale Situationen müssen überhaupt erst umsichtig daraufhin befragt und beurteilt werden, ob und inwieweit sich Regeln finden lassen, die eine allgemeine Deutung des individuellen Sachverhaltes ermöglichen. In solchen Fällen könnte es sich geradezu katastrophal auswirken, wenn Vernunft und Urteilskraft vorschnell auf den Verstand gebracht werden. Bereits angesichts ihrer besonderen Gegenständlichkeit wird man in den Geisteswissenschaften Einbußen an Exaktheit der Formulierungen, an Sicherheit der Überprüfungsverfahren, an struktureller Durchsichtigkeit in Kauf nehmen müssen. Geisteswissenschaften sind nicht am Exaktheitsideal der logisch-analytischen Wissenschaftstheorie zu messen.

b. Der philosophische Konstruktivismus der ‚Erlanger Schule'

Nicht allein normative Kritik an Formen der Begriffsbildung und am strukturellen Aufbau wissenschaftlicher Theorien, sondern auch an den Zielsetzungen der Wissenschaften bezieht der philosophische Konstruktivismus der sogenannten ‚Erlanger Schule' in sein wissenschaftstheoretisches Konzept mit ein. Es ist ein weit verbreiteter wissenschaftstheoretischer Irrtum, meint Jürgen Mittelstraß, anzunehmen, „teleologische und methodologische Reflexionen" ließen sich voneinander isolieren (Mittelstraß *1982*, 211). Teleologische Orientierungsänderungen könnten vielmehr gravierende methodologische Konsequenzen auch für die Theoriebildung im engeren Sinn haben. Methodologische Mittel sind überhaupt nur auf Ziele hin definierbar. Die Wissenschaft setzt deshalb auch beides voraus: daß man Aussagen begründen und Ziele rechtfertigen kann. Wer von einer Rechtfertigung der Ziele absieht, überantwortet die Wissenschaft bloßen Dezisionen und Ideologien. Das gelte auch für jenen Standpunkt, der wissenschaftsinterne oder -externe Ziele nur mehr als gegeben hinnehme und auf Argumentationen über Ziele selbst verzichte, weil sie letztlich in irrationalen Werthaltungen fundiert seien. Dieser Standpunkt gibt die Wissenschaft selber dem Irrationalismus preis. Denn ‚gegebene' Ziele sind als solche noch keine gerechtfertigten Ziele. Wer die Veränderungen der Wissenschaften nicht nur dem Zufall oder den „unergründlichen Einsichten einer (politischen) Wissenschaftsverwaltung" überlassen will, muß deshalb die Aufgabe einer normativen Kritik der teleologischen und methodologischen Wissenschaftsimplikationen selbst in die Hand nehmen (ebd. 206).

Zur Rechtfertigung von wissenschaftlichen Zielen und angemessenen methodischen Normen bedient sich der philosophische Konstruktivismus „schrittweise" einer nur konstruktiv zu gewinnenden Praxis des disziplinierten begründenden Redens. Wenigstens dem Anspruch nach wird auch in der alltäglichen Lebenswelt in normativer Absicht argumentiert: es werden Gründe für oder gegen vorgeschlagene oder bereits etablierte praxisleitende Orientierungen vorgetragen. Wissenschaft ist demgegenüber nur eine besondere Form begründenden Redens (Janich/Kambartel/Mittelstraß *1974*, 45 u. 110). Der höhere Exaktheitsanspruch der Wissenschaft macht die Konstruktion einer methodisch aufgebauten ‚Orthosprache' erforderlich (ebd. 45), in der sich wissenschaftliche Interessen klar und deutlich formulieren lassen. Unter einer ‚Orthosprache' versteht der Konstruktivismus eine normierte Sprache, die fach-, kunst- und formalsprachliche Elemente in sich vereinigt. Indem man konstruktiv vom ‚Sprachvermögen' einen normativen Gebrauch macht, gewinnt man die Möglichkeit, „den methodischen Aufbau einer Wissenschaftssprache ohne Rekurs auf faktische Wissenschaften und ohne Rekurs auf faktische gebrauchssprachliche Praxis ... in Angriff zu nehmen" (50). (Unter ‚Gebrauchssprache' versteht der

Konstruktivismus eine mit fachsprachlichen Ausdrücken angereicherte Umgangssprache.) Vom ‚Sprachvermögen' kann man nach Meinung des Konstruktivismus einen normativen Gebrauch machen, ohne in Abhängigkeit von den historischen Realisierungen dieses Sprachvermögens zu geraten (50). Mit Hilfe der ‚Orthosprache' sollen die historischen Bedingungen des Erkennens durchschaubar gemacht und überdies partiell außer Kraft gesetzt werden können (130). Auf konstruktive Weise soll eine von der Gebrauchssprache wie von den historischen Bedingungen des Erkennens unabhängige Position zur rationalen Rechtfertigung von Zielsetzungen und methodischen Normen gewonnen werden.

Der ‚Erlanger' Konstruktivismus hat mit Recht die Notwendigkeit einer normativen Rechtfertigung wissenschaftlicher Ziele erkannt und hat ebenso deutlich den engen Zusammenhang von Zielsetzungen und wissenschaftlichen Methoden gesehen. Weniger überzeugend sind indes die vorgeschlagenen Mittel, mit denen die Absicht einer rationalen Rechtfertigung und Kritik der wissenschaftlichen Ziele und Methoden verwirklicht werden soll. Läßt sich die methodisch aufgebaute ‚Orthosprache' wirklich als ein derart von der Gebrauchssprache und den geschichtlichen Erkenntnisbedingungen ablösbares ‚normatives Fundament' zur kritischen Beurteilung wissenschaftlicher Ziele verstehen? Kann man tatsächlich hinter alle faktisch gesprochene ‚natürliche' Sprache auf ein pures ‚Sprachvermögen' wie auf einen Nullpunkt alles Sprechens zurückgehen? Menschen erlernen bestimmte ‚natürliche' Sprachen und konstruieren gewisse Kunstsprachen; in alledem zeigt sich ihr ‚Sprachvermögen'. Doch was ist dieses ohne oder vor aller Sprache? Wie soll man ohne alle Sprache vom reinen Sprachvermögen konstruktiv Gebrauch machen? Betrachtet man das sprachliche Verhalten von Vertretern des ‚Erlanger' Konstruktivismus, so kann man beobachten, daß sie selbst z.B. bei der exemplarischen Einführung von sprachlichen Ausdrücken durchaus reichlich auf die Gebrauchssprache und bisweilen sogar auf die ungeliebte Bildungssprache in einer Weise erläuternd zurückgreifen, daß ohne diese Erläuterungen die exemplarische Einführung des Ausdrucks weder verständlich noch überhaupt möglich wäre (vgl. z.B. Lorenz/Mittelstraß *1967,* 204–208). Doch müßte sich eine ernsthafte Beantwortung der Frage nach den konstruktiven Fähigkeiten eines von der Gebrauchssprache und den geschichtlichen Erkenntnisbedingungen unabhängigen reinen Sprachvermögens in erster Linie mit dem kontroversen Problem der sogenannten „Hintergehbarkeit" oder „Unhintergehbarkeit" der Sprache auseinandersetzen (vgl. Lorenz/Mittelstraß *1967*). Kann man, wie manche ‚Erlanger' meinen (Janich/Kambartel/Mittelstraß *1974,* 49f.), hinter die Sprache auf ein „für elementar im strengen Sinne" gehaltenes, sprachlich selbst nicht bedingtes „Handlungsvermögen" zurückgehen? Gibt es hinter der Sprache eine Ebene zwar „in der Regel sprachlicher" Handlungen des „Unterscheidungen-Treffens" (ebd. 49), die aber selbst doch nicht notwendig sprachlich vermittelt sein müßten? Was sind sprachlich unvermittelte „Unterscheidungen"? Stehen wir, wenn wir anfangen, über die Sprache und ein ihr vermeintlich zugrundeliegendes ‚elementares Handlungsvermögen' nachzudenken, nicht immer schon inmitten der Sprache? Ist es möglich, durch Rückgang auf ein ‚Sprachvermögen' die gesamte sogenannte ‚transzendentale' gegenstands- und weltkonstituierende Vorleistung der geschichtlich gewordenen Sprachen, in welche wir Menschen zunächst auf ganz unkontrollierte Weise hineinwachsen, ohne weiteres gleichsam auszuklammern? Setzt nicht vielmehr schon die einfachste ‚deiktische‘ oder ‚ostensive‘ Sprachhandlung zu ihrer sinnvollen Ausübung und zu ihrem Verständnis jene ‚transzendentale‘ Leistung der ‚natürlichen‘ Sprache voraus, der insbesondere W. v. Humboldt konzentrierte Aufmerksamkeit schenkte? Läßt sich die sprachliche Zeigehandlung, die man ausführt, wenn man einem Gegenstand einen Namen oder Prädikator ostensiv zuordnet, ohne sozial bereits eingeübte und auf diese Weise erlernte kommunikative Regeln überhaupt mit der erforderlichen Eindeutigkeit bestimmen? Muß man nicht schon von sozial erlernten Sprachregeln Gebrauch machen können, um auch nur den Sinn einer Zeigehandlung zu verstehen? (Vgl. Wittgenstein Tract., 302 ff.)

Doch gleichgültig, wie abhängig oder unabhängig von der Gebrauchssprache eine methodisch aufgebaute Sprache auch ist, in jedem Fall lassen sich solche Sprachen konstruieren und mit Sicherheit können sie in bestimmten Situationen nützliche Mittel sein, um Unklarheiten gebrauchs- oder bildungssprachlicher Redeweisen aufzudecken und gegebenenfalls zu korrigieren. Und sicher kann solchen kritischen Rekonstruktionen des Sprachgebrauchs auch eine wichtige klärende Funktion bei Versuchen der Rechtfertigung wissenschaftlicher Ziele zufallen. Es kann z. B. in manchen Fällen von Zielkonflikten oder Interessenkollisionen die Formulierung der Zielsetzungen oder Interessen durch eine methodisch aufgebaute Sprache so modifiziert werden, daß keine Interessenkollision mehr besteht (Janich/Kambartel/Mittelstraß *1974*, 114). Jedoch wird von konstruktivistischen Autoren auch zugegeben, daß das Verfahren der kritischen Modifikation von Interessen allein nicht ausreicht, um Interessenkollisionen zu beseitigen (ebd. 115). Gewichtige Interessenkonflikte und grundsätzliche Meinungsverschiedenheiten über Zielsetzungen lassen sich nicht schon durch ihre orthosprachliche Formulierung und die Transformation orthosprachlicher Sätze aus der Welt schaffen. Eher könnte man behaupten, daß Zielkonflikte, die sich allein durch Transformation orthosprachlicher Sätze lösen lassen, gar keine wirklichen Konflikte gewesen sind. Um schwerwiegende Konflikte zu bereinigen, braucht es eine inhaltliche Beurteilung der Interessen und Zielsetzungen wie ihrer Wichtigkeit für die am Konflikt Beteiligten sowie schließlich etwa des praktischen Entschlusses, auf bestimmte umstrittene Forderungen im Konflikt zu verzichten. Auch in diesem Fall ist eine normierte Sprache allenfalls ein nützliches Hilfsmittel, nicht aber selbst schon eine hinreichende Bedingung für die Lösung des Konfliktes.

Bei aller Wichtigkeit, die methodisch normierten Sprachen für die Klärung der unterschiedlichen Positionen in Zielkonflikten zukommen kann, darf man die konfliktregelnden Möglichkeiten von Orthosprachen doch nicht überschätzen. Durch logische oder orthosprachliche Normierungen erhält man inhaltlich nichts, was man nicht zuvor schon an Erfahrung und Wertung in Sätze hineingelegt hätte; man hat es nur auf eine geordnetere Weise, was die Bestimmung und Begründung von Zielen und Verfahren und die Konfliktslösung erleichtern mag. Doch lassen sich grundlegende Unterschiede in der Auffassung von Sach- und Ereigniszusammenhängen wie in der Beurteilung und Rechtfertigung von Zielbestimmungen nicht auf Ordnungsprobleme reduzieren. Ohne engste inhaltliche Vertrautheit mit Sachgebieten und ohne eingehende kritische Reflexion der menschlichen, gesellschaftlichen, geschichts- und zukunftsorientierten Bedeutung, die einer Fragestellung und den Versuchen ihrer Beantwortung zukommt, wird man ernsthafte wissenschaftsinterne wie -externe Probleme schwerlich ‚konstruktiv' lösen können. „Jeder beurteilt dasjenige richtig, was er kennt, und ist darin ein guter Richter. Über einen bestimmten Gegenstand vermag der darin Gebildete zu urteilen", meinte dazu schon Aristoteles (EN, 1094 b 28 – 1095 a 2). Über die Relevanz und Begründungsfähigkeit von wissenschaftlichen Zielsetzungen wird man dementsprechend auch nur aus engster Vertrautheit mit den einzelnen wissenschaftlichen Fächern und ihrer lebenspraktischen Funktion zutreffend urteilen können. Es macht deshalb auch keinen rechten Sinn, „ohne Rekurs auf faktische Wissenschaften" (Janich/Kambartel/Mittelstraß *1974,* 50) eine ihre Ziele kritisch rechtfertigende Orthosprache konstruieren zu wollen.

c. Zur Relevanz des Wissenschaftsverständnisses bei Aristoteles

Daß Wissenschaften im Hinblick auf mathematische Exaktheitsansprüche einen unterschiedlichen Status aufweisen können, wußte ebenfalls bereits Aristoteles. Er unterscheidet ‚theoretische' Wissenschaften, deren Ziel allein die Erkenntnis selbst ist, von anderen Wissenschaften, die in diesem Sinne nicht ‚theoretisch' sind, weil ihr Ziel außerhalb der Erkenntnis liegt (vgl. zum Folgenden vor allem Aristoteles Met. I, 980 a 26 – 983 a 23; EN, 1094 a 26 – 1095 a 6; 1130 a 25 – 1141 b 35; dazu Ritter *1969,* 9 ff.). Zu den zweckfreien ‚theoretischen' Wissenschaften zählen bei Aristoteles die Physik, Mathematik und vor allem die Wissenschaft von den ersten Prinzipien und Ursachen; zu den ‚nicht-theoretischen' gehören die ‚praktisch-politischen' und die ‚poietischen' Wissenschaften. Das Ziel der praktisch-politischen Wissenschaften ist das Handeln, genauer das „gute Leben". Die poietischen Wissenschaften richten sich auf die Hervorbringung von handwerklich oder künstlerisch herzustellenden Gegenständen oder Werken; ihr Ziel liegt nicht im Handeln selbst, sondern im Resultat des Handelns. Trotz dieser unterschiedlichen Zielsetzungen handelt es sich jedoch in allen genannten Fällen um Wissenschaften in dem Sinne, daß sich das Wissen in ihnen auf die Kenntnis eines Ganzen oder Allgemeinen und auf Gründe und Ursachen bezieht. Das unterscheidet den wissenschaftlich Wissenden vom allein in der Sache Erfahrenen, daß dieser, wie Aristoteles sagt, nur das „Daß", jener aber auch das „Warum" kennt (Met. I, 981a 30). Für die Belange der menschlichen Lebenspraxis sind die praktisch-politischen Wissenschaften die notwendigsten und nützlichsten; den zweckfreien ‚theoretischen' Wissenschaften gegenüber haben sie jedoch den empfindlichen Nachteil, ihnen nicht an Genauigkeit gleichzukommen. Sie beschäftigen sich mit Gegenständen, „die sich so und auch anders verhalten können" (EN, 1140b 35). Deswegen kann man in ihnen auch nicht mit mathematischer Genauigkeit streng beweisend verfahren, im Unterschied zu den ‚theoretischen' Wissenschaften, die sich mit dem schlechthin Notwendigen, den ersten Prinzipien und Ursachen, befassen. In den praktischen Wissenschaften kommt es nach der Überzeugung des Aristoteles weniger auf den mathematisch exakten Beweis, als vielmehr auf die kluge vernünftige Überlegung, die ‚Phronesis', an. Über Sachzusammenhänge, die sich unmöglich anders verhalten können, als sie tun, stellt man in der Regel keine Überlegungen mehr an, wohl aber über unterschiedliche Zielsetzungen und Deutungsmöglichkeiten menschlichen Handelns. Die „Klugheit" betrifft „das Menschliche" und jene Dinge, die man überlegen kann, weil sie sich so und anders verhalten können. „Klug" kann derjenige genannt werden, der im Hinblick auf ein ernsthaftes Ziel, letztlich das ‚gute Leben' im ganzen, zu erkennen vermag, was für ihn selbst oder für andere Menschen gut oder schlecht ist. Das Prinzip ‚kluger' Überlegung in diesem Sinne ist nach Aristoteles ‚der Mensch selbst'; in der Übereinstimmung mit dem rechten Streben liegt die ‚Wahrheit' der praktischen Vernunft (EN, 1139 a 29 u. 1139 b 4).

Aristoteles richtet sich mit seinen methodischen Exaktheitsansprüchen ganz nach der besonderen Eigenart der Ziele und Gegenstände der jeweiligen Wissenschaft. In jedem einzelnen Gebiet nur soviel Präzision zu verlangen, als es die Natur des Gegenstandes zuläßt, kennzeichnet für ihn den Gebildeten. Diese Einsicht des Aristoteles hat bis in die Gegenwart immer wieder ihre Fürsprecher gefunden. Ihnen steht indes heute die nicht unbeträchtliche Zahl derjenigen Wissenschaftstheoretiker gegenüber, die alle Wissenschaft auf ein grundsätzlich einheitliches Verfahren logisch exakter Begriffs- und Theorienbildung verpflichten wollen wie ebenso auf ein strenges Verfahren der empirisch-experimentellen Überprüfung theoretischer Sätze durch intersubjektive Beobachtungssätze. Bisweilen wird diese Wissenschaftsauffassung auch kurzerhand ‚der moderne Wissenschaftsbegriff' genannt, um auf diese Weise suggestiv mit dem Anspruch verbunden zu werden, historisch unrevidierbar und für alle modernen Zeitgenossen verbindlich zu sein. Jedoch läßt sich aus der Geschichte grundsätzlich kein für alle Menschen verbindlicher Wissenschaftsbegriff ableiten. Jedem Argument, das sich auf einen vermeintlich historisch-irreversiblen ‚modernen' Wissenschaftsbegriff beruft, liegt selbst bereits ein sogenannter ‚naturalistischer Fehlschluß' von einem Sein auf ein Sollen zugrunde. Die Geschichte des Wissenschaftsverständnisses liefert keinen generell gültigen normativen Wissenschaftsbegriff, wohl aber verschiedene Artikulationen dessen, was man zu verschiedenen Zeiten unter ‚Wissenschaft' verstanden hat. In der Auseinandersetzung mit solchen Äußerungen vermag auch ein gegenwärtiger Versuch, was Wissenschaft sei, zu bestimmen, seine Argumente zu gewinnen. In diesem zeitenüberspannenden Diskurs um das Verständnis von Wissenschaft kann ein Autor nicht deswegen schon disqualifiziert werden, weil er einer vergangenen Zeit angehört. Dies um so weniger, als manches von dem, was von einer bestimmten Zeit als Fortschritt angesehen wird, bei näherem Zusehen mehr einem Rückgang auf zu Unrecht Vergessenes gleicht. In dieser Weise behält auch Aristoteles in der gegenwärtigen wissenschaftsphilosophischen Diskussion seine besondere Relevanz.

Es gibt eigentlich keinen wirklich überzeugenden Grund, hinter die kluge und gebildete Einsicht des Aristoteles zurückzufallen, daß nämlich Genauigkeit nicht auf dieselbe Weise bei allen Gegenständen zu fordern sei, sondern in jedem Fall gemäß der zugrundeliegenden Materie und soweit es der Untersuchung angemessen ist (EN, 1098 a 26–28). Gewiß kann man nicht von vornherein wissen, welche Art und welcher Grad von Genauigkeit einem Gegenstande und einer Untersuchung angemessen sind. Das muß vielmehr direkt an der zu untersuchenden Sache erprobt werden. Doch kann von dieser Position aus jeder nicht konkret an der Sache gewonnene, sondern methodologisch generell erhobene Exaktheitsanspruch als ungerechtfertigt und mithin als dogmatisch zurückgewiesen werden. Folgt man Aristoteles, so muß nicht jede Wissenschaft einen theoretisch beweisenden Charakter haben und kann gleichwohl Wissenschaft sein, die ihr Wissen von bestimmten Prinzipien und Zielsetzungen her zu begründen vermag.

d. Wissenschaftsphilosophische Konsequenzen

Was Wissenschaft sei oder sein sollte, läßt sich heute allenfalls mit großer Vor- und Umsicht und nur in Rückbeziehung auf den Stand und die Geschichte der faktischen Wissenschaften in problematischer Weise sagen. Ein weitgehender Konsens dürfte zunächst darin bestehen, daß Wissenschaften oder Wissenschaftsgruppen in der Regel gewisse Gegenstandsbereiche, Ziele und Verfahrensweisen zugeordnet sind. Wissenschaften können allgemein als besondere methodisch verfahrende Unternehmungen von Menschen zur Bearbeitung und Lösung von gegenstands- oder bereichsspezifischen Problemen angesehen werden. Die Kontroversen zwischen verschiedenen Wissenschaftsauffassungen beginnen gewöhnlich erst, wenn bestimmte Abgrenzungskriterien für Gegenstandsbereiche oder für die Unterscheidung wissenschaftlicher von nicht-wissenschaftlicher Erfahrung anzugeben und zu begründen sind oder wenn konkret benannte Wissenschaftsziele gerechtfertigt werden sollen oder wenn es darum geht, Verfahren der Begriffs- und Theorienbildung oder der Überprüfung von theoretischen Annahmen normativ festzulegen. Solche Kontroversen zeigen zumeist, daß vorschnell generalisierende wissenschaftstheoretische Dogmatisierungen bestimmter Kriterien oder Verfahrensweisen hier gänzlich fehl am Platze sind.

Will man trotz aller erforderlichen wissenschaftsspezifischen Differenzierungen im einzelnen dennoch gewisse Minimalbedingungen für alle Wissenschaften zusammenstellen, so bleibt nur, sich auf einige im allgemeinen unbestrittene Forderungen zu beschränken: Wissenschaftliche Sätze sollten syntaktisch richtig gebildet und frei von Widersprüchen sein. Soweit umgangs- oder gebrauchssprachliche Mittel für eine wissenschaftliche Darstellung verwendet werden, sollten die Sätze den allgemeinen kommunikativen Ansprüchen intersubjektiver Verständigung genügen. Wissenschaftliche Behauptungen müssen sich auf rational akzeptierbare Gründe stützen können; sie sollten sich in größere Erkenntniszusammenhänge einfügen lassen und erfahrungsmäßig entweder durch Beobachtungen oder bei historischen oder philologischen Gegenständen auch dadurch überprüfbar sein, daß sie mit allen zur Verfügung stehenden Belegen in Übereinstimmung zu bringen sind. Wissenschaftliche Satzzusammenhänge sollten überdies eine erkennbare Relevanz für die Lösung wissenschaftsinterner oder auch -externer Probleme besitzen.

Geht die Auflistung von Wissenschaftskriterien stärker über solche sehr allgemein bleibenden Forderungen hinaus, führt das in der Regel rasch zu einem Ausschluß faktischer Wissenschaften oder einzelner Arbeitsbereiche von ihnen. Ein solches Verfahren aber widerlegt sich selbst; denn nicht die faktischen Wissenschaften sind für gewöhnlich falsch, sondern allenfalls prätentiöse, mit zu engen Wissenschaftskriterien arbeitende Wissenschaftstheorien. Als Beispiel für eine zu einseitige und selbst mit zu vielen umstrittenen Vorannahmen belastete Wissenschaftsdefinition sei folgende Formulierung aus einem gerade erschienenen Beitrag zum Thema „Wissenschaft" zitiert: „Eigentlicher Gegenstand der Wissenschaft sind die mathematisch beschreibbaren Strukturen von und Beziehungen zwischen Elementen einer einheitlichen Natur, die mit Hilfe gezielter experimenteller Forschung aufgedeckt und in nützlicher Technik angewandt werden können." (Detel *1985*, 182) In einer solchen Formulierung werden viele Wissenschaftler vor allem aus dem Bereich der Geisteswissenschaften den „eigentlichen"

Gegenstand ihrer Wissenschaft zumindest kaum wiedererkennen können. Die selbst unbewiesene Glaubensüberzeugung von der prinzipiellen Einheitlichkeit aller Gegenstände der wissenschaftlichen Erfahrung kann zwar als problematisches und heuristisch interessantes regulatives Orientierungsprinzip wissenschaftlicher Erkenntnis in Anspruch genommen werden, als selbstverständliche Voraussetzung einer für jedermann verbindlichen Bestimmung der Gegenständlichkeit von Wissenschaft überhaupt kommt eine solche Annahme indes nicht in Frage. Auf solche Weise wird seit Schlicks „Allgemeiner Erkenntnislehre" im wesentlichen unverändert immer wieder von sogenannten ‚monistischen' Wissenschaftstheoretikern ein Glaube zum dogmatischen Fundament einer Wissenschaftsauffassung gemacht, die mit dem Anspruch auftritt, den einzig ernstzunehmenden, allgemein verbindlichen ‚modernen' Wissenschaftsbegriff zu präsentieren. Wenn aufgrund derartiger dogmatischer Vorentscheidungen menschliche Erfahrungsbereiche und ihnen zugeordnete Wissenschaften aus dem Kanon der Wissenschaften ausgeschieden werden, so scheint das monistische Wissenschaftstheoretiker in ihrer vorgefaßten Grundüberzeugung nicht anzufechten. Man spricht dann gern davon, daß es natürlich viele gute und nützliche Aktivitäten von Menschen gebe, die nicht zur Wissenschaft zu rechnen seien. Bestenfalls gibt man noch zu, daß der Ausdruck ‚Wissenschaft' ambivalent verwendet werde, wobei man aber weiter für sich in Anspruch nimmt, den „eigentlichen" Wissenschaftsbegriff zu vertreten (vgl. Detel *1985*, 208).

Will man Wissenschaften hingegen nicht durch normative wissenschaftstheoretische Vorentscheidungen gängeln und in der möglichen Vielfalt ihrer Arbeits- und Darstellungsweisen unnötig einschränken, sollte man sich besser aller restriktiven Wissenschaftskriterien enthalten. Feyerabends „anything goes" mag übertrieben sein; es geht in den Wissenschaften zwar nicht alles, aber doch oft tatsächlich unerhört viel, auch Irreguläres, wie die Wissenschaftsgeschichte zu zeigen vermag (vgl. dazu vor allem die Arbeiten von Th. Kuhn und P. Feyerabend). Was geht, entscheidet sich letztlich an der Fähigkeit wissenschaftlicher Vorschläge, relevante fachspezifische Probleme in produktiver wissensvermehrender oder -verändernder Weise zu lösen. Die Art des wissenschaftlichen Gegenstandsbereichs und die leitenden Fragestellungen bedingen in der Regel die Wahl der Methoden, die zur Problemlösung, ihrer theoretischen Systematisierung und kritischen Überprüfung verwendet werden können. Methoden sind nicht abgelöst von Zielen und der besonderen Art der Gegenstände einer Wissenschaft oder Wissenschaftsgruppe angemessen zu bestimmen. Das ist die alte wie neue Einsicht, die nicht allein von Aristoteles und den philosophischen Konstruktivisten unserer Tage, sondern unter den hermeneutischen Autoren insbesondere von Droysen und Dilthey zum Ausdruck gebracht worden ist.

III. Ziele, Gegenstände und Methoden der Geisteswissenschaften

1. Lebenspraktische Bedeutung und Aufgaben der Geisteswissenschaften

In seinem vielbeachteten Aufsatz „Die Aufgabe der Geisteswissenschaften in der modernen Gesellschaft“ hat Joachim Ritter den Geisteswissenschaften die Funktion zugeordnet, „das Vergangene wie das vom Vergehen Bedrohte aufzusuchen, einzubringen, zu erschließen, zu schützen und zu erhalten, es in Sammlungen und Editionen zugänglich zu machen“ (Ritter *1974*, 133). Mit dieser Zielsetzung ständen die Geisteswissenschaften in einem merkwürdigen Kontrast zum realen Prozeß der Entgeschichtlichung in der modernen industriellen Gesellschaft. Durch die besonderen Lebensbedingungen in der industrialisierten Welt würden die Menschen mehr und mehr aus der Geborgenheit und der sittlichen Verbindlichkeit ihrer angestammten Traditionen herausgelöst. Altes geschichtliches Gut wie Trachten, Hausgerät etc. werde durch „Modernisierungen“ aus dem unmittelbaren Lebenszusammenhang verdrängt; es werde „historisch“ und ziehe, nunmehr der Bewahrung würdig, in die Museen ein. Indem die Geisteswissenschaften das Vergangene sichteten, bewahrten und vergegenwärtigten, würden sie gleichsam zum institutionalisierten Gedächtnis der Gesellschaft; sie kompensierten die „reale Geschichtslosigkeit der Gesellschaft“ (ebd. 130).

Die modernen, durch die kritische historische und hermeneutische Methode konstituierten Geisteswissenschaften seien auf dem Boden der industriellen Gesellschaft gewachsen und hätten in ihr ihren Ort. Sie beschäftigten sich paradoxerweise mit den geschichtlichen Herkunftswelten, von denen sich die moderne Gesellschaft selbst gerade zu emanzipieren suche. Die Geisteswissenschaften seien deshalb auch nicht in die geschichtslose gesellschaftliche Praxis umsetzbar; sie gehörten vielmehr zu den praktisch unanwendbaren, „nicht notwendigen", „freien", mithin „theoretischen" Wissenschaften, die ihren „Zweck in sich selber" trügen. Von den „theoretischen" Wissenschaften des Aristoteles seien sie indes wiederum dadurch unterschieden, daß sie nicht auf die Bestimmung letzter Ursachen und Gründe zielten, sondern sich auf die auslegende und verstehende Erforschung der geschichtlichen Welt des Menschen beschränkten. Ritter fragt sich, was auf dem Boden der industriellen Gesellschaft danach verlangt, daß die geschichtlich geistige Welt des Menschen von den praktisch unanwendbaren Geisteswissenschaften gegenwärtig gehalten wird. Seine Antwort: Von der Praxis getrennt und in die Freiheit reinen Erkennens gestellt, gäben die Geisteswissenschaften dem Menschen die Möglichkeit eines Wissens von seinem nicht mit der Gesellschaft identischen Sein, das ohne sie ins Ferne gerückt oder seiner durch die Gesellschaft gesetzten Bestimmung geopfert würde (134). Die Geisteswissenschaften verhinderten, daß Menschen sich ausschließlich durch eine geschichtslos gewordene, sich nur mehr funktional verstehende Gesellschaft bestimmt sehen müßten; sie werden zur Basis einer Bildung, „die nicht auf die Praxis abzielt" (125).

Ritters Funktionsbestimmung der Geisteswissenschaften als praktisch nutzloser „theoretischer" Wissenschaften steht augenscheinlich in hartem Gegensatz zu jenen vornehmlich hermeneutischen Deutungen, die – wie besonders Droysen oder in anderer Weise auch Gadamer, Habermas oder Apel – den Geisteswissenschaften einen ‚praktisch-philosophischen' kommunikationsverbessernden, handlungs- und daseinsorientierenden Sinn zusprachen. In der Darstellung Ritters ist es den Geisteswissenschaften weder darum zu tun, die latente oder auch offen zutage liegende geschichtliche Bedingtheit der gegenwärtigen Gesellschaft in ihrer institutionellen Verfaßtheit zum Zwecke vielleicht möglicher Veränderungen zu erkennen; es geht auch nicht darum, geschichtliche Entwicklungstendenzen und darauf bezogene Handlungsmöglichkeiten aufzuzeigen, und ebensowenig offenbar darum, durch Kontrastierung mit vergangenen Lebenswelten der eigenen Zeit ein historisches Selbstbewußtsein oder eine geschichtliche Identität zu ermöglichen. Nur am Rande erwähnt Ritter ausblickhaft die Möglichkeit, durch die verstehende Vergegenwärtigung der „Schöpfungen und Objektivationen des menschlichen Geistes" den Menschen in einer industrialisierten Welt ein Wissen vom defizitären Modus ihrer ausschließlich gesellschaftlichen Bestimmtheit zu vermitteln. In der Hauptsache sind die Geisteswissenschaften eine ihren Zweck in sich selbst tragende antiquarische und museale Form der wissenschaftlichen Beschäftigung mit dem Vergangenen: sie haben das „nur noch Historische" nicht von der Gegenwart aus, sondern aus sich selbst heraus und in seinem je eigenen Zusammenhang wissenschaftlich zu erschließen, zu vergegenwärtigen und zu bewahren.

Ritter hat mit seinem Beitrag nicht, wie dessen Titel ankündigt, „die" Aufgabe der Geisteswissenschaften in der modernen Gesellschaft, sondern lediglich eine immerhin nicht unwichtige Teilaufgabe insbesondere der historischen Geisteswissenschaften umrissen. Für diese Einseitigkeit dürften mehrere Gründe verantwortlich sein: so einmal die ungerechtfertigte Vernachlässigung der systematischen Geisteswissenschaften, von denen sich noch weniger als von den historischen Fächern behaupten läßt, daß sie in einer technisch-wissenschaftlichen Zivilisation keine ‚praktische' Relevanz besäßen. Mehr aber dürfte Ritters Einseitigkeit in der von ihm vorausgesetzten und unbefragt bleibenden Theorie der Moderne wie ebenso in einem offensichtlich zu engen historistisch-positivistischen Begriff historischer Wissenschaft begründet sein. Ritters radikale These von der realen Geschichtslosigkeit der modernen Gesellschaft kann mit guten Gründen bestritten werden und scheint deshalb als fester Ausgangspunkt für eine Aufgabenbestimmung der Geisteswissenschaften wenig geeignet zu sein. Denn den Beispielen für das Unwirksamwerden von Traditionen und für die Geschichtsvergessenheit in der Moderne (man denke etwa an die administrativen Veränderungen von tradierten Ortsnamen bei den jüngsten Gebietsreformen!) lassen sich immer auch andere Beispiele gegenüberstellen, die belegen, daß auch in der sogenannten „modernen Gesellschaft" soziale, sittliche oder religiöse Traditionen nicht nur bewahrt, sondern in vielen Fällen auch bewußt erneuert oder in modifizierter Form in Geltung gesetzt werden. Auf die Annahme, daß die sogenannte „moderne Gesellschaft" das Wissen und die geschichtliche Wirksamkeit von Traditionen aus ihrem Lebenszusammenhang eliminiere, ist Ritter indes angewiesen, um begreiflich zu machen, daß die Geisteswissenschaften überfordert seien, wenn man ihnen die ‚praktische' Aufgabe stelle, ein Wissen zu erarbeiten, das auch dem gesellschaftlichen Lebensvollzug der Menschen in der ‚modernen Gesellschaft' selbst zugute käme. Doch Ritters museale Selbstbeschränkung der Geisteswissenschaften ist offenbar nicht einfach nur der Ausdruck einer

Resignation gegenüber der geschichtslosen Funktionalität der ‚modernen Gesellschaft', sie ist zugleich auch die Folge seiner historistisch-objektivistischen Wissenschaftsauffassung. Eine Geschichtswissenschaft, die jeden geschichtlichen Zusammenhang „aus sich selbst" verstehen will und die Beziehungen der eigenen Fragehinsichten und Beurteilungsmaßstäbe zum geschichtlichen Horizont der Gegenwart ungeklärt läßt, hat sich für gewöhnlich schon vorweg von der möglichen Aufgabe verabschiedet, Probleme des eigenen Lebenszusammenhanges zum Ausgangspunkt geisteswissenschaftlicher Forschung zu machen. Dem historistisch-objektivistischen Verständnis der Geisteswissenschaften bietet sich deshalb die ‚kompensatorische' Rechtfertigung Ritters geradezu an: Weil die „moderne Gesellschaft" so gänzlich geschichtslos geworden ist, benötigt sie das historische Gedächtnis der Geisteswissenschaften. Unbeantwortet bleibt bei Ritter allerdings, warum eigentlich die „moderne Gesellschaft" nicht bereits derart uninteressiert an der Geschichte überhaupt ist, daß sie auch auf die kompensatorische Gedächtnisleistung der Geisteswissenschaften gänzlich verzichtet. Warum wollen eigentlich Menschen der „modernen Gesellschaft" überhaupt noch an Hand von historischen Beispielen ein Wissen darüber erlangen, wie begrenzt ihre ausschließlich gesellschaftliche Bestimmung ist? Woher nehmen in einer „geschichtslosen" Zeit ausgerechnet die Geisteswissenschaften ihr Interesse an der Geschichte?

Die kompensatorische Zuordnung einer „geschichtslosen" Gesellschaft und praktisch „nutzloser", „freier" historischer Geisteswissenschaften kann nicht wirklich befriedigen. Das gilt schon für die Entstehungsgeschichte der Geisteswissenschaften im 19. Jahrhundert. Gewiß haben sich die historischen und philologischen Geisteswissenschaften in jener Zeit methodisch-kritisch weiterentwickelt und sind zunehmend als selbständige Fächer in die Universitäten aufgenommen worden. Doch das Motiv für diese Entwicklung war prima facie sicher nicht, den beginnenden ‚Geschichtsverlust‘ der entstehenden industriellen Gesellschaft zu kompensieren, sondern dürfte eher als Folge eines in der Romantik erneut aufgekommenen genuinen Geschichtsinteresses zu verstehen sein, wie es sich vor allem an Beispielen der Rechts-, Sprach-, Literatur- und Mythologiegeschichte wie an der nationalpolitischen Geschichtsschreibung dokumentieren läßt.

Ein sammelndes, Texte edierendes, übersetzendes, kommentierendes und systematisierendes Geschichtsinteresse ist zudem nicht allein für das 19. Jahrhundert bezeichnend. Geht man hinter die Romantik in der Geschichte weiter zurück, ließe sich die These aufstellen, daß in der Regel Spätzeiten einer kulturellen Epoche oder Zeiten einer im typologischen Sinn verstandenen ‚Renaissance‘ ein besonderes Interesse an der Geschichte nehmen: In kulturellen Spätphasen werden, auch bereits zum Zwecke der besseren Verteidigung des Alten gegen neu aufkommende Ideen, oft nochmals die Autoritäten der vergehenden Epoche zusammengestellt und kommentiert; in ‚Renaissancen‘ hingegen werden die als Vorbild gewählten geschichtlichen Muster zur Orientierung der anbrechenden Zeit gesammelt und dem Verständnis neu erschlossen; dafür lassen sich aus Spätantike, Mittelalter und Neuzeit hinreichend Belege beibringen. Von diesen älteren Formen des Geschichtsinteresses unterscheidet sich die Geschichtsschreibung des 19. Jahrhunderts durch ihren methodisch fortentwickelten, vor allem aber durch ihren universellen Anspruch. Man sammelt jetzt nicht mehr nur ‚Autoritäten‘ für Altes oder Neues, sondern überhaupt alles, was an historischen Urkunden und Überresten noch zu finden ist; darin ist Ritter recht zu geben (Ritter *1974*, 128).

Menschen haben offenbar immer wieder aus unterschiedlichen Gründen ein besonderes Interesse an geschichtlichen Überlieferungen genommen. Deswegen hat es auch früh bereits in der Antike Bibliotheken, Archive und Kunstsammlungen gegeben; sie sind nicht erst eine Erfindung des 19. Jahrhunderts. Dem universellen historischen Sinn des 19. Jahrhunderts, der sich systematisch mit vergleichenden historischen und philologischen Methoden verband, dürfte vor allem das Interesse an der Vielfalt möglicher menschlicher Lebensformen zugrunde gelegen haben, wie es beispielsweise auch in den großen Entdeckungsreisen nach Afrika, Südamerika und Asien aus dieser Zeit zum Ausdruck kommt. Doch auch dieses Interesse wird man wiederum nicht einseitig auf das Bedürfnis, sich von verpflichtenden Traditionen befreien zu wollen, zurückführen können, sondern hier mögen wissenschaftlich so wenig systematisierbare Beweggründe wie menschliche Neugier, Abenteuerlust, Unterhaltungsbedürfnis, persönliche Neigungen oder ökonomische und auch ästhetische Motivationen verschiedener Art ebenfalls eine Rolle gespielt haben. (Zur möglichen Motivationsvielfalt eines Geschichtsinteresses vgl. Mann *1974b*, 29ff.) Weil verschiedene Zeiten sich offenbar aus unterschiedlichen Gründen für geschichtliche Überlieferungen interessieren können, muß das Geschichtsinteresse des 19. Jahrhunderts auch nicht die gleichen Hauptbeweggründe besitzen wie dasjenige des ausgehenden 20. Jahrhunderts. Mochte die räumlich wie historisch noch vornehmlich expansiv entdeckende Grundhaltung des 19. Jahrhunderts entscheidend gewesen sein für dessen Freude an der Vielfalt menschlicher

Lebensformen, so könnte angesichts der hochgradigen Komplexität und Unüberschaubarkeit der Lebensverhältnisse in der technischen Welt des ausgehenden 20. Jahrhunderts gerade ein gegenläufiges Geschichtsinteresse ausschlaggebend werden: das Interesse an strukturellen Gleichförmigkeiten oder relativen menschlichen Konstanten in allem geschichtlichen Wandel.

G. Patzig hat in seinem Aufsatz über „Erklären und Verstehen" von den „drei Polen eines hermenentischen Dreiecks" gesprochen: zur „Vergegenwärtigung des Vergangenen in seiner Fremdheit" tritt bei Patzig die „Erklärung der Gegenwart aus der Vergangenheit" und die „Entschlüsselung der Vergangenheit mit Hilfe gegenwärtiger Erfahrung". Keiner dieser Pole könne für den anderen eintreten und dürfe absolut gesetzt werden (Patzig *1980*, 64). Mit diesem Vorschlag erweitert sich die Aufgabenbestimmung der historischen Wissenschaften in der Tat beträchtlich: sie haben es nicht allein mit der Erschließung fremdgewordener und vom Vergessen bedrohter Vergangenheiten aus deren je eigenem Zusammenhang heraus zu tun, vielmehr neben noch anderem auch mit der genetischen Erklärung der Gegenwart aus der ihr vorausgehenden Geschichte. Thema der Geisteswissenschaften ist nicht nur die Vergangenheit, sondern unter dem Gesichtspunkt ihres historischen Gewordenseins ebenfalls die Gegenwart. Doch was ist ‚Gegenwart'? Offenbar läßt sich für das, was unter historischem Aspekt ‚Gegenwart' genannt wird, keine genaue zeitliche Grenze zur Vergangenheit angeben. ‚Gegenwart' ist, historisch gesehen, auch kein abstrakter Zeitpunkt, sondern umfaßt zumeist allgemein die ‚eigene' Zeit in ihrer geschichtlich-gesellschaftlichen Verfaßtheit. Die Gegenwart verändert sich; sie ist der ‚Ort', an dem sich Vergangenheit und von Menschen intendierte Zukunft miteinander vermitteln.

(Zum Verhältnis geschichtlicher Zeiten vgl. vor allem Koselleck *1978*.)

Zum Thema der Geisteswissenschaften wird die Gegenwart auf unterschiedliche Weise. Die historischen Geisteswissenschaften können sich die Aufgabe stellen, die politischen, ökonomischen, sozialen und kulturellen Lebensverhältnisse in der Gegenwart genetisch als vorläufiges Resultat vorausgegangener historischer Prozesse zu erklären (vgl. dazu Stegmüller *1969*, 335 ff.). Doch hat die Gegenwart die historischen Prozesse, die zu ihr geführt haben, nicht einfach hinter sich gelassen; sie bewahrt Vergangenes vielmehr auf mannigfaltigste und oft unerkannt bleibende Weise in sich auf. So kann sich die historische Gegenwartsanalyse auch die Aufgabe stellen, solche in der Gegenwart wirksam gebliebenen Traditionen aufzuweisen und zu Bewußtsein zu bringen. Beide Arbeitsformen, die sukzessive historisch-genetische Rekonstruktion der Gegenwart wie die rückschauende Aufhellung von weiterhin wirksamen Überlieferungsbestandteilen in der Gegenwart, sind von lebenspraktischer Relevanz: sie ermöglichen auf unterschiedliche Weise Aufklärung der Gegenwart über sich selbst und schaffen auf solche Art wichtige Voraussetzungen für bewußtes Handeln in der Gegenwart. Sicher lassen sich aus der Geschichte nicht direkt verbindliche Handlungsanweisungen ableiten, doch gewährt die genaue Kenntnis des historischen Entstehungszusammenhanges der Gegenwart wie die Einsicht in wirksam gebliebene Elemente der Tradition wertvolle Entscheidungshilfen für das gegenwärtige Handeln. So vermag eine historisch-genetische Gegenwartsanalyse Tendenzen der Zeit zu erkennen und in gewissen Grenzen Prognosen zu geben, die für die Bestimmung eigener, diesen Tendenzen gleich- oder gegenläufiger Handlungsziele und der Wahl der Mittel zu ihrer Realisierung von Interesse sein können. Will man anderenfalls in der Gegenwart lebendige Traditionen legitimieren oder die Macht nicht legitimierbarer Traditionen brechen, so ist gleichfalls eine genaue Kenntnis der Entstehungsbedingungen dieser Traditionen und ihrer gesellschaftlichen Funktionen erforderlich. (Zu den verschiedenen Möglichkeiten historischer Prognose und praxisbezogener historischer Aufklärung vgl. mehr im einzelnen insbesondere Hesse *1979*.)

Zur Wahrnehmung derartiger kritischer und konstruktiver Aufgaben ist der historische Geisteswissenschaftler jedoch nicht ausschließlich auf die unmittelbare Vorgeschichte zur eigenen Gegenwart verwiesen. Nicht selten ergeben sich strukturelle Analogien auch zwischen Ereignissen oder Handlungszusammenhängen aus verschiedenen Zeiten, z.B. Formen der Entstehung kriegerischer Konflikte, typische Reaktionen auf revolutionäre Entdekkungen der Wissenschaft und dergleichen mehr. Die historisch-systematische Analyse solcher sachlich verwandter Begebenheiten kann ebenfalls zu prognostischen Annahmen über den wahrscheinlichen Verlauf ähnlicher Vorkommnisse in der Gegenwart führen. Der Historiker geht in diesen Fällen gewöhnlich von Problemen der eigenen Zeit aus und selegiert unter problembezogenen Fragehinsichten solche historischen Beispiele, die für eine kritische Beurteilung des Problems, z.B. für eine wahrscheinliche Bestätigung oder Widerlegung hypothetisch vorgeschlagener Problemlösungen, relevant sind. Der Geisteswissenschaftler hat in derartigen Fällen nicht nur ein historisches, sondern primär ein sachlich-systematisches Interesse an der Lösung gewisser Probleme. Die ausgewählten historischen Begebenheiten werden hier von vornherein von der eigenen sachlichen Vertrautheit mit einer bestimmten Problemstellung aus beleuchtet, erschlossen und beurteilt.

Wie die Gegenwart nicht selten erst im Lichte der Vergangenheit verständlich wird, so vermag umgekehrt die Vergangenheit von der Gegenwart aus beleuchtet und entschlüsselt zu werden. Zwischen Gegenwart und Vergangenheit besteht offenbar ein Verhältnis wechselseitiger ‚Beleuchtung' und ‚Entschlüsselung' (vgl. dazu Carr *1961*, 66). Denn das Gegenwärtige ist nicht von vornherein verständlicher als das Vergangene. So wichtig die gegenwärtige Erfahrung für die Entschlüsselung der Vergangenheit auch sein dürfte, als absoluter Bezugspunkt für das Verstehen kommt sie gleichwohl nicht in Frage. Denn auch die eigenen Erfahrungen sind interpretationsbedürftig: ich muß mir selbst ebenfalls erst verständlich werden und gleicherweise muß dies für mich auch die gegenwärtige Welt, in der ich lebe. Aber schon Dilthey wußte, daß sich der Mensch nicht durch Introspektion, sondern wiederum „nur in der Geschichte" erkennt (Dilthey Schriften VII, 179).

Das Verhältnis wechselseitiger ‚Beleuchtung' und ‚Entschlüsselung' von Gegenwart und Vergangenheit dürfte für alle Geschichtserfahrung gelten, gleich ob die Vergangenheit der eigenen Zeit gegenüber fremd oder ob sie nur ihre Vorgeschichte ist. Das Fremde wird überhaupt erst zum ‚Fremden' dadurch, daß es anders ist als das Vertraute. Wenn fremde Vergangenheiten zum Gegenstand der Geschichtsforschung werden, dann muß das keineswegs bedeuten, daß diese Forschung nichts mit der Gegenwart zu tun hat. Sie kann vielmehr gerade wegen der Andersartigkeit des Fremden das gegenwärtige Interesse erregen und wegen der Möglichkeit, die eigene Welt mit der fremden zu kontrastieren, beide in ihrer Eigentümlichkeit erkennen; sie vermag auf diese Weise die eigene Begrenztheit zugleich zu relativieren, zu überwinden oder auch bewußt anzuerkennen. Andererseits darf das Fremde so gänzlich anders auch wiederum nicht sein, daß es sich jeder Entschlüsselung entzieht; in diesem Fall würde es unverstanden bleiben. „Auslegung“, meinte Dilthey, „wäre unmöglich, wenn die Lebensäußerungen gänzlich fremd wären. Sie wäre unnötig, wenn in ihnen nichts fremd wäre. Zwischen diesen beiden äußersten Gegensätzen liegt sie also. Sie wird überall erfordert, wo etwas fremd ist, das sie Kunst des Verstehens zu eigen machen soll.“ (Dilthey Schriften VII, 225)

In den letzten Jahren hat H. Lübbe wiederholt darauf hingewiesen, daß den historischen Geisteswissenschaften eine „identitätspräsentative“ Funktion zukomme. Sie erfüllten „unter anderem, aber nicht zuletzt, die Funktion, Kenntnisse von passierten Geschichten gegenwärtig zu halten, über die wir eigene und fremde Identität charakterisieren können“ (Lübbe *1977,* 35). Durch „historeographische Identitätspräsentation“ gewinnen „geschichtliche Individualitäten“, und das können Personen, Institutionen oder auch organisierte Gruppen sein, ihre singuläre Unverwechselbarkeit (Lübbe *1978b,* 98). Was unter einer „Identitätspräsentation“ zu verstehen sei, erläutert Lübbe am alltäglichen Beispiel der Identifizierung einer Person mit Hilfe eines Personalausweises oder Passes, der im Englischen entsprechend ‚identity card‘ oder im Französischen ‚carte d’identité‘ heiße. Auch ein Paß erzählt nach Lübbes Meinung eine Geschichte, gewissermaßen eine „Ultrakurzgeschichte“, die bei Zöllnern, Notaren, Ämtern genüge, um eine Identität zu präsentieren (Lübbe *1977,* 36). ‚Identität‘ wird von Lübbe als zutreffende Antwort auf die Frage verstanden, wer wir sind; sie sei kein „Handlungsresultat“, sondern das „Resultat einer Geschichte“ (Lübbe *1978,* 101). Unter „Geschichten“ wiederum versteht Lübbe „Ereignisabfolgen“, für die im Unterschied zu planmäßig intendierten, in sich konsistenten Handlungszusammenhängen „Regeln nicht angebbar sind, weil sie von Faktoren beeinflußt werden, deren Intervention im Verhältnis zu den Intentionen der Subjekte dieser Geschichte zufällig erfolgt" (Lübbe *1979a,* 655f.). Geschichten sind mithin kontingente Ereignisabfolgen. Es handelt sich hier offenbar nicht um die gleiche Gattung von Geschichten, wie sie in Form literarischer Geschichten oder auch narrativer Geschichtsschilderungen vorliegen, an denen gewöhnlich Regeln, Techniken oder Pointen zu erkennen sind, sondern um – wie man bisweilen sagt – „Geschichten, die das Leben schreibt".

Lübbe gebührt das Verdienst, den heute interaktionstheoretisch zentralen Begriff der Identität in der Geschichtswissenschaftstheorie nachdrücklich zur Geltung gebracht zu haben. Gegen seine These, über ‚Geschichten' ließen sich geschichtliche Individualitäten identifizieren, wird man schwerlich viel einwenden können. Für die Beurteilung von Lübbes Vorschlag zur Funktionsbestimmung der historischen Geisteswissenschaften dürfte indes nicht irrelevant sein, daß er das Thema der Identität von geschichtlichen Individualitäten auf den Gesichtspunkt ihrer Identifizierbarkeit und unverwechselbaren Unterscheidbarkeit voneinander reduziert. So interessant der Aspekt der eindeutigen Identifikation von Individuen auch sein mag, ist er im Rahmen der interaktionistischen Identitätsproblematik doch weder der einzige noch etwa der wichtigste. Für Lübbe ist Identität eine Eigenschaft, die jedem Individuum aufgrund der zufälligen Widerfahrnisse seines Lebens zwangsläufig „herkunftsgeschichtlich" zukommt; man kann eine Identität nicht willentlich erwerben, noch, solange es ‚Geschichten' von ihr gibt, verlieren; man hat sie, insofern man ist, der man ist. Probleme der ‚Identitätsfindung', der in komplexen Gesellschaften bisweilen schwer zu bewahrenden ‚Identität', eines in Krisenzeiten möglichen ‚Identitätsverlustes' oder einer wiederzugewinnenden ‚Identität' nach Krisen kann es auf der Betrachtungsebene Lübbes gar nicht geben. ‚Identität' ist für ihn ausdrücklich kein „normativer", vielmehr ein „deskriptiver" Begriff (Lübbe *1979a*, 657).

Auf diesen herkunftsgeschichtlichen und identifikatorischen Begriff von ‚Identität' legt Lübbe seine Argumentation fest. Dabei hätte er, in diesem Metier nachweislich nicht unbewandert, durchaus Hegels Unterscheidung zwischen ‚abstrakter' und ‚wesentlicher Identität' zur differenzierteren Klärung und Verwendung des mehrdeutigen Wortes ‚Identität' heranziehen können (vgl. Hegel Werke IV, 30ff.). „Wesentliche Identität" ist bei Hegel weder ein deskriptiver noch ein normativer, sondern ein ‚reflexiver' oder ‚reflexionslogischer' Begriff. Im Falle der ‚abstrakten' Identität wird das ‚Mit-sich-Identische' unterschieden von dem, womit es nicht identisch ist; der Unterschied bleibt dem Identischen selbst „äußerlich" (Hegel *1830*, § 117). Hegel nennt die „abstrakte" Identität, die den Unterschied außer sich hat, auch „formelle" Identität (ebd. § 115). Die „wesentliche" Identität enthält dagegen – wie Hegel sagt – „den Unterschied in sich" (ebd.). Die verschiedenen Bestimmungen, die das „in sich konkrete" Identische in sich enthält, bleiben sich jedoch untereinander wiederum nicht bloß „äußerlich" oder „gleichgültig"; das heißt: diese unterschiedlichen Bestimmungen werden nicht nur als „formelle" oder „zufällige" Merkmale des Identischen verstanden; die „wesentliche" Identität wird vielmehr als eine „reflektierende Bewegung" gedeutet, die die Unterschiede „aus und in sich selbst" hervorbringt (Hegel Werke IV, 18 u. 30). Die durch Reflexion im Identischen selbst gesetzten unterschiedlichen Bestimmungen fallen nicht in die „Gleichgültigkeit“ des bloß voneinander Verschiedenen auseinander, sondern sie werden als „Momente“ eines „Ganzen“ aufgefaßt (ebd. 32). Das Identische differenziert sich in diesen Momenten zu einer Mannigfaltigkeit von Bestimmungen, in denen es sich reflektierend auf sich selbst rückbezieht und so zu sich selbst „zurückkehrt“; das bedeutet: die „Momente“, die das Identische aus sich heraussetzt, bleiben Teile der Einheit des Identischen; sie fallen aus dieser Einheit nicht heraus; sie haben für die Identität nur die Funktion, „in sich konkret“, „in sich reflektiert“ zu werden, kurz: sie vermitteln das Identische mit sich selbst.

Bezogen auf den von Lübbe diskutierten Fall der Identität „geschichtlicher Individualitäten“ könnte man Hegels begriffliche Unterscheidungen folgendermaßen übertragen: Ein geschichtliches Individuum ist nicht allein aufgrund eines bestimmten, durch ‚Geschichten‘ vermittelten Merkmalkomplexes eindeutig zu identifizieren und von anderen Individuen, die durch andere Merkmalskomplexe gekennzeichnet sind, in unverwechselbarer Weise zu unterscheiden; es hat vielmehr im Verlauf seiner Lebensgeschichte in sich selbst eine konkrete Mannigfaltigkeit an Bestimmungen ausgebildet, die ungeachtet ihrer Verschiedenheit gleichwohl unter ein leitendes Prinzip der Einheit gebracht werden können. Indem sich Lübbe auf den Aspekt der Identifizierbarkeit und unverwechselbaren Unterscheidbarkeit von Individuen beschränkt, macht er lediglich Gebrauch vom Hegelschen Begriff der ‚formellen‘ Identität. Auf dieser Betrachtungsebene ist das Thema der Integration der verschiedenen Momente eines Lebenszusammenhanges zu einer Einheit nicht zu bearbeiten; dies wird jedoch mit Hilfe des Hegelschen Begriffes der ‚wesentlichen‘ oder

‚in sich konkreten' Identität möglich. Aufgrund seines besonderen reflexionslogischen Strukturgehaltes bietet sich dieser Begriff hier geradezu an. Hegel selbst gibt zu dieser Verwendung bereits Anlaß, indem er „die Identität" auch als „Bewußtsein seiner selbst" paraphrasieren kann, durch welches der Mensch im Unterschied zum Tier dazu gelange, „sich als ich, d.h. als reine Einheit seiner in sich selbst zu erfassen" (Hegel *1830,* § 115).

Die Kritik, die insbesondere D. Henrich und G. Buck an H. Lübbe geübt haben, erscheint deswegen als berechtigt: beide heben die Einseitigkeit des Identitätsbegriffs bei Lübbe hervor und weisen ergänzend auf den möglichen bildungsphilosophischen Sinn dieses Begriffes hin. So vermißt Buck bei Lübbe jene Identität, die „Produkt einer Arbeit der Bildung – einer Arbeit des Subjekts an sich selbst – wäre" (Buck *1979,* 666). Buck lenkt die Aufmerksamkeit auf eine Analogie zwischen dem Begriff der Identität und einer bestimmten Verwendung des Ausdrucks ‚Charakter'. Dieser werde nicht nur im Sinne der besonderen „Charakteristik" einer Individualität gebraucht, sondern meine ebenso und sogar vorzüglich den „sittlichen Charakter", der nicht mehr bloß auffalle, sondern sich sehen lassen könne, weil in ihm die Skurilität des bloß Individuellen einem Allgemeinen gewichen sei, das den einzelnen mit anderen seinesgleichen verbinde (ebd. 665). Voraussetzung der klassischen Bildungsphilosophie und eines jeden Humanismus sei die Überzeugung gewesen, das Individuum könne durch bewußtes Verhalten zur eigenen Partikularität, durch Reflexion auf sie, diese Partikularität aufheben und exemplarisch „die Menschheit" darstellen.

Auch für D. Henrich sind Personen nicht dann bereits ‚identisch', wenn sie eindeutig identifiziert werden können, sondern wenn sich in ihrem Verhalten Konstanz und

Kontinuität ausdrücken und mithin Verstehbarkeit gesichert wird. Im dunklen Umkreis unausgedeuteter Wirklichkeit könne die Ausbildung und Bewahrung von persönlicher Identität als prekär erfahren werden. Welche Voraussetzungen persönliche Identität auch immer in individuellen Dispositionen habe, sie müsse doch stets erst entworfen, angeeignet, tätig entfaltet und in Lebensstufen bewährt werden (Henrich *1979*, 660f.). Persönliche Identität entspringe dem Prozeß des Heranwachsens zur reifen Person; sie erfolge nicht „automotorisch", sondern könne nur „aus einem Bildungsprozeß hervorgehen" (ebd. 662). In diesem Zusammenhang sind erzählte Geschichten nicht deswegen von besonderem Interesse, weil sie Individuen identifizierbar machen; entscheidender ist, daß sie „Identifikationsangebote" enthalten können. Nicht „wer unter allen", vielmehr „von welcher der Identifikation würdigen Art" jemand sei, werde hier vor allem relevant (661). Solche ‚Identifikationsangebote' sollen nicht einfach übernommen werden, wohl aber fordern sie zur Auseinandersetzung mit unterschiedlichen Identitätskonzepten heraus, die als „mögliche" Konzeptionen auch in die eigenen Identitätsentwürfe eingehen können. Gegenwärtige Identität wird so von Henrich jeweils als „Resultat eines Bildungsganges" aufgefaßt, „in dem andere oder vergangene Identitätsentwürfe zwar nicht in Geltung gehalten, aber als verstandene und verarbeitete Lebenstendenzen in der eigenen Identität angenommen bleiben" (662).

Identitätsbildung, Identitätsbewahrung und in oder nach Krisen auch Wiederherstellung von Identität sind offenbar unverzichtbare Bedingungen des vernünftigen Lebensvollzuges von Menschen. Das gilt gleicherweise für einzelne Personen wie für politische oder soziale Gruppen und Institutionen. Unter dem Aspekt der notwendigen individuellen oder kollektiven Ausbildung von Identität gewinnen nicht allein die Geschichtswissenschaften, von denen im gegenwärtigen Zusammenhang bislang hauptsächlich die Rede war, sondern gleichfalls die Sozialwissenschaften und die ästhetischen Wissenschaften eine wichtige Funktionsbestimmung. Die Geschichtswissenschaften zunächst erschöpfen sich nicht in antiquarischen, pragmatisch-prognostischen oder identifikatorischen Aufgabenstellungen, sie sind darüber hinaus in besonderer Weise fähig, eine – wie Henrich es nennt – „als problematisch erfahrene Identität" über sich selbst durch eine Verständigung über ihre Genese aufzuklären und tiefer zu begründen (663). Henrich weist zurecht darauf hin, daß „eigentliches Geschichtsbewußtsein" nicht zufällig gerade in Perioden von Krisen der Identitätsbildung entstanden sei. Kraft einer in solchen Zeiten sich vertiefenden Begründung der Identität könne auch deutlich werden, „ob eine etwa schon gewachsene Identität eine hinreichend umfassende Integration von Handlungsmöglichkeiten einschließt und wie sie im Blick auf andere Identitätsentwürfe zur inneren Konsequenz und das heißt hier auch zur Angemessenheit zu bringen wäre" (663f.). Eine Geschichtsforschung, die sich selbst rückbezogen versteht auf Prozesse geschichtlicher Identitätsbildung, wird nicht nur Geschichten von kontingentem Vergangenem erzählen, sondern wird, wenn sie eine vergangene Handlungslage beschreibt, die vergangenen Handlungen im Lichte von Handlungsmöglichkeiten abwägend beurteilen. Die Geschichtserzählung wird so ständig „in Richtung auf andere Diskursformen überschritten" (663). Gerade diejenigen Geschichtsdarstellungen, die für eine Gegenwart diagnostischen Wert besitzen, erzählten, meint Henrich, nicht Ereignisse, sondern deckten Interdependenzen in einer historischen Situation auf, aus der Ereignisse hervorgingen (664).

Mehr als die Geschichtswissenschaften sehen sich die Sozialwissenschaften heute in der Situation, im Sinne empirisch-analytischer Wissenschaft zu Zwecken der statistisch-nomologischen Erklärung von gesellschaftlichen Funktionszusammenhängen, zu pragmatischen Prognosen der Veränderung gesellschaftlicher Bedürfnislagen oder etwa zur technologischen Analyse geeigneter Mittel zur Realisierung gegebener Handlungsziele herangezogen zu werden. Doch auch hier sind zweckrationale oder auch rein theoretische Aufgabenstellungen wie die Bemühung, Bausteine für allgemeine Theorien gesellschaftlichen Handelns zu gewinnen, nicht die einzigen sinnvollen Zielsetzungen. Die Sozialwissenschaften können auch darauf gerichtet sein, Menschen über die gesellschaftlichen Rahmenbedingungen ihres Lebensvollzuges und deren Einwirkung bis in private Lebensbereiche hinein aufzuklären und auf diese Weise in einer komplex gewordenen Lebenswelt kritische Orientierungen zu ermöglichen, die gleichfalls der Entwicklung eigener individueller oder gruppenbezogener Identitätskonzepte zugute kommen (vgl. dazu Habermas *1976*, 92–126). Selbst Wissenschaften, die in einem so starken Maße praktische Interessen verfolgen wie die Jurisprudenz oder die Theologie, besitzen diese gleichsam gegenläufige Möglichkeit wissenschaftlicher Aufklärung von Menschen über ihre eigenen Lebensbedingungen. Wichtige wissenschaftliche Untersuchungen über die Rechtsgrundlagen und die Rechtssprechungspraxis einer politisch verfaßten Gesellschaft haben deshalb nicht nur eine berufspragmatische Relevanz für den Richter oder Anwalt, sondern können darüber hinaus eine allgemeine Bedeutung für das politische und soziale Selbstverständnis von Menschen in einer

Gesellschaft gewinnen. Desgleichen müssen theologische Abhandlungen nicht allein für aktive Mitglieder einer Religionsgemeinschaft von Interesse sein, sondern verdienen unter dem generellen Aspekt der religiösen Einbindung von Menschen in soziale und kosmische Zusammenhänge auch ein allgemeines Interesse.

Am wenigsten sind offenbar jene Geisteswissenschaften pragmatisch-funktional in den gesellschaftlichen Lebenszusammenhang eingegliedert, die sich mit der Analyse ästhetischer Objekte befassen. Die Literatur-, Musik- und Kunstwissenschaften vermögen gleichwohl recht unterschiedlichen Zielsetzungen zu folgen. Insbesondere die Geschichte der deutschen Literaturwissenschaft im 19. Jahrhundert und im 20. Jahrhundert vor allem zur Zeit des Nationalsozialismus liefert sprechende Beweise dafür, wie sich namhafte Vertreter eines Faches ideologisch einschwingen konnten auf politisch gewünschte nationalstaatliche, nationalpädagogische und völkische Parolen. Doch der Gefahr ideologischen Mißbrauchtwerdens entgeht eine Wissenschaft nicht dadurch, daß sie allen praktischen Funktionen, die ihr im geschichtlich-gesellschaftlichen Zusammenhang zukommen können, überhaupt zu entsagen versucht, sondern viel eher dadurch, daß sie sich in offenen Versuchen rationaler selbstkritischer Klärung ihrer Stellung unter den Wissenschaften und in der Zeit bewußt wird und selbst die Aufgaben bestimmt, die sie von den eigenen Voraussetzungen aus zu lösen vermag.

Eines zumindest ist sicher: Die ‚Gegenstände' der ästhetischen Wissenschaften, die Werke der Dichtung, Musik und der bildenden Künste, gehören nicht diesen Wissenschaften allein: sie stehen vielmehr zugleich im kulturellen Lebenszusammenhang einer Gesellschaft. Kreise von rezipierenden Laien wie aktiven Kunstausübenden haben sich um viele solcher Werke gesammelt und die Kunstkritik nimmt sich ihrer gleichfalls an. Dramen sind überdies zu ihrer künstlerischen Realisierung gewöhnlich auf Dramaturgen und Schauspieler, Kompositionen der Musik auf ausübende Musiker angewiesen. Beispiele insbesondere aus der Musik zeigen, daß sich viele der Interpretationsmöglichkeiten, die in Notentexten strukturell enthalten sind, ohne ihre konkrete ästhetisch sensible Realisierung durch besonders befähigte Musiker gar nicht finden ließen. Musikwissenschaftler, die sich die Interpretation von Werken ihres Faches zur Aufgabe gesetzt haben, sind auf die künstlerisch produktive Mitwirkung von aktiven Musikern verwiesen, wie diese umgekehrt aber auch Interpretationsvorschläge von Musikwissenschaftlern in ihr Gestaltungsrepertoire aufnehmen können. Kurz: die ästhetischen Wissenschaften stehen inmitten eines kulturellen Kommunikationszusammenhanges, an dem Wissenschaftler und Nichtwissenschaftler aktiv beteiligt sind. Diese Wissenschaften würden sich mit Sicherheit mißverstehen, wenn sie sich nur wissenschaftsintern, sozusagen als Selbstzweck, verständen.

Doch welches ist die besondere Funktion der ästhetischen Wissenschaften innerhalb des kulturellen Kommunikationszusammenhanges, in den sie eingebettet sind? Man könnte die Frage mit einer schlichten Formulierung Emil Staigers beantworten: „daß wir begreifen, was uns ergreift" (Staiger *1939*, 123). Die ästhetischen Wissenschaften versuchen in sprachlich-begrifflicher Form den Sinngehalt ästhetisch strukturierter Gebilde interpretierend zu erschließen und zu diesem Zweck auch die Werkstrukturen, die historischen Entstehungsbedingungen und die gesellschaftlichen Funktionen dieser Gebilde zu rekonstruieren und zu klären. Die verschiedenen

Kunstwissenschaften gesellen sich zu den Künsten als deren rationale Dialogpartner, die in methodisch disziplinierter Form den thematischen und strukturellen Gehalt der Kunstwerke und deren mögliche ideologische Funktionen zu analysieren und zu beurteilen bestrebt sind.

Kunstwerke machen nach Art von Geschichten ebenfalls ‚Identifikationsangebote', durch ihren ‚ästhetischen Schein' sogar besonders verführerische (vgl. dazu Jauß *1982*). Im gesellschaftlichen Lebenszusammenhang hat Kunst nicht nur, darauf hat insbesondere Th. W. Adorno wiederholt hingewiesen, eine kritisch indikatorische Bedeutung: sie kann ebenso zur idealisierenden Verklärung und ideologischen Verschleierung gesellschaftlicher Zustände dienstbar gemacht werden. Die ästhetischen Wissenschaften haben deshalb nicht nur die Aufgabe, die Sinn- und Identifikationsangebote der verschiedenen Künste begrifflich zu erschließen und rational vermittelnd an das kunstinteressierte Publikum in verständlicher Form weiterzugeben, sie hat sich vielmehr, wenn sie sich nicht gleichfalls der ideologischen Verführung schuldig machen will, selbst auf die kritische Auseinandersetzung mit den angebotenen Sinnkonzepten einzulassen. Auf solche Weise können die ästhetischen Wissenschaften selbst Prozesse der individuellen oder kollektiven Identitätsbildung in Gang setzen und fördern.

Die interaktionistische Thematisierung der Herstellung und Bewahrung von ‚Identität' greift in veränderter Form unter Einbeziehung vor allem soziologischer und psychologischer Aspekte eine Problematik auf, die keineswegs neu ist, sondern z. B. bereits bei Kant mit Hilfe von Begriffen wie ‚Autonomie' und ‚Mündigkeit', bei Hegel insbesondere mit Hilfe des Begriffes ‚Selbstbewußtsein', bei Marx mit Hilfe des Entfremdungsbegriffes beschrieben worden ist. Auch die Begriffe ‚Selbsterkenntnis', ,Selbstbesinnung' oder ,Selbstverständnis' besitzen bei allen Unterschieden, die sie in den hermeneutischen Überlegungen bei Droysen, Dilthey, Spranger, Litt oder Gadamer im einzelnen aufweisen, im ganzen doch wenigstens eine Gemeinsamkeit: sie bringen zum Ausdruck, daß Menschen sich nicht durch reine Introspektion ihrer selbst bewußt werden, sondern zu diesem Zweck auf den Dialog mit anderen Menschen angewiesen sind. Im ,Verstehen' der ,Äußerungen' von Menschen eröffnet sich jedem zugleich die Chance, sich auf seine eigensten Möglichkeiten hin zu entwerfen und so in offenbleibender Weise zu sich selbst zu finden. In der Bedeutung für die Entwicklung der autonomen Mündigkeit und sittlichen Handlungsfähigkeit eines Menschen haben die hermeneutischen Autoren dabei den ,Dialog' mit geschichtlich überlieferten menschlichen ,Äußerungen' in der Regel für wichtiger angesehen als die unmittelbaren Interaktionsbeziehungen zwischen sozialen Partnern. Dieser an sich interessante Unterschied soll hier jedoch unberücksichtigt bleiben. Entscheidend ist im gegebenen Betrachtungszusammenhang vielmehr, daß den Geisteswissenschaften schon seit den Anfängen einer auf sie gerichteten philosophischen Reflexion eine daseinsorientierende und identitätsbildende Bedeutung zugesprochen wurde. Diese ihnen zugeordnete Funktionsbestimmung hatte im übrigen zur Folge, daß den geisteswissenschaftlichen Fächern ein verhältnismäßig breiter Raum in den Bildungsplänen der Schulen gegeben wurde und bis heute zugestanden wird. Für diese ihre Einschätzung dürften in erster Linie nicht die politisch-pragmatischen oder die verschiedenen technischen Verwertungsmöglichkeiten dieser Wissenschaftsgruppe maßgeblich gewesen sein, sondern vornehmlich der ihnen beigemessene ,bildende' Wert.

Den Geschichts-, Gesellschafts-, Sprach- und Kunstwissenschaften können, wie sich bereits zeigte, im ganzen sehr unterschiedliche Zielsetzungen zugewiesen werden. Neben den antiquarischen, praktisch-pragmatischen, technischen, sensibilitätsfördernden und identitätsbildenden oder pädagogischen Zielen dürfen die allgemeinen wissenschaftsinternen theoretischen Ziele sicher nicht ungenannt bleiben: die Geisteswissenschaften wollen auch ein möglichst gut begründetes und systematisch umfassendes Wissen erarbeiten und vermitteln. Jede Wissenschaft dieser Wissenschaftsgruppe kann dabei zugleich zur Hilfswissenschaft für die anderen Disziplinen werden; denn jede vermag den anderen für sie wichtige Informationen bereitzustellen (vgl. dazu Krämer *1974*, 8ff.). Doch gerade weil der möglichen Zielsetzungen derart viele sind, brauchen die historisch-philologischen, sozialen und ästhetischen Wissenschaften auch nicht durchgehend dem Ziel der Identitäts- und Persönlichkeitsbildung verpflichtet zu sein. Das gilt für sie nur, soweit sie im engeren Sinn auch ‚als Geisteswissenschaften' verstanden und betrieben werden. Mit dem Ausdruck ‚Geisteswissenschaften' ist, wie bereits erwähnt, im engeren Sinne nur ein bestimmter zielorientierter Wissenschaftsaspekt gemeint, und zwar gerade derjenige, für den das Ziel menschlicher ‚Selbstbesinnung', ‚Daseinsorientierung' und ‚Identitätsbildung' richtungsweisend ist. ‚Als Geisteswissenschaften' sind die genannten Wissenschaften nicht nur ‚empirische', sondern durch die besonderen Erfordernisse ihrer Zielsetzung zugleich ‚philosophisch-reflektierende' Wissenschaften – wie man unter Verwendung eines Ausdrucks J. G. Herders sagen könnte – „zur Beförderung der Humanität" (J. G. Herder, Briefe zur Beförderung der Humanität, 1794ff.).

2. *Die ‚Gegenständlichkeit' in den Geisteswissenschaften*

Die „geschichtlich-gesellschaftliche Wirklichkeit" sei der Gegenstand der Geisteswissenschaften, hatte Dilthey gemeint (Dilthey Schriften I, 4). Das bezog sich nicht allein auf die geschichtlich-gesellschaftliche Wirklichkeit der Gegenwart, sondern gleichfalls auf diejenige vergangener Epochen. Doch in welchem Sinn kann die „geschichtlich-gesellschaftliche Wirklichkeit" überhaupt ‚Gegenstand' einer Reihe von Wissenschaften werden? Gewiß, von der gegenwärtigen ‚Wirklichkeit' läßt sich in gewisser Weise sagen, sie sei ein ‚Gegenstand', der beobachtet und empirisch untersucht werden kann. Denn die institutionell normierten, schematisch sich wiederholenden Handlungszusammenhänge zumindest, die von den Sozialwissenschaften analysiert werden, lassen sich empirisch registrieren. Über sie können statistisch-nomologische Theorien aufgestellt werden. In Beziehung auf sie und ihre möglichen Veränderungen können in gewissen Grenzen sogar Experimente angestellt werden.

Auf welche Weise jedoch kann die ‚geschichtlich-gesellschaftliche Wirklichkeit' vergangener Epochen zum ‚Gegenstand' einer Wissenschaft werden? Die Handlungen und Ereignisse früherer Zeiten sind unwiederbringlich vergangen; sie lassen sich deshalb auch nicht ‚beobachten'; denn sie sind real gar nicht da. Beobachten läßt sich nur, was gegenwärtig anwesend ist. Was der Historiker gegenwärtig vor sich hat, ist jedoch nur mehr das, was sich aus vergangenen Zeiten an Texten und Dingen erhalten hat. Diese Überreste der Vergangenheit können gesammelt, konserviert und archivarisiert werden; sie können der Öffentlichkeit auf verschiedene Weise zugänglich gemacht werden. Doch sie sind nicht der eigentliche ‚Gegenstand' des Historikers; sie sind, wie bereits Droysen unterschied, lediglich sein allerdings unverzichtbares ‚Material'. Aus ihm muß der Historiker allererst seinen ‚Gegenstand' erschließen.

In den historischen Quellen und Überresten liegt die vergangene Zeit in ihrer ‚geschichtlich-gesellschaftlichen Wirklichkeit' indes nicht unmittelbar vor den Augen des Historikers. Nicht allein bleibt die Quellenlage für die Rekonstruktion historischer Situationen oder Ereigniszusammenhänge in vielen Fällen lückenhaft, der Historiker muß auch umgekehrt aus der immerhin beträchtlichen Menge des historischen Materials überhaupt dasjenige herausfinden, was für die Rekonstruktion des thematisierten Zusammenhangs relevant ist. Primäre Geschichtserzählungen wiederum berichten und beurteilen Ereignisfolgen aus der Perspektive ihrer Autoren; Urkunden und andere direkt aus dem gesellschaftlichen Lebenszusammenhang hervorgehende Dokumente wie Kaufverträge, Rechnungen etc. erfordern zu ihrem Verständnis gewöhnlich bereits die Kenntnis des ökonomischen, sozialen und allgemein politischen Rahmens, innerhalb dessen sie eine praktische Funktion ausgeübt haben; zudem sind sie auf ihre Echtheit hin zu überprüfen. Entsprechendes gilt für historische Bauten und ihre gesellschaftlichen oder religiösen Funktionen wie für die diversen Arten von Gebrauchs- und Kunstgegenständen. Alle diese ‚Quellen' beginnen erst eigentlich zu reden, wenn sie auf eine immer schon kundige Weise befragt werden. Der Historiker liest die Vergangenheit nicht am vorhandenen historischen Material einfach ab, sondern gewinnt seine Vorstellung historischer Situationen und Zusammenhänge erst vermittels einer Reihe komplizierter methodischer Arbeitsgänge wie z. B. der Entzifferung von Handschriften, der Überprüfung ihrer Echtheit und der entstehungsgeschichtlichen Rekonstruktion der Texte oder Werke durch die historisch-philologische Quellenkritik, der interpretierenden Erschließung des oft verschieden verstehbaren Sinngehaltes der Texte wie ihrer praktischen Funktionen, der Analyse ihres Zusammenhanges mit anderen historischen Materialien wie schließlich der Bestimmung ihrer gesellschaftlichen und geschichtlichen Bedeutung innerhalb des durch die Themenstellung vorgegebenen Fragehorizontes. Die historische Quelle hat ‚Verweisungscharakter': sie enthält die ‚geschichtlich-gesellschaftliche Wirklichkeit' nicht bereits fertig in sich, sondern weist lediglich auf Zusammenhänge hin, die sich gemeinsam mit anderen zu einem Bild von der Vergangenheit vereinigen können. Ein solches ‚Bild' bleibt ein hypothetisches historisches Konstrukt. Der ‚Gegenstand' der Geschichtswissenschaft kommt, wie der Althistoriker Alfred Heuß sagt, „nur in der Einbildungskraft zustande" (Heuß *1959,* 12). Ohne Phantasie gäbe es keine Geschichte; auch die am wissenschaftlichsten betriebene Geschichte könne nicht bestreiten, „daß in ihrer Nähe die Dichter stehen" (ebd. 11).

Trotzdem haben es die Geschichtswissenschaften nicht einfach mit „Hirngespinsten" zu tun, sondern beanspruchen „Wahres, d.h. was wirklich geschehen ist, zu vermitteln" (12). Von bloßen Hirngespinsten unterscheidet sich das geschichtliche Wissen dadurch, daß es sich ständig an den ‚historischen Quellen' zu bewähren hat. Geschichte ist ein eigentümlicher Zwitter: sie ist „phantasiegenährte Vorstellung", aber „als Geschichte" ist sie zugleich „wahre Vorstellung" (12). Die ‚Gegenstände' des Historikers sind demnach von besonderer Art: sie sind nicht bereits von vornherein im Sinne ‚beobachtbarer' Gegenstände einfach da, die nur mehr im Hinblick auf ihre bestimmenden Elemente zu analysieren und als empirisch überprüfbare strukturelle Funktionszusammenhänge zu rekonstruieren wären; sie müssen vielmehr auf der Basis der Interpretation von historischen Quellen ‚als Gegenstände' allererst geschaffen werden. Aufgrund der unterschiedlichen Fragehinsichten der Historiker wie der Lückenhaftigkeit und der möglichen Mehrdeutigkeit der historischen Quellen kann es dabei zu recht verschiedenen Vorstellungen von der Vergangenheit kommen. Solange sich jedoch unterschiedliche Interpretationen an den historischen Quellen zu bewähren vermögen, hat man sie vorerst als mögliche Geschichtsdeutungen gelten zu lassen, gleichgültig, ob es sich um politische, sozialgeschichtliche, ideengeschichtliche oder marxistische Geschichtsschreibung handelt. Umgekehrt kann aber auch keine Geschichtsdarstellung von vornherein für sich beanspruchen, die einzig adäquate ‚richtige' Geschichtsbeschreibung zu liefern. Denn es gibt keinen direkten, unmittelbaren Zugang zum ‚Gegenstand Geschichte', sondern nur den vermittelten über die bereits durch Fragen geleitete Erschließung und systematische Auswertung von ‚historischen Quellen'. Auf einen Maßstab für die Richtigkeit einer Geschichtsdarstellung, der von der Interpretation der Quellen ablösbar, weil prinzipiell unabhängig von ihr wäre, läßt sich nicht zurückgreifen. Eine ‚Geschichte an sich', an der sich Sätze über die Geschichte empirisch überprüfen und gegebenenfalls falsifizieren ließen, steht nicht zur Verfügung. Auch die sogenannten ‚historischen Fakten' sind immer bereits durch Quellenanalyse ermittelte Daten und deshalb gleichfalls keine absolute Grundlage historischen Wissens. „Die Fakten der Geschichte gibt es für einen Historiker erst, wenn er sie geschaffen hat", lautet ein bewußt in provokatorischer Absicht ausgesprochener Satz des Historikers Carl Becker (vgl. Carr *1961*, 21).

Doch nicht allein der Historiker ‚erschafft' seinen Gegenstand erst durch die Interpretation des ihm vorliegenden ‚Materials'. Vergleichbares tut auch der Literatur-, Musik- und Kunstwissenschaftler. Die Schriftzeichen eines Textes, die der Literaturwissenschaftler empirisch wahrnehmbar vor sich hat, sind noch nicht das ‚literarische Kunstwerk', desgleichen sind die Notenzeichen einer Partitur allein noch kein musikalisches Kunstwerk, ebenso die Farben auf einer Leinwand und die aufeinander geschichteten Steine eines Gebäudes nicht schon ein Werk der bildenden Künste. In allen diesen Fällen handelt es sich nur erst um beobachtbare und empirisch analysierbare stoffliche ‚Materialien' verschiedener Art, die primär nicht um ihrer selbst willen Aufmerksamkeit erregen, sondern weil sie die Funktion von ‚Zeichen' oder ‚Symbolen' angenommen haben. (Zum Unterschied von Zeichen und Symbol vgl. bereits Hegel *1830,* § 458.) Die Zeichenkonfigurationen und Symbole weisen über ihre eigene Materialität hinaus auf Bedeutungen und Bedeutungszusammenhänge. Der Kunstcharakter der bedeutungstragenden Zeichenkonfigurationen und Symbole wird erst bemerkbar, wenn bestimmte strukturelle Merkmale an ihnen überhaupt als ästhetische wahrgenommen werden. Ein Werk ist auf seine konkrete ästhetische Realisierung angewiesen, um als Kunstwerk in Erscheinung treten zu können. Darin sind sich die Vertreter so unterschiedlicher theoretischer Konzeptionen wie der phänomenologischen, rezeptionsästhetischen, strukturalistischen und semiotischen Analyse literarischer oder anderer Kunstwerke weitgehend einig. Ein „materielles Artefakt" wird nach Ansicht des Prager Strukturalisten Jan Mukařovský erst durch bestimmte soziale Bestimmungsleistungen zum „ästhetischen Objekt" (Mukařovský *1966,* 74).

Eine besonders eindringliche Darstellung hat der Vorgang der Konstituierung des ästhetischen Gegenstandes durch bestimmte Akte des Lesens eines literarischen Kunstwerkes bei Roman Ingarden gefunden. Für ihn ist das literarische Werk allgemein ein „intentionales" Gebilde von sehr kompliziertem Aufbau. Ingarden unterscheidet mehrere sogenannte „Schichten" des literarischen Kunstwerkes: die Schicht der Wortlaute und Lautgebilde höherer Stufe, die Schicht der Bedeutungseinheiten verschiedener Stufen, die Schicht der mannigfaltigen schematisierten Ansichten und endlich die Schicht der dargestellten Gegenständlichkeiten (Ingarden *1931,* 26). Diesen Schichten kommen je besondere Funktionen für die „Polyphonie" des ganzen Werkes und sein Verständnis zu. Intentionale Gegenstände müssen allererst entworfen werden; im Unterschied zu realen Gegenständen fehlt es ihnen an vollständiger Bestimmtheit. Als intentionaler Gegenstand ist auch das literarische Kunstwerk lediglich teilweise bestimmt; es ist ein „schematisches Gebilde". Mindestens einige seiner Schichten, insbesondere die Schicht der schematisierten Ansichten und der dargestellten Gegenständlichkeiten, enthalten „Unbestimmtheitsstellen" in sich (Ingarden *1968,* 12 u. 49). Ihr Vorhandensein ist nicht zufällig, nicht die Folge etwa eines Kompositionsfehlers, sondern „für jedes literarische Werk notwendig" (ebd. 50). Gerade die Unbestimmtheitsstellen fordern den Leser dazu auf, die allgemeinen Ansichtsschemata mit Einzelheiten auszufüllen und die schematisch dargestellte Gegenständlichkeit von sich aus vollends anschaulich weiterzuentwerfen. In seiner schematischen Gestalt legt das literarische Werk den Leser bei der Lektüre nicht völlig fest; diesem wird vielmehr in offener Weise ein Repertoire an modifizierbaren Bedeutungen, schematisierten Ansichten und schematisch entworfenen Gegenständlichkeiten zur eigenen weiteren Aktualisierung „parat gehalten" (56). Als ‚schematisches Gebilde' ist das literarische Kunstwerk nur gewissermaßen in einem „potentiellem Zustand" da; erst durch seine „Konkretisationen" in Form von Lektüre oder Aufführungen wird es lebendig realisiert und in seinem ästhetischen Wert erfaßbar. „Wir können", sagt Ingarden, „mit einem literarischen Werk nur in der Gestalt einer seiner möglichen Konkretisationen ästhetisch verkehren und es lebendig erfassen." (*1931*, 359) Das literarische Werk kann durch verschiedene, voneinander abweichende „Konkretisationen" aktualisiert werden. Denn die „Unbestimmtheitsstellen" können im Einklang mit der Bedeutungsschicht des Werkes auf unterschiedliche Weise ausgefüllt werden. Dem Werk adäquat sind alle diejenigen Konkretisationen, die im Rahmen der durch das Werk paratgehaltenen Schemata verbleiben (*1931*, 355 und *1968*, 57).

Auch der Literaturwissenschaftler sei zunächst einmal Leser eines literarischen Werkes. Doch dürfe er das Werk „nicht einseitig lesen" und die von ihm aktualisierte Konkretisation bevorzugen. Für die analytische Betrachtung des Werkes sei es vielmehr nötig, „verschiedene ästhetische Konkretisationen des zu erforschenden Werkes probeweise zu konstituieren, sie nach den in ihnen auftretenden ästhetisch valenten Qualitäten zu befragen und sich zugleich zu orientieren, von welchen Ausfüllungen der vorhandenen Unbestimmtheitsstellen ihre Aktualisierung abhängig ist" (*1931*, 302). Der literaturwissenschaftliche Leser hat zum Text nicht allein eine ästhetische Einstellung, sondern zugleich eine analytisch-rekonstruktive, die Ingarden auch „voräesthetisch" nennt. Der Literaturwissenschaftler entwickelt und vergleicht nicht nur mögliche Konkretisationen, sondern überprüft auch mittels einer Rekonstruktion der schematisierten Werkstrukturen die Rechtmäßigkeit der verschiedenen aktualisierten Konkretisationen des literarischen Werkes. Die wissenschaftliche „Rekonstruktion" der Werkstrukturen wird zum kritischen Pendant zu den ästhetisch-kreativen Konkretisationen des Werkes durch den Leser. Diese haben sich gleichsam vor jener zu ‚bewähren'.

Die analytische Rekonstruktion des schematischen Werkgebildes ist in ihrer Funktion als kritische Überprüfungsinstanz für die verschiedenen ästhetischen Werkkonkretisationen vergleichbar mit der historisch-philologischen Analyse der ‚historischen Quellen' und ihrer kritischen Funktion für verschiedene Geschichtsdeutungen. Doch wie die ‚historische Quelle' ist auch das schematisierte Gebilde des literarischen Werkes nicht schon selbst eine absolute Beurteilungsgrundlage; beide müssen vielmehr ihrerseits wissenschaftlich rekonstruiert und in ihrer Bedeutung erschlossen werden. Solche Rekonstruktionsversuche können jedoch aufgrund des Komplexitätsgrades von historischen Quellentexten ebenso wie von Texten literarischer Kunstwerke beträchtlich voneinander abweichen. Diesen selber problematisch bleibenden Charakter auch der „vorästhetischen" Erforschung des literarischen Kunstwerkes in seiner schematischen Gestalt dürfte Ingarden im Rahmen seiner phänomenologischen Betrachtung nicht hinreichend beachtet haben. Anstelle von „vor-ästhetischer" Erforschung des literarischen Kunstwerkes hätte Ingarden im übrigen vermutlich besser von „nach-ästhetischer" Analyse der Werkstruktur sprechen können. Denn von den Konkretisationen geht der Interpret zurück auf die strukturellen Elemente des Werkes, die die ästhetischen Aktualisierungen ermöglicht haben. Auch die werkinternen Strukturen organisieren sich überwiegend erst von der ästhetischen Gesamtwirkung des Kunstwerkes aus.

Ingardens Überlegungen sind von der Rezeptionsästhetik ausdrücklich aufgegriffen und in modifizierter Form weitergedacht worden. So schreibt W. Iser: „Es bleibt das große Verdienst Ingardens, daß er mit dem Gedanken der Konkretisation das Kunstwerk aus dem einseitigen Bestimmungszwang, nur Darstellung zu sein, herausgebrochen hat. Mit dem Konkretisationsbegriff hat er dem Werk die notwendige Rezeptionsstruktur hinzugewonnen." (Iser *1976*, 279) Iser wendet gegen Ingarden jedoch ein, er habe den Begriff der Konkretisation nicht als einen solchen der Kommunikation gedacht. ‚Konkretisation' sei bei Ingarden nur die Aktualisierung der potentiellen Elemente des Werkes und noch keine Interaktion von Text und Leser. Dementsprechend seien die Unbestimmtheitsstellen bei Ingarden nur „Suggestionsreize einer letztlich undynamisch gedachten Komplettierung" (ebd. 279). Iser versucht demgegenüber das literarische Werk in der Tat als Resultat eines Prozesses dynamischer Wechselwirkungen und Verschränkungen von Text und Leser zu verstehen. Das Werk sei mehr als der Text; es ist „das Konstruiertsein des Textes im Bewußtsein des Lesers" (Iser *1975*, 253). Der Gegenstand der Literaturwissenschaft ist bei Iser nicht allein der Text, sondern gleichfalls das vom Leser, und d.h. auch vom Literaturwissenschaftler als Leser, selbst mitgeschaffene „Werk".

Dem entspricht es, wenn H.R. Jauß vom literarischen Werk behauptet, es sei „kein für sich bestehendes Objekt, das jedem Betrachter zu jeder Zeit den gleichen Anblick darbietet" (Jauß *1975*, 129). Es sei vielmehr wie eine Partitur auf die immer erneuerte Resonanz der Lektüre angelegt, die den Text aus der Materie der Worte erlöse und ihn zu aktuellem Dasein bringe. Der dialogische Charakter des literarischen Werkes begründe, warum das philologische Wissen nur in der fortwährenden Konfrontation mit dem Text bestehen könne und nicht zum Wissen von Fakten gerinnen dürfe. „Philologisches Wissen bleibt stets auf Interpretation bezogen, die sich zum Ziel setzen muß, mit der Erkenntnis ihres Gegenstandes den Vollzug dieser Erkenntnis als Moment eines neuen Verstehens mit zu reflektieren und zu beschreiben." (Ebd.)

In strukturalistischen und semiotischen Beiträgen zur Literatur- und Kunsttheorie wird das Kunstwerk gewöhnlich als ‚Zeichen' oder als ‚Zeichensystem' einer bestimmten Art aufgefaßt. Der Begriff des Zeichens wird in strukturalistischen Theorien vorwiegend als ‚zweiwertige' Beziehung zwischen ‚Bezeichnung' und ‚Bezeichnetem', in semiotischen Theorien als ‚dreiwertige' Relation zwischen ‚Bezeichnung', ‚Bezeichnetem' und ‚Bezeichnendem' verstanden (vgl. Saussure, Hjelmslev und andererseits Peirce, Morris). In jedem Fall aber geht man davon aus, daß das Zeichen auf eine Bedeutung verweist. So unterscheidet Charles Morris bei Kunstwerken zwischen dem „ästhetischen Zeichenträger" und dem „ästhetischen Zeichen". „Zeichenträger" ist die materielle „Basis" des Kunstwerkes, „das, was als Zeichen operiert (d.h. was die Funktion hat, etwas zu bezeichnen)" (Morris *1938,* 93). Das „Kunstwerk im strengen Sinne" hingegen ist das „ästhetische Zeichen"; es existiert „nur in einem Interpretationsprozeß" (ebd. 92). Das Kunstwerk wird als „bedeutsam" wahrgenommen. Das, worauf das „ästhetische Zeichen" verweist, sind nach Morris Ansicht „Werteigenschaften". Das Kunstwerk repräsentiert die Werteigenschaften in sich selbst; es hat mithin eine „immanente Bedeutung" (98). Kunstwerke gehören zu den „ikonischen" Zeichen; das sind Zeichen, die dem, was sie bezeichnen, selbst ähnlich sind. Genauer besehen ist das Kunstwerk ein ikonisches Zeichen, das selbst aus

Zeichen zusammengesetzt ist; diese bilden miteinander eine komplexe Zeichenstruktur (103). Die Analyse eines solchen komplexen Zeichengebildes kann „vollständig" heißen, wenn die Zeichen in ihrer Beziehung untereinander, in der Beziehung zu dem, was sie bezeichnen, und dem Interpreten bestimmt worden sind (93). Die vollständige Analyse vollzieht sich mithin auf einer syntaktischen, einer semantischen und einer pragmatischen Ebene.

Wie bei Morris wird das Kunstwerk auch in anderen semiotischen Beiträgen als ein in sich strukturierter ikonischer Verweisungs- und Bedeutungszusammenhang aufgefaßt (vgl. dazu mehr im einzelnen Pasternack *1975*, 84 ff.). Die Kunstwissenschaften besitzen in diesen sich über komplexe Zeichenstrukturen konstituierenden Bedeutungszusammenhängen ihren eigentlichen Gegenstand, den sie durch verschiedene ‚transformative', ‚manifestative' oder ‚explikative' Formen der interpretierenden Textverarbeitung zu beschreiben und verständlich zu machen versuchen. Allein die materiellen Zeichenträger existieren als ‚reale' physisch wahrnehmbare und empirisch beobachtbare wie analysierbare Objekte; das „ästhetische Zeichen" in seiner strukturell konstituierten Bedeutsamkeit ist selbst „immateriell" und besteht nur als Korrelat von Interpretationsprozessen. Als „ästhetisches Objekt" wird das Kunstwerk erst durch individuelle und kollektive Konkretisationen und Interpretationsleistungen geschaffen. Die ästhetische Realisierung des Kunstwerkes ist dabei von werkinternen wie -externen Bedingungen abhängig. Inwieweit die werkinternen Zeichenstrukturen tatsächlich, wie Ingarden annahm, von den unterschiedlichen Konkretisationen grundsätzlich unabhängige und weitgehend konstante Eigenschaften bilden, die dem Werk in seiner schematischen Gestalt selbst objektiv zukommen oder inwieweit die bedeutungstragenden Zeichenkonfigurationen des Werkes gleichfalls als Ergebnis der werkorganisierenden Strukturierungsprozesse, die der Interpret vornimmt, angesehen werden müssen, bleibt indes in der literaturtheoretischen Diskussion umstritten (vgl. Pasternack *1975*).

Darin jedenfalls läßt sich eine wichtige Gemeinsamkeit zwischen Geschichts-, Gesellschafts-, Literatur- und Kunstwissenschaften erkennen: jede dieser Wissenschaftsgruppen kennt als Basis ihrer Forschungsarbeit bestimmte ‚Materialien', die unmittelbar sinnlich wahrnehmbar, intersubjektiv beobachtbar und empirisch analysierbar wie systematisierbar sind. Für die Literatur- und Kunstwissenschaften sind das die verschiedenen materiellen Zeichenträger ästhetisch relevanter Bedeutungszusammenhänge, für die Geschichtswissenschaften die überlieferten schriftlichen Dokumente, die Denkmäler und sonstigen Überreste. Für die Gesellschaftswissenschaften sind das neben mancherlei Texten insbesondere auch die direkt beobachtbaren Verläufe gesellschaftlichen Handelns. Alle diese ‚Materialien' sind indes noch nicht der eigentliche ‚Gegenstand' dieser Wissenschaften; die ‚Materialien' haben vielmehr die Funktion von in sich strukturierten ‚Zeichen', die auf Bedeutungen und Bedeutungszusammenhänge verweisen. Diese Bedeutungszusammenhänge in kritischer Rückbeziehung auf die syntaktische Struktur der ‚Texte' semantisch zu rekonstruieren wie ihre pragmatische Funktion zu klären und zu beurteilen, wäre – in semiotischer Ausdrucksweise – das Geschäft der Geisteswissenschaften.

3. *Methodische Probleme und Möglichkeiten der Geisteswissenschaften*

Methoden müssen nicht nur den Gegenständen einer Wissenschaft überhaupt angemessen sein, sie sollen darüber hinaus vor allem ermöglichen, bestimmte praktische, technische oder theoretische Probleme, Fragestellungen und Zielsetzungen in einer rational disziplinierten Weise effektiv zu bearbeiten. Die Wahl der Methode ist nicht so sehr eine wissenschaftstheoretische Grundsatzentscheidung als vielmehr eine Frage der wissenschaftlichen Zweckmäßigkeit. Man muß wissen, welches Ziel man erreichen will, um bestimmen zu können, welche Wege man am besten einschlägt, um zum Ziel zu gelangen. Ein wissenschaftstheoretisches Studium allgemein von Methoden kann sicher auch zu einer Kritik an den Zielsetzungen einer Wissenschaft führen; denn es kann sich zeigen, daß Ziele so gesetzt worden sind, daß sie über keinen der bisher bekannten methodischen Wege zu erreichen sind. Doch selbst in solchen Fällen muß noch entschieden werden, ob man die gesetzten Ziele wieder aufgibt, oder ob man vielleicht neue methodische Verfahren entwickeln kann, um diese Ziele erreichbar zu machen. Im Falle rational zu rechtfertigender Ziele wird man vermutlich das letztere versuchen. Methoden sind den Zielen und Gegenständen instrumentell nachgeordnet. Methodische Reduktionen des Gegenstandsbereichs einer Wissenschaft, ihrer Fragestellungen und Ausdrucksformen können zwar um der größeren rationalen Durchsichtigkeit von Teilzusammenhängen willen in Kauf genommen werden, doch gibt es keinen vernünftigen Grund, sinnvolle Zielsetzungen und ernsthafte praktische, technische oder theoretische Probleme wegen getroffener methodischer Beschränkungen überhaupt fallen zu lassen oder sie ausschließlich nur unter vereinbarten methodischen Voraussetzungen bearbeiten zu wollen. Zur differenzierten Formulierung und Bearbeitung von wichtigen Problemen sind vielmehr alle rational überhaupt möglichen fruchtbaren Methoden und methodischen Kombinationen heranzuziehen. Wissenschaftliche Methoden sind ebensowenig wie die Wissenschaft im ganzen ein Selbstzweck; sie sind um der Menschen und der besseren Lösung ihrer Probleme willen da.

Die singularische Redeweise andererseits von ‚der' wissenschaftlichen Methode ist nur akzeptierbar, wenn sie sich auf allgemeinste rationale Eigenschaften aller Wissenschaften bezieht, wie beispielsweise die logische Widerspruchsfreiheit, die argumentative Begründbarkeit und sachgemäße Überprüfbarkeit wissenschaftlicher Satzzusammenhänge. Wenn die Argumentationsformen jedoch allein im Sinne des Hempel-Oppenheimschen Grundschemas wissenschaftlicher Erklärungen oder wenn die Überprüfung wissenschaftlicher Aussagen im Sinne empiristischer Falsifikationsverfahren festgelegt werden sollen, ist es mit der Einmütigkeit in Sachen wissenschaftlicher Methode in der Regel schon wieder zu Ende. Denn hier stehen sich verschiedene Ansichten mit dem gleicherweise erhobenen Anspruch gegenüber, jeweils rational gerechtfertigt werden zu können.

Für die Geisteswissenschaften kann es gleichfalls nicht darum gehen, eine spezifisch ‚geisteswissenschaftliche Methode' zu entwickeln oder etwa die generelle wissenschaftliche Methode nun endlich auch in den Geisteswissenschaften zu verbindlichem Ansehen zu bringen. Sicher sollen auch geisteswissenschaftliche Behauptungszusammenhänge logisch widerspruchsfrei, argumentativ zu begründen oder zu rechtfertigen und sachgemäß zu überprüfen sein. Über solche Minimalbedingungen wissenschaftlicher Sätze hinaus ergeben sich im Falle der Geisteswissenschaften hinsichtlich der Bestimmung ziel- und sachangemessener Methoden jedoch besondere Schwierigkeiten. Denn nicht nur erweist sich die Gegenständlichkeit der Geisteswissenschaften als ‚mehrschichtig' und auch innerhalb der funktional zusammenwirkenden ‚Schichten' als sehr komplex, darüber hinaus lassen sich mit der wissenschaftlichen Thematisierung derart kompliziert strukturierter intentionaler Gebilde auch noch sehr unterschiedliche theoretische, technische und praktische Ziele verknüpfen. Angesichts der Pluralität möglicher Erkenntnisziele und der Komplexität der Gegenstände läßt sich das methodische Vorgehen der Geisteswissenschaften nicht von vornherein definitorisch fixieren. Hier kann man nur dem vielgescholtenen und gleichwohl in seiner Zurückhaltung besonnenen Urteil Gadamers beipflichten, für den zwar gleichfalls Bedingungen „methodischer Sauberkeit" wie z.B. die methodische Kontrollierbarkeit wissenschaftlicher Sätze ebenso unerläßlich wie selbstverständlich sind, der die Geisteswissenschaften aber trotzdem nicht auf die bloße Anwendung gewohnter Methoden festlegen will, sondern sie gerade zum Auffinden auch neuer Methoden ermuntert (Gadamer WM, 513). Je nach Art der Fragehinsichten und nach Beschaffenheit der Gegenstände und Gegenstandsschichten wird man auch die Methoden, die eine im Hinblick auf die Zielsetzungen fruchtbare und im Hinblick auf die Zuverlässigkeit der Ergebnisse sachlich kontrollierbare Bearbeitung des Themas gestatten, wählen oder auch allererst entwickeln müssen. Phänomenologische, philologisch- und historisch-hermeneutische, ideologiekritische, strukturalistische und semiotische, logisch-analytische, statistisch- und deduktiv-nomologisch erklärende, kybernetische und noch andere Verfahren können so von

Fall zu Fall in den Geisteswissenschaften relevant und verwendbar werden. Eine Einstellung, die sich in dieser Weise den verschiedensten Methoden offenzuhalten sucht, ist indes nicht mit einem pluralistischen „Laissez-faire-Prinzip" zu verwechseln (vgl. Fricke *1977*, 12). Denn im Einzelfall wird es im Gegenteil sehr darauf ankommen, die sachliche Angemessenheit, Rationalität und Fruchtbarkeit der gewählten oder entwickelten Methoden und methodischen Kombinationen auch zu rechtfertigen.

Das ‚Verstehen' jedoch ist selbst keine Methode. Trotz älterer anderslautender Äußerungen sollte darüber heute eigentlich keine Uneinigkeit mehr bestehen. ‚Verstehen' kann zum einen als Voraussetzung von Erkenntnisprozessen aufgefaßt werden. Man muß immer schon vieles verstanden haben, um überhaupt sinnvoll fragen zu können. Das vorgängige ‚Verstehen' wird im bewußten Erkennen ‚ausgelegt'. In diesem Sinn sprach Heidegger von der ‚Vor-Struktur' des Verstehens. ‚Verstehen' kann zum anderen aber auch als Ziel von Erkenntnisprozessen angesehen werden, und zwar in den Geisteswissenschaften wie in den Naturwissenschaften. Überall versucht man, Zusammenhänge zu verstehen. Zusammenhänge können indes von unterschiedlichem Charakter sein. Im Falle von Bedeutungszusammenhängen, die über Zeichenprozesse kommunikativ erzeugt werden, sehen die Verfahren, die zum Verstehen führen sollen, deshalb in der Regel anders aus, als in Fällen, in denen der Zusammenhang von Gegenständen der Natur beschrieben und erklärt werden soll. Zeichenvermittelte Bedeutungszusammenhänge werden, wenn sie dem Verständnis Schwierigkeiten bereiten, ‚interpretiert'; Zusammenhänge von Gegenständen der Natur werden, will man sie verstehen, ‚erklärt'. Nicht ‚Verstehen' und ‚Erklären', sondern ‚Interpretation' und ‚wissenschaftliche Erklärung' sind die komplementären, sich keineswegs ausschließenden Grundmuster der Verfahren, die zum ‚Verstehen' führen sollen. Nun kann man nicht leugnen, daß die methodologische Analyse des Argumentationsverfahrens der ‚wissenschaftlichen Erklärung' inzwischen sehr viel durchsichtiger ausgearbeitet worden ist als die Analyse des Verfahrens der ‚Interpretation'; das muß man trotz der langen Tradition einer „Kunstlehre der Auslegung" und der verschiedenen gegenwärtigen Beiträge zur „Kunst", „Logik" oder „Wissenschaft" der Interpretation offen eingestehen (vgl. Wach *1926;* Staiger *1951;* Hirsch *1967;* Göttner *1973;* Klein *1977* u. a.). So erscheint eine umsichtige, verschiedene theoretische Ansätze und Vorarbeiten in sich aufnehmende ‚Theorie der Interpretation' für die Geisteswissenschaften als ein dringendes Desiderat (vgl. dazu Pasternack *1975*, 156).

Unter ‚Geisteswissenschaften' kann man die Gesamtheit aller Wissenschaften verstehen, die sich auf methodisch vielfältige Weise unter sehr verschiedenen Fragestellungen und Zielsetzungen mit der geschichtlich-gesellschaftlichen Wirklichkeit der Menschen befassen. ‚Geisteswissenschaften' können aber auch, wie schon mehrfach erwähnt, von vornherein in einem engeren Sinn verstanden werden: gemeint sind dann jene Wissenschaften, die sich mit dem Ziel der menschlichen Selbsterkenntnis, Daseinsorientierung oder auch der persönlichen und kollektiven Identitätsbildung der geschichtlich-gesellschaftlichen Wirklichkeit der Menschen in sowohl erfahrungswissenschaftlicher wie zugleich philosophisch-reflektierender Art zuwenden. Auch in diesem der Zielsetzung nach eingeschränkteren Verständnis von ‚Geisteswissenschaften' ist die Frage nach ziel- und sachangemessenen Methoden jedoch ebenfalls alles andere als einfach zu beantworten. Geisteswissenschaften, die zugleich im engeren Sinn ‚als Geisteswissenschaften' betrieben werden, werden ihre Themen jedenfalls nicht in antiquarischer oder objektivistischer Beliebigkeit wählen und bearbeiten können, sondern deren Relevanz im Rahmen der eigenen zentralen Zielsetzungen ausdrücklich reflektieren müssen. Das gilt gleicherweise für die leitenden Fragestellungen wie für die gewonnenen Ergebnisse und Einsichten geisteswissenschaftlicher Untersuchungen im engeren Sinne. Deren Rückbindung an den Aspekt menschlicher Selbsterkenntnis, persönlicher wie kollektiver Identitätsbildung und damit verknüpfter praktisch-philosophischer Daseinsorientierung muß indes nicht mit einem Verzicht auf wissenschaftliche Objektivität verbunden sein.

Ob eine geisteswissenschaftliche Untersuchung Kriterien wissenschaftlicher Objektivität genügt, entscheidet sich vor allem durch die Sorgfalt eines sachgerechten Umgangs mit den Gegenständen und den gewählten Methoden; und selbstverständlich muß es auch im Falle von Sätzen über historische, gesellschaftliche und ästhetische Gegenstände möglich sein, sie einer sachlich angemessenen Prüfung zumindest durch kompetente Kenner des Gegenstandsbereiches zu unterziehen. Überprüfbare, methodisch sorgfältige und gegenstandsgerechte Arbeitsweisen sind jedoch durchaus verträglich mit dem persönlichen Engagement eines Wissenschaftlers für den thematischen Gegenstandsbereich, mit seinem Interesse an der Lösung bestimmter theoretischer, technischer oder praktischer Probleme, ja sogar mit verschiedenen weltanschaulichen Grundüberzeugungen der Wissenschaftler. Schon Max Weber brachte in seinem bekannten Aufsatz über „Die ‚Objektivität' sozialwissenschaftlicher und sozialpolitischer Erkenntnis" aus dem Jahre 1904 deutlich zum Ausdruck, daß auch „Leute, die im Dienste verschiedener Ideale arbeiten", ja selbst „scharfe politische Gegner", sich zu wissenschaftlicher Arbeit zusammenfinden könnten. Entscheidend dafür sei, daß sie sich auf den „Boden wissenschaftlicher Diskussion" stellten und mithin bereit seien, sich der „denkbar schärfsten Kritik" auszusetzen (Weber *1968,* 12). Kämen die Ideale dieser Leute in Werturteilen zum Ausdruck, so sei das jedoch mit der unerläßlichen Pflicht zu verbinden, „scharf zum Bewußtsein zu bringen, welches die Maßstäbe sind, an denen die Wirklichkeit gemessen und aus denen das Werturteil abgeleitet wird" (ebd. 11). Werde dieser Pflicht genügt, dann könne die praktisch urteilende Stellungnahme, wie Weber offen zugesteht, „im rein wissenschaftlichen Interesse nicht nur unschädlich, sondern direkt nützlich, ja, geboten sein" (11). Die Darlegung der Ideale, die Klärung der Wertmaßstäbe und ihre kritische Konfrontierung mit anderen Beurteilungsmaßstäben gehört für Weber jedoch selbst nicht mehr zum eigentlichen Bereich der Wissenschaft. „Aber: wir denken nicht daran, derartige Auseinandersetzungen für ‚Wissenschaft' auszugeben." (11) So sei jederzeit deutlich zu machen, „daß und wo der denkende Forscher aufhört und der wollende Mensch anfängt zu sprechen" (11). Die wissenschaftliche „Erörterung der Tatsachen" und das „wertende Raisonnement" dürften nicht miteinander vermischt werden.

Nun ist es sicher richtig, daß kontroverse Klärungen von Bedeutungsmaßstäben wie auch vollzogene Werturteile irgendeiner Art von Tatsachenbehauptungen zu unterscheiden sind (zur Vielfalt möglicher Werturteile vgl. vor allem V. Kraft *1937*). Doch nicht ebenso selbstverständlich ist es, daß kritische Klärungen der eigenen Bewertungsgrundlagen wie ebenso im rein wissenschaftlichen Interesse nützliche und gebotene praktisch urteilende Stellungnahmen, die sich zudem ihrer eigenen Urteilsbasis ausdrücklich und kritisch bewußt sind, nicht mehr zur Wissenschaft gehören sollen. An dieser Stelle zeigt sich deutlich die empiristische Reduktion des Wissenschaftsbegriffes bei Weber. Wissenschaft wird hier normativ auf die Aufgabe der Beschreibung und Erklärung von Tatsachen und auf die empirisch kontrollierbare Analyse zweckrationaler Sachzusammenhänge festgelegt. So erscheinen unterschiedliche praktische Wertvoraussetzungen bei Weber wohl verträglich mit rationaler Wissenschaftlichkeit. Beide sind jedoch nicht im Bereich der Wissenschaft selbst, sondern erst in einem „sozialpolitischen" Entscheidungsfeld miteinander zu vermitteln. Der Wissenschaft bleibt die werturteilsfreie Erörterung der Tatsachen vorbehalten.

Engagement und rationales Denken sind prinzipiell auch für den Kritischen Rationalismus vereinbar. So weist Hans Albert einschränkend wohl auf bestimmte Arten des Engagements hin, die das Denken korrumpieren und infolgedessen auch keinen vernünftigen Beitrag zur Lösung von Problemen leisten. Doch erkennt er in der unvoreingenommenen Wahrheitssuche des Kritischen Rationalismus selbst eine Möglichkeit, Engagement und Rationalität miteinander zu verbinden (Albert *1968*, 4ff.). Wie für Weber steht indes auch für Albert fest, daß sich beide, Rationalität und Engagement, nicht innerhalb der Wissenschaft selbst miteinander verknüpfen lassen. Die Wissenschaft sei zwar stets auf Werte bezogen, sie könne ihre Wertprämissen und wertorientierten Zielsetzungen jedoch nicht im eigenen wissenschaftlichen Rahmen, sondern nur auf einer nicht mehr zur Wissenschaft selber gehörenden „metasprachlichen" methodologischen Ebene erörtern. Die Wissenschaft bleibt bei Albert auf den empirisch falsifizierbaren objektsprachlichen Aussagenbereich beschränkt, der von Werturteilen frei zu sein hat (ebd. 64).

Das empiristisch oder falsifikationistisch reduzierte Wissenschaftsverständnis hat Konsequenzen: Wissenschaftler begeben sich mit ihm der Möglichkeit, im Rahmen ihrer eigenen Wissenschaft über Zielsetzungen, Fragestellungen und die praktische Bedeutung ihrer Forschungsergebnisse selbst nachzudenken und auf solche Weise mögliche forschungsrelevante Alternativen entscheidbar zu machen. Derartige Reflexionen, Beurteilungen und Entscheidungen werden aus dem Bereich der Wissenschaft ausgelagert und den Philosophen, Politikern und Praktikern überlassen. Dem Wissenschaftler steht es frei, sich zugleich ‚als' wissenschaftstheoretischer oder ethischer Philosoph, ‚als' Politiker oder Praktiker an metawissenschaftlichen Überlegungen und wissenschaftspolitischen oder -praktischen Entscheidungen zu beteiligen. ‚Als Wissenschaftler' hingegen ist er für die wertorientierten Zielsetzungen und Beurteilungsmaßstäbe selbst nicht verantwortlich, sondern für die Fakten, für die werturteilsfreie Beschreibung der Wirklichkeit, ihrer Strukturen und Zusammenhänge (Albert *1968,* 64).

Durch diesen reduzierten Wissenschaftsbegriff wird zerrissen, was sachlich zusammengehört. Zur Wissenschaft, wie sie tatsächlich weitgehend betrieben wird, und allem Anschein nach auch wohl betrieben werden muß, ist nicht allein die Analyse von Tatsachen und zweckrationalen Zusammenhängen zu rechnen, sondern ebenso die Begründung der Themenwahl und der mit ihr verbundenen Zielsetzungen; die Erörterung der für den Gegenstandsaspekt maßgeblichen Fragestellungen; die Rechtfertigung gewählter oder entwickelter Methoden oder methodischer Kombinationen im Hinblick auf ihre

Eignung, Fruchtbarkeit und Rationalität; die sicher stets problematisch bleibenden Versuche, die historische, gesellschaftliche, ästhetische oder sonstige systematische Bedeutung der untersuchten Sachverhalte zu bestimmen; die Klärung und ausdrückliche Offenlegung der eigenen Bewertungsmaßstäbe; ferner auch kritische Stellungnahmen zu anderen theoretischen Ansätzen und thematischen Beiträgen. Es macht keinen rechten Sinn, solche für die wissenschaftliche Forschung konstitutiven Operationen aus der ‚Wissenschaft' selbst verbannen und sie der Wissenschaftsphilosophie oder der Politik überschreiben zu wollen. Die vom Empirismus und Falsifikationismus vorgeschlagene enge normative Sprachregelung, den Ausdruck ‚Wissenschaft' nur für die empirisch kontrollierbare Beschreibung und Erklärung von Tatsachen und die gleichfalls objektsprachliche Analyse von teleologischen Zweck-Mittel-Relationen zu verwenden, kann bei näherem Hinsehen nicht wirklich überzeugen. Dem tatsächlichen Geschäft der Wissenschaftler angemessener wäre mit Sicherheit die anders gewichtende sprachliche Vereinbarung, den komplexen Gesamtzusammenhang methodisch reflektierter und kontrollierter Problemlösungsversuche ‚Wissenschaft' zu nennen. Die Beschreibung und Erklärung von Tatsachen und die Analyse von Zweck-Mittel-Relationen wären zentrale Teilbereiche der Wissenschaft, zu der aber auch metasprachliche, philosophisch reflektierende und bewertende Bereiche gehörten. Die unterschiedlichen Teilbereiche wären auch bei einer solchen Untergliederung der Wissenschaft nicht miteinander zu verwechseln, dokumentierten sich in dieser Form aber besser als sachlich zusammengehörige und aufeinander verweisende Teilbereiche eines ‚Wissenschaft' genannten Gesamtzusammenhanges.

Auf der sprachlichen Ebene würden sich bei dieser Sprachregelung analoge Verhältnisse ergeben wie auf der Handlungsebene: Nicht allein der objektsprachliche, empirisch überprüfbare Aussagenzusammenhang wäre als wissenschaftlicher Text anzusehen; zu diesem gehörten gleichfalls direkte oder zumeist indirekte Fragesätze, Werturteile verschiedener Art, in bestimmten Fällen ebenfalls normative Sätze, Wunsch- oder Bedürfnissätze, metatheoretische und philosophisch-reflektierende Sätze oder auch Sätze, in denen Vermutungen, Erwartungen, Antizipationen oder Möglichkeiten zum Ausdruck kommen. Die Klasse der empirischen Behauptungssätze wäre auch hier lediglich eine wichtige unverwechselbare Teilklasse des wissenschaftlichen Satzzusammenhanges im ganzen.

Es trifft allenfalls für den kleinen Kreis rein theoretischer Erfahrungswissenschaften zu, daß sie durchgehend in empirischen und theoretischen Aussagesätzen ihren Niederschlag finden. In den übrigen Fällen dokumentieren sich Wissenschaften sprachlich in der Regel auf sehr komplexe Weise in unterschiedlichen Satztypen. Eine Analyse beispielsweise historischer, sozial- oder kunstwissenschaftlicher Untersuchungen könnte beispielhaft zeigen, daß es ein ganz aussichtsloses Unterfangen wäre, die komplexen Sprachzusammenhänge solcher Arbeiten in eine rein deskriptive Sprache ausschließlich empirischer und theoretischer Sätze übersetzen zu wollen. Ein wissenschaftstheoretisch geforderter Sprachpurismus im empiristischen Sinn würde hier zu sachlich unangemessenen Restriktionen der möglichen Darstellungsweisen führen. In dem komplexen wissenschaftlichen Satzgefüge kommt der Klasse der empirischen Aussagesätze indes eine Sonderstellung zu. Denn sie bilden den am sichersten überprüfbaren Kern des wissenschaftlichen Sprachzusammenhanges im ganzen.

Die Geisteswissenschaften im engeren Sinn, die zugleich ‚als Geisteswissenschaften' betrieben werden, sind ein besonders ausgeprägtes Beispiel für einen komplexen Wissenschaftstypus, der sowohl empirische als auch philosophisch reflektierende und bewertende Züge in sich vereinigt. Die Erfahrungen, welche die Geisteswissenschaften zu ihrer empirischen Grundlage haben, sind indes selbst wieder von besonderer Art. Es sind in der Hauptsache nicht Erfahrungen von jener experimentell wiederholbaren und auf solche Weise generalisierbaren Art, wie sie der Analyse von Gegenständen der Natur, ihren Strukturen und Zusammenhängen zugrunde liegen; es handelt sich vielmehr um zeichenvermittelte Erfahrungen von Bedeutungszusammenhängen behauptender (apophantischer) und ästhetischer ‚Texte' im weitesten Sinn; Dilthey würde sagen: um das Erleben und Verstehen menschlicher ‚Äußerungen'. Texte muß man ‚lesen', um sie zu verstehen; ästhetische Objekte muß man ‚anschauen' oder ‚ästhetisch wahrnehmen'; man kann beide nur zum allerwenigsten ‚beobachten' (zum ‚Lesen' vgl. Iser *1976;* zur ‚Beobachtung' vgl. Ströker *1973*). Das Vorkommen eines bestimmten Zeichens, eines Wortes oder die Häufigkeit seines Vorkommens kann man ‚beobachten', und jedermann kann die gleiche Beobachtung machen. Den Sinn des Wortes oder Zeichens und seine Bedeutung im Text kann man nicht ‚beobachten', sondern allenfalls verstehen oder nicht verstehen. Im Falle des Nicht-Verstehens kann man versuchen, durch Übersetzung, Kommentierung oder Interpretation zum Verständnis des Wortes oder Zeichens im Zusammenhang des Textes zu gelangen.

Worauf sich der Historiker oder Literaturwissenschaftler beruft, wenn er einen Quellentext oder eine Textstelle aus einem literarischen Werk als Beleg für seine

Interpretationshypothese verwendet, ist nur selten die ‚beobachtbare' Seite der Texte, sondern in der Regel der Sinn des Textes, der schon verstandene Text. Der Historiker oder Literaturwissenschaftler stützt seine These also genauer besehen im Regelfall gar nicht durch ‚Textbeobachtungen', sondern durch Verweise auf Texte und Textstellen, die man gelesen und verstanden haben muß, damit sie überhaupt als Beleg fungieren können. Das Verständnis von Texten ist aber nicht allein durch vermeintlich konstante textinterne Elemente und Strukturen bedingt, sondern ebenfalls durch externe pragmatische Faktoren. Je nach Situation und beim Leser anzutreffendem Vorverständnis können Texte verschieden gelesen werden. Ein Text kann auf unterschiedliche Fragen verschiedene Antworten geben. Die Basis, auf die sich der Historiker oder Literaturwissenschaftler zur Stützung seiner Thesen bezieht, ist im Normalfall keine ‚Beobachtungstatsache', sondern ein verschieden interpretierbarer und verstehbarer ‚Textbeleg'. ‚Beobachtungstatsachen' müssen intersubjektiv reproduzierbar und mithin wiederholbar sein, damit sie als empirische Basis für theoretische Hypothesen in Anspruch genommen werden können; mit Zusammenhängen, die intersubjektiv beobachtet werden können, läßt sich deshalb auch ‚experimentieren'. Die durch ‚Interpretation' eines Textes in bestimmter Weise verstandenen ‚Bedeutungszusammenhänge' lassen sich nicht zwangsläufig für jedermann in der gleichen Weise ‚wiederholen' oder ‚reproduzieren'; denn sie können von verschiedenen Subjekten verschieden gelesen und verstanden werden. Mit den Bedeutungszusammenhängen eines Textes kann man zudem bestenfalls ‚Gedankenexperimente' vollführen; im gewöhnlichen Sinn ‚experimentieren' läßt sich mit ihnen nicht.

Durch solche Vergleiche kann man erkennen, daß die Geisteswissenschaften, soweit sie es mit zeichenvermittelten Gegenständen zu tun haben, nur in sehr eingeschränkter Weise als ‚empirische' Wissenschaften im empiristischen Sinn des Wortes gelten können. Denn sie besitzen im Regelfall keine ‚Beobachtungsbasis' und sie können im Normalfall auch nicht mit ‚Experimenten' und ‚experimentellen' Überprüfungsverfahren arbeiten. Sie sind deshalb auch nicht in gleicher Weise falsifikationsfähig wie andere empirische Wissenschaften. Falsifikationen von Interpretationen durch Berufung auf Textbelege sind eine sehr viel diffizilere Angelegenheit als Falsifikationen von theoretischen Annahmen durch Hinweis auf experimentell bestätigungsfähige ‚Beobachtungstatsachen'. Es hätte darum wenig Sinn, die Geisteswissenschaften am Maßstab strenger empirischer Falsifikationsfähigkeit messen oder sie gar auf den Standard einer exakten empirisch-theoretischen Wissenschaft heben zu wollen.

Die Geisteswissenschaften sind offenbar, da sie nicht auf Erfahrungen im empiristischen Sinn festgelegt sind, Erfahrungswissenschaften besonderer Art. Ihre Genauigkeit beruht überwiegend auf der Sorgfalt genauen Lesens, ihre Erfahrungsgehalte vorwiegend auf der Bedeutungszusammenhänge erschließenden umsichtigen und beziehungsreichen Befragung und Interpretation von Texten; ihre Prägnanz ist die des treffenden Wortes mit seiner imaginativen Kraft. Die zeichenvermittelte intentionale Gegenständlichkeit der Geisteswissenschaften hat auch für deren methodisches Vorgehen Konsequenzen. Die intentionalen Gegenstände der Geisteswissenschaften bieten sich im ganzen unter zwei Aspekten dar: sie können in ihrer je besonderen Individualität wie ebenfalls in ihrer strukturellen Allgemeinheit betrachtet werden. Die intentionalen Gegenstände der Geschichtswissenschaften sind sowohl die durch Quallenanalyse erschlossenen Ereignisse in ihrer individuellen Einmaligkeit als auch potentiell sich analog wiederholende allgemeine Strukturen historischer Ereigniszusammenhänge. Die intentionalen Gegenstände der Gesellschaftswissenschaften sind ebenso die besonderen gesellschaftlichen Situationen wie die relativ konstanten allgemeinen gesellschaftlichen Strukturen; beide werden hauptsächlich durch die Interpretation aktueller Dokumente, direkter Befragungen von Personen und die interpretierende Analyse gleichfalls als ‚Zeichen' aufgefaßter, beobachtbarer und sich gesellschaftlich in ähnlichen Formen wiederholender Handlungsverläufe erschlossen. Die intentionalen Gegenstände der verschiedenen Kunstwissenschaften sind sowohl die einzelnen Kunstwerke in ihrer Einmaligkeit, als auch die allgemeinen Stil- und Gattungsmerkmale dieser Kunstwerke. Die Geisteswissenschaften haben so gewöhnlich zweierlei zu leisten: sie müssen zum einen die unverwechselbare und unwiederholbare Einzigartigkeit ihrer Gegenstände würdigen, und sie müssen zum anderen die allgemeinen strukturellen Zusammenhänge analysieren, in die die jeweiligen Unikate eingebettet sind. Die Erkenntnis des Individuellen und des Allgemeinen bedingt sich wechselseitig.

Mit der Analyse der allgemeinen Strukturen ihrer Gegenstände haben die Geisteswissenschaften, methodisch und sprachlich gesehen, prinzipiell weniger Schwierigkeiten. Für diese Analysen lassen sich gut sprachlich normierte Terminologien entwickeln und zum Teil wenigstens auch formale Ausdrucksweisen verwenden. Hier können zudem mit Erfolg allgemeine logische, sprach- und strukturanalytische Verfahren angewendet werden. In diesem Arbeitsbereich der Geisteswissenschaften bestehen auch größere Möglichkeiten zur Bildung konsistenter historisch-struktureller, sozialwissenschaftlicher oder literatur- und kunstwissenschaftlicher Theorien im strengeren Sinn.

Mit der adäquaten Würdigung der unverwechselbaren Individualität ihrer Gegenstände hingegen haben die Geisteswissenschaften methodisch und sprachlich beträchtliche Schwierigkeiten. Diesen Schwierigkeiten kann man nicht dadurch begegnen, daß man den gesamten Aspekt der Individualität geisteswissenschaftlicher Gegenstände einfach zu ignorieren versucht. Mehr noch als in den Geschichts- und Gesellschaftswissenschaften treten diese Schwierigkeiten in den Literatur- und Kunstwissenschaften auf. Dem Literaturwissenschaftler kann es nicht allein darum zu tun sein, etwa Hölderlins Hymne „Friedensfeier" oder Thomas Manns Roman „Der Zauberberg" lediglich als besondere Beispiele für poetische Gattungen wie deren Relativierung wiederum durch einzelne Kunstwerke anzusehen. Es geht nicht nur um Gattungsprobleme, sondern gerade auch um die Charakterisierung des je besonderen Sinngehaltes solcher komplex strukturierter ästhetischer Gebilde und die Auseinandersetzung mit den in ihnen enthaltenen Wahrheits- oder Geltungsansprüchen. In solchen Fällen wird die grundsätzliche Diskrepanz zwischen der konkreten Individualität des ästhetischen Sinngebildes und der begrifflichen Allgemeinheit der wissenschaftlichen Rede über Kunstwerke besonders auffällig. Die begrifflich-diskursive Interpretation bleibt hinter dem ästhetischen Objekt, seiner Wirkung und Bedeutung stets zurück; sie kann das Kunstwerk nie begrifflich vollständig gleichsam einholen. In nicht ebenso extremer Form stellt sich das Problem jedoch ebenfalls dem Historiker und dem Sozialwissenschaftler: Verglichen mit der Komplexität einmaliger historischer Ereignisse und gesellschaftlicher Situationen sind die wissenschaftlichen Interpretationen stets begrifflich-theoretische Komplexitätsreduktionen, von denen infrage steht, ob sie den Ereignissen und Situationen überhaupt gerecht zu werden vermögen.

Das hier vorliegende Problem kann man allgemein in die Form der Frage bringen: Wie läßt sich überhaupt Individuelles mitsamt seiner individuellen Komplexität in der allgemeinen Begrifflichkeit der menschlichen Sprache zum Ausdruck bringen? Die üblichen logischen Hilfsmittel der Benennung von Individuen durch Eigennamen, numerische und begriffliche Kennzeichnungen bleiben für die Erfassung der in sich komplexen Individualität eines Individuums zu abstrakt und sind deshalb nicht wirklich geeignet. Noch allgemeiner formuliert, könnte man das vorliegende Problem auch folgendermaßen ausdrücken: Wie lassen sich das Allgemeine und das Einzelne begrifflich miteinander vermitteln? In dieser Form ist das Problem bereits eingehend von Hegel in seiner „Wissenschaft der Logik" erörtert worden (Hegel Werke V, 35–65). Hinsichtlich der besonderen Erfordernisse der Begriffsbildung in den Kulturwissenschaften hat sich vor allem Heinrich Rickert dieses Problems angenommen (Rickert *1902*). In den Geschichtswissenschaften hat man sich dem Problem in den vergangenen Jahren erneut durch methodologische Reflexionen über die Funktion narrativer Formen der Historiographie gestellt (vgl. Dray *1957;* Danto *1965;* die Aufsatzbände: Kosellek/Stempel *1973;* Kocka/Nipperdey *1979;* Quandt/Süssmuth *1982*).

In der Literaturtheorie wurde das Problem der Vermittlung des Individuellen mit dem Allgemeinen gleichfalls wieder aufgegriffen. Man versucht z. B. die konnotative Struktur der ästhetischen Zeichenkomplexe, vermittels derer sich das literarische Kunstwerk ästhetisch aufbaut, nicht mehr in denotative Aussageformen zu übersetzen, weil solche Transformationen einen prinzipiellen und nicht aufhebbaren Widerspruch in sich enthalten. Diesen Widerspruch sucht man dadurch zu vermeiden, daß man die strukturale Interpretation des ästhetischen Gegenstandes nicht mehr als „Transformationsprozeß“, sondern als „Manifestationsprozeß“ auffaßt (vgl. dazu Pasternack *1975*, 83 u. 103). Sollen solche ‚Manifestationen‘ jedoch nicht bei bloßen Zeigehandlungen oder strukturabbildenden Diagrammen, die selber wieder begrifflich denotativer und möglicherweise auch quantifizierender Interpretation bedürftig wären, stehenbleiben, sondern sprachliche Form annehmen, so müssen in die ‚Manifestationen‘ der konnotativen Strukturen ästhetischer Zeichenkomplexe offenbar selbst konnotative Strukturelemente eingehen können. Wie die ‚Explikation‘ des Bedeutungsgehaltes individueller Erlebnisinhalte (vgl. S. 59 dieser Arbeit), so müßte auch die ‚Manifestation‘ der Strukturen ästhetischer Zeichenkomplexe selber von konnotativen Sprachmöglichkeiten Gebrauch machen. Die Sprache der ‚explikativen‘ und ‚manifestativen‘ Interpretation gewönne auf solche Weise selbst ästhetische Qualität.

Wenn literaturwissenschaftliche oder historische Darstellungen selber den Charakter sprachlicher Kunstwerke annahmen, hat man das bisweilen ironisch als ‚Wissenschaftsdichtung‘ oder ‚Professorenlyrik‘ apostrophiert. Aber den Spott der ehrenwerten und soliden wissenschaftlichen Handwerker und Techniker kann man getrost auf sich beruhen lassen. Sicher ist, daß es bedeutende Geschichtsdarstellungen und angesehene literatur- und kunstwissenschaftliche Arbeiten gibt, deren Verfasser bei aller historisch-philologischen oder stilanalytischen Akribie auf die konnotativen Zwischentöne und ästhetischen Qualitäten der Sprache nicht verzichten wollten. Man denke nur allein aus dem Bereich historischer Darstellungen beispielsweise an L. v. Ranke, J. G. Droysen, Th. Mommsen, A. Hauck, an die historischen und kunsthistorischen Arbeiten von Jacob Burckhardt oder in neuerer Zeit an Werke von Carl Jacob Burckhardt, A. Heuß, G. Ritter, G. Mann; oder aus dem Bereich nur der klassischen und neueren Philologien, z. B. an Arbeiten von B. Snell, E. R. Curtius, J. Huizinga, W. Schadewaldt. Man kann eine beachtliche Reihe von wissenschaftlich hervorragend ausgewiesenen Autoren benennen, die sich offenbar nicht nur auf die ‚Technik', sondern auch auf die ‚Kunst' der Interpretation und Darstellung verstanden. Bereits Dilthey wußte, daß beides in den Geisteswissenschaften seine eigene Wichtigkeit besitzt: die ‚Kunst' wie die ‚Technik' der Interpretation (Dilthey Schriften VII, 216f.). Die ‚Kunst' der Interpretation ist allerdings technisch letztlich nicht erlernbar; sie ist Ausdruck der gesamten geistigen und ästhetischen ‚Bildung' eines Menschen. Die ‚Kunst' der Interpretation sollte indes von den methodischen ‚Technikern' nicht verachtet werden, weil sie zumindest in einem Sektor der Geisteswissenschaften offenbar mehr ausrichtet als jede noch so ausgefeilte Interpretationstechnik: in der Interpretation und Darstellung des Einmaligen in Kunst, Geschichte und Gesellschaft.

Schlußwort: ‚Wahrheit' in den Geisteswissenschaften

Die Geisteswissenschaften im engeren Sinn folgen einer praktisch-philosophischen Zielsetzung: sie haben nach Droysen und Dilthey das Ziel menschlicher Selbstbesinnung und Selbsterkenntnis; sie sollen, wie gleichfalls Droysen und Dilthey schon meinten, menschliche Freiheit und Selbstbestimmung befördern; ihnen wird eine aufklärende und menschlich bildende Bedeutung zugesprochen; ihnen wird bei Gadamer die Aufgabe einer daseinserschließenden und -ermöglichenden Verständigung der Menschheit mit sich selbst zuerkannt; sie werden deshalb von Gadamer auch ‚moralische' Wissenschaften genannt. Für Habermas besitzen die Geisteswissenschaften eine im philosophischen Sinn ‚praktische' Funktion: sie sollen die kommunikative ‚Intersubjektivität' handlungsorientierender Verständigung zwischen Menschen erhalten und erweitern; das Ziel einer für die Lebenserhaltung und Lebensermöglichung der Menschheit relevanten Verbesserung der intersubjektiven Kommunikation wird den Geisteswissenschaften auch von K.-O. Apel zugeschrieben. Eine identitätsermöglichende Funktion in Form einer Auseinandersetzung mit unterschiedlichen Identitätskonzepten wird den Geisteswissenschaften in der gegenwärtigen Diskussion von D. Henrich zugeordnet. In allen diesen Funktions- und Zielbestimmungen kommt gleicherweise zum Ausdruck, daß es den Geisteswissenschaften, soweit sie zugleich als ‚Geisteswissenschaften' im engeren Sinn verstanden werden, nicht nur um die Beschreibung und Interpretation historischer, gesellschaftlicher oder ästhetischer Phänomene zu tun ist, sondern in eins damit um etwas, was man mit J. G. Herder die „Beförderung der Humanität“ im Hinblick auf ein Ideal des ‚guten Lebens‘ nennen kann. Der geisteswissenschaftlichen Interpretation und Kritik geht es in diesem praktisch-philosophischen Rahmen sowohl um die Aufstellung wahrer, in sachlich angemessener Weise zu überprüfender Sätze über verschiedenartige vergangene und gegenwärtige zeichenvermittelte Phänomene und Zusammenhänge der menschlichen Lebenswelt, als auch um die Beurteilung der praktisch-philosophischen Relevanz der in diesen Sätzen zum Ausdruck kommenden Erkenntnisse. Die Geisteswissenschaften streben mithin, so könnte man sagen, nach zweierlei ‚Wahrheit‘: der Wahrheit sachlich überprüfbarer Sätze und der ‚Wahrheit‘ von gewonnenen Einsichten im Sinne ihrer allgemeinen und persönlichen Bedeutsamkeit für die „Beförderung der Humanität“; es geht ihnen gleicherweise um ‚faktische‘ wie um ‚praktische‘ Wahrheit.

Literaturverzeichnis

Die Quellenbelege im Text beziehen sich auf die jeweils *letzte* nicht in Klammern gesetzte Auflage oder Ausgabe, die im Literaturverzeichnis genannt worden ist. Klassische Autoren wie Aristoteles oder Kant werden in der allgemein üblichen Weise zitiert.

Abel, Th.	*1953*	The Operation Called Verstehen, in: Readings in the Philosophy of science, hrsg. von H. Feigl und M. Brodbeck, New York ²1968, 677–687.
Acham, K.	*1969*	Subjektives Interesse und historische Objektivität. Ein kritischer Beitrag zur Konfundierung von Erleben und Erkennen im Hinblick auf die Geschichtswissenschaften, in: Zeitschrift für philosophische Forschung 23 (1969) 47–72.
–	*1972*	Vernunft und Engagement. Sozialphilosophische Untersuchungen, Wien.
–	*1974*	Analytische Geschichtsphilosophie. Eine kritische Einführung, Freiburg/München.
–	*1982*	Philosophie der Sozialwissenschaften (Handbuch Philosophie), hrsg. von E. Ströker und W. Wieland, Freiburg/München.
Adorno, Th. W.	*1973*	Ästhetische Theorie. Aus dem

		Nachlaß hrsg. von G. Adorno und R. Tiedemann (Ges. Schriften Bd. 7), Frankfurt a.M. [4]1984.
Adorno, Th. W. u. a.	*1969*	Der Positivismusstreit in der deutschen Soziologie, Neuwied/Berlin [11]1984.
Albert, H.	*1968*	Traktat über Kritische Vernunft, Tübingen [2]1969 ([4]1980).
–	*1970*	Theorie, Verstehen und Geschichte. Zur Kritik des methodologischen Autonomieanspruchs in den sogenannten Geisteswissenschaften, in: Zeitschrift für allgemeine Wissenschaftstheorie I (1970) 3–23.
–	*1971*	Plädoyer für kritischen Rationalismus, München [4]1975.
– (Hrsg.)	*1972a*	Theorie und Realität. Ausgewählte Aufsätze zur Wissenschaftslehre der Sozialwissenschaften, 2. veränd. Aufl. Tübingen (1. Auflage 1964).
–	*1972b*	Konstruktion und Kritik. Aufsätze zur Philosophie des Kritischen Rationalismus, Hamburg.
–	*1973*	Theologische Holzwege. Gerhard Ebeling und der rechte Gebrauch der Vernunft, Tübingen.
–	*1975*	Transzendentale Träumereien. Karl-Otto Apels Sprachspiele und sein hermeneutischer Gott, Hamburg.
–	*1977*	Kritische Vernunft und menschliche Praxis, mit einer autobiographischen Einleitung, Stuttgart [2]1984.

– *1978* Traktat über rationale Praxis, Tübingen.

Albert, H./ Topitsch, E. (Hrsg.) *1971* Werturteilsstreit, Darmstadt ^{2}1979.

Apel, K.-O. *1973* Transformation der Philosophie, Bd. I: Sprachanalytik, Semiotik, Hermeneutik, Sonderausg. 1975: Bd. II: Das Apriori der Kommunikationsgemeinschaft, Frankfurt a. M.

– *1974* Zur Idee einer transzendentalen Sprachpragmatik, in: Aspekte und Probleme der Sprachphilosophie, hrsg. von J. Simon, Freiburg/München, 285–326.

– *1975* Das Kommunikationsapriori und die Begründung der Geisteswissenschaften, in: Wissenschaftstheorie der Geisteswissenschaften, hrsg. von R. Simon-Schäfer und W. Ch. Zimmerli, Hamburg, 23–55.

– *1976* Das Problem der philosophischen Letztbegründung im Lichte einer transzendentalen Sprachpragmatik. Versuch einer Metakritik des „Kritischen Rationalismus“, in: Sprache und Erkenntnis. Festschrift für Gerhard Frey, hrsg. von B. Kanitscheider, Innsbruck, 55–82.

– *1980* Die Konflikte unserer Zeit und das Erfordernis einer ethisch-politischen Grundorientierung, in: Praktische Philosophie/Ethik. Aktuelle Materialien. Reader zum

		Funkkolleg Bd. I, Frankfurt a. M., 267–292.
–	*1984*	Das Problem einer philosophischen Theorie der Rationalitätstypen, in: Rationalität, hrsg. von H. Schnädelbach, Frankfurt a. M., 15–31.
Apel, K.-O. u. a. (Hrsg.)	*1978*	Neue Versuche über Erklären und Verstehen, Frankfurt a. M.
Aristoteles	Met.	Metaphysik, übers. von H. Bonitz 1890, neu bearbeitet und hrsg. von H. Seidl, Hamburg 1984.
–	EN	Die Nikomachische Ethik, übers. und hrsg. von O. Gigon, München 1985.
Ast, F.	*1808*	Wissenschaftliche Darstellung und Grammatik, Hermeneutik und Kritik, Landshut.
Barthes, R.	*1973*	Le Plaisir de Texte, Paris; dt.: Die Lust am Text, übers. von T. König, Frankfurt a. M. 1974.
Baumgardt-Thomé, Y.	*1978*	Das Problem der Geisteswissenschaften in der analytischen Philosophie und Wissenschaftstheorie. Unter besonderer Berücksichtigung der Rekonstruktion der Hermeneutik, Meisenheim.
Baumgartner, H. M.	*1972a*	Historie und Interesse. Zur geschichtstheoretischen Relevanz einer Narrative History, in: 9. Deutscher Kongreß für Philosophie, Düsseldorf 1969. Philosophie und Wissenschaft, hrsg. von L. Landgrebe, Meisenheim, 401–411.
–	*1972b*	Kontinuität und Geschichte.

		Zur Kritik und Metakritik der historischen Vernunft, Frankfurt a. M.
Baumgartner, H. M./ Rüsen, J. (Hrsg.)	*1976*	Seminar: Geschichte und Theorie. Umrisse einer Historik, Frankfurt a. M.
Bausinger, H./ Brückner, W.	*1969*	Kontinuität? Geschichtlichkeit und Dauer als volkskundliches Problem, Berlin.
Becher, E.	*1921*	Geisteswissenschaften und Naturwissenschaften. Untersuchungen zur Theorie und Einteilung der Realwissenschaften, München und Leipzig.
Becker, C. L.	*1959*	What are Historical Facts?, in: The Philosophy of History in Our Time. An Anthology, hrsg. von H. Meyerhoff, Garden City, N. Y. 1985, 120 bis 139 (Erstveröff. in: The Western Political Quarterly VIII,3 [1955] 327–340).
Beetz, M./ Meggle, G.	*1976*	Interpretationstheorie und Interpretationspraxis, Kronberg/Ts.
Berger, J.	*1967/1968*	Historische Logik und Hermeneutik, in: Philosophisches Jahrbuch 75 (1967/1968) 127 bis 151.
Betti, E.	*1955*	Teoria generale della interpretatione, Milano; dt.: Allgemeine Auslegungslehre als Methodik der Geisteswissenschaften, Tübingen 1967.
–	*1962*	Die Hermeneutik als allgemeine Methodik der Geisteswissenschaften, 2. durchges. Aufl. Tübingen 1972.
Bichel, U.	*1973*	Problem und Begriff der Um-

		gangssprache in der germanistischen Forschung, Tübingen.
Birus, H. (Hrsg.)	*1982*	Hermeneutische Positionen. Schleiermacher, Dilthey, Heidegger, Gadamer, Göttingen.
Bischoff, D.	*1935*	Wilhelm Diltheys geschichtliche Lebensphilosophie, Leipzig und Berlin.
Blumensath, H. (Hrsg.)	*1972*	Strukturalismus in der Literaturwissenschaft, Köln.
Bodammer, Th.	*1969*	Hegels Deutung der Sprache. Interpretationen zu Hegels Äußerungen über die Sprache, Hamburg.
Boeckh, A.	*1877*	Encyklopädie und Methodologie der philosophischen Wissenschaften, hrsg. von E. Bratuscheck, Leipzig.
Böhler, D.	*1977*	Philosophische Hermeneutik und hermeneutische Methode, in: Fruchtblätter. Freundesausgabe für A. Kelletat, hrsg. von H. Hartung u. a., Berlin, 15–43.
Bohnen, A.	*1969*	Zur Kritik des modernen Empirismus. Beobachtungssprache, Beobachtungstatsachen und Theorien, in: Ratio 1, Bd. 11 (1969) 33–49; jetzt in: Theorie und Realität, hrsg. von H. Albert, Tübingen ²1972, 171–190.
Bollnow, O. F.	*1936*	Dilthey. Eine Einführung in seine Philosophie, Stuttgart ³1967.
–	*1949*	Das Verstehen. Drei Aufsätze zur Theorie der Geisteswissenschaften, Mainz.
–	*1970*	Philosophie der Erkenntnis,

Teil I: Das Vorverständnis und die Erfahrung des Neuen, Stuttgart ²1981.

– *1973* Über Hypothesen, in: Wirklichkeit und Reflexion. Zum 60. Geburtstag von Walter Schulz, Pfullingen, 19–35.

– *1975* Das Doppelgesicht der Wahrheit, Philosophie der Erkenntnis, Teil II, Stuttgart.

– *1982* Studien zur Hermeneutik, Bd. 1: Zur Philosophie der Geisteswissenschaften, Freiburg/ München.

Bourgeois, W. *1976* Verstehen in the Social Sciences, in: Zeitschrift für allgemeine Wissenschaftstheorie VII (1976) 26–38.

Bräuer, G. *1969* Ideologiekritik und anthropologische Reduktion, in: Erziehung in anthropologischer Sicht, hrsg. von O.F. Bollnow, Zürich, 235–262.

– *1978a* Situation, Möglichkeit, Können, in: Zeitschrift für Pädagogik. Beiheft 15 (1978) 137 bis 146.

– *1978b* Eduard Spranger, in: Geschichte der Pädagogik des 20. Jh., hrsg. von J. Speck, Bd. II, Stuttgart u.a., 66–78.

– *1978c* Otto Friedrich Bollnow, in: Geschichte der Pädagogik des 20. Jh., hrsg. von J. Speck, Bd. II, Stuttgart u.a., 106 bis 121.

Brandt, R. *1976* Zur Interpretation philosophischer Texte, in: Allgemeine Zeitschrift für Philosophie I, 3 (1976) 46–62.

Bubner, R./ Cramer, K./ Wiehl, R. (Hrsg.)	*1970*	Hermeneutik und Dialektik. Festschrift für H.-G. Gadamer, 2 Bde., Tübingen.
Buck, G.	*1979*	Über die Schwierigkeit der Identität, singulär zu bleiben (Bemerkungen über H. Lübbes Begriff der Identität), in: Identität (Poetik und Hermeneutik VIII), hrsg. von O. Marquard und K. Stierle, München, 665–669.
Bultmann, R.	*1950*	Das Problem der Hermeneutik, in: Seminar: Philosophische Hermeneutik, hrsg. von H.-G. Gadamer und G. Boehm, Frankfurt a.M. 1976, 239–264 (Erstveröffentlichung in: Zeitschrift für Theologie und Kirche [1950]).
Burckhardt, J.	*1935*	Weltgeschichtliche Betrachtungen, hrsg. von R. Marx, Stuttgart 1983.
Carnap, R.	*1931 a*	Die physikalische Sprache als Universalsprache der Wissenschaft, in: Erkenntnis 2 (1931) 432–465.
–	*1931 b*	Überwindung der Metaphysik durch logische Analyse der Sprache, in: Erkenntnis 2 (1931) 219–241.
–	*1932/ 1933 a*	Psychologie in physikalischer Sprache, in: Erkenntnis 3 (1932/1933) 107–142.
–	*1932/ 1933 b*	Über Protokollsätze, in: Erkenntnis 3 (1932/1933) 215 bis 228.
Carr, E. H.	*1961*	What is history?, London 1961; dt.: Was ist Geschichte?, übers. von S. Summerer und

G. Kurz, Stuttgart 1963, ³1972 (⁶1981).

Cassirer, E. *1921/1922* Der Begriff der symbolischen Form im Aufbau der Geisteswissenschaften (1921/1922), in: Neukantianismus, hrsg. von H.-L. Ollig, Stuttgart 1982, 127–163.

– *1923–1929* Philosophie der symbolischen Formen, 3 Teile: I. Die Sprache, II. Das mythische Denken, III. Phänomenologie der Erkenntnis, 2. Aufl. Darmstadt 1953, Nachdruck Darmstadt 1977–1985.

– *1938* Die Selbsterkenntnis des Menschen, Leipzig.

– *1942* Zur Logik der Kulturwissenschaften. Fünf Studien (1942), 4. unveränd. Aufl. Darmstadt 1980.

Curtius, E. R. *1948* Europäische Literatur und Lateinisches Mittelalter, Bern/München [10]1984.

Dahme, H.-J./Rammstedt, O. (Hrsg.) *1984* Georg Simmel und die Moderne. Neue Interpretationen und Materialien, Frankfurt a. M.

Dallmayr, W. (Hrsg.) *1974* Materialien zu Habermas' „Erkenntnis und Interesse", Frankfurt a. M.

– *1978* Sinnerlebnis und Geltungsreflexion, in: Philosophische Rundschau 25 (1978) 1–41.

Danto, A. C. *1965* Analytical Philosophy of History, London 1965; dt.: Analytische Philosophie der Geschichte, übers. von J. Behrens, Frankfurt a. M. 1980.

Dehmel, R. *1922* Ausgewählte Briefe aus den Jahren 1883–1902, Berlin.

Detel, W.	*1985*	Wissenschaft, in: Philosophie. Ein Grundkurs, hrsg. von E. Martens und H. Schnädelbach, Reinbek, 172–216.
Diederich, W. (Hrsg.)	*1974*	Theorien der Wissenschaftsgeschichte. Beiträge zur diachronen Wissenschaftstheorie, Frankfurt a. M.
Diemer, A.	*1974*	Geisteswissenschaften, in: Historisches Wörterbuch der Philosophie, hrsg. von J. Ritter, Bd. III, Darmstadt, 211 bis 215.
Dilthey, W.	Schriften	Gesammelte Schriften I–XIX, Stuttgart und Göttingen 1922ff. (zitiert allein nach Bandzahl und Seitenangabe).
–	*1922*	Einleitung in die Geisteswissenschaften. Versuch einer Grundlegung für das Studium der Gesellschaft und der Geschichte, in: Gesammelte Schriften Bd. I, Stuttgart [8]1979.
–	*1924*	Die geistige Welt. Einleitung in die Philosophie des Lebens. Erste Hälfte: Abhandlung zur Grundlegung der Geisteswissenschaften, in: Gesammelte Schriften Bd. V, Stuttgart [7]1982.
–	*1927*	Der Aufbau der geschichtlichen Welt in den Geisteswissenschaften, in: Gesammelte Schriften Bd. VII, Stuttgart [7]1979.
–	*1931*	Weltanschauungslehre. Abhandlungen zur Philosophie der Philosophie, in: Gesam-

		melte Schriften Bd. VIII, Stuttgart [5]1977.
–	*1970*	Der Aufbau der geschichtlichen Welt in den Geisteswissenschaften. Einleitung von M. Riedel, Frankfurt a. M. 1981.
Dilthey, W./ Yorck von Wartenburg, Graf P.	*1923*	Briefwechsel 1877–1897, Halle.
Diwald, H.	*1963*	Wilhelm Dilthey. Erkenntnistheorie und Philosophie der Geschichte, Göttingen [2]1968.
Dray, W. H.	*1957*	Laws and Explanation in History, Oxford 1979.
– (Hrsg.)	*1966*	Philosophical Analysis and History, New York, London 1978.
–	*1975*	Historische Erklärungen von Handlungen, in: Theorie, Handeln und Geschichte, hrsg. von B. Giesen und M. Schmid, Hamburg, 261–283.
Droysen, J. G.	*1868*	Historik. Vorlesungen über Enzyklopädie und Methodologie der Geschichte, 1937, hrsg. von R. Hübner, 8. unveränd. Aufl. München 1977.
–	*1972*	Texte zur Geschichtstheorie, mit ungedruckten Materialien zur Historik, hrsg. von G. Bertsch und J. Rüsen, Göttingen.
Ebeling, G.	*1973*	Kritischer Rationalismus? Zu Hans Alberts „Traktat über kritische Vernunft“, Tübingen.
Eco, U.	*1968*	La Struttura assente, Milano 1968; dt.: Einführung in die

		Semiotik, übers. von J. Trabant, München 1972.
Eibl, K.	*1976*	Kritisch-rationale Literaturwissenschaft. Grundlagen zur erklärenden Literaturgeschichte, München.
Einem, H. v.	*1952*	Fragen kunstgeschichtlicher Interpretation, in: Studium Generale 5, Heft 2 (1952) 95 bis 105.
Enders, H. (Hrsg.)	*1967*	Die Werkinterpretation, Darmstadt ²1978.
Engel-Janosi, F./ Klingenstein, W./ Lutz, H.	*1974*	Denken über Geschichte. Aufsätze zur heutigen Situation des geschichtlichen Bewußtseins und der Geschichtswissenschaft, Wien und München 1974.
Faber, K. G.	*1971*	Theorie der Geschichtswissenschaft, 5. erw. Aufl. München 1982.
– (Hrsg.)	*1979*	Wissenschaft als universalhistorisches Problem, Stuttgart.
Faber, K. G./ Meier, Ch. (Hrsg.)	*1978*	Historische Prozesse. Bd. II: Theorie der Geschichte. Beiträge zur Historik, München.
Feyerabend, P.	*1974*	Die Wissenschaften in einer freien Gesellschaft, in: Philosophie aktuell 1 (1974) 107 bis 119.
–	*1975*	Against Method. Outline of an anarchistic theory of knowledge, London; dt.: Wider den Methodenzwang, revid. Fassung, übers. von H. Vetter, Frankfurt a. M. 1985.
–	*1978*	Science in a Free Society, London; dt.: Erkenntnis für freie Menschen, Frankfurt a. M.

1979, veränd. Ausgabe Frankfurt a. M. [2]1980.

Flach, W. *1967* Zur Grundlegung der Wissenschaft von der Literatur, Bonn.

– *1979* Thesen zum Begriff der Wissenschaftstheorie, Bonn.

Flashar, H./ Gründer, K./ Horstmann, A. (Hrsg.) *1979* Philologie und Hermeneutik im 19. Jahrhundert. Zur Geschichte und Methodologie der Geisteswissenschaften, Göttingen.

Franzen, W. *1977* Zur Funktion der Geisteswissenschaften in der Konzeption von Jürgen Habermas, in: Logik, Ethik, Theorie der Geisteswissenschaften, hrsg. von G. Patzig u. a., Hamburg, 350–356.

Frege, G. *1879* Begriffsschrift (1879) und andere Aufsätze, hrsg. von Angelelli, Darmstadt/Hildesheim 1971.

Frey, G. *1970* Philosophie und Wissenschaft. Eine Methodenlehre, Stuttgart.

Freyer, H. *1923* Theorie des objektiven Geistes. Eine Einleitung in die Kulturphilosophie, 3. Aufl. Leipzig und Berlin 1934, Nachdruck Darmstadt 1973.

Fricke, H. *1977* Die Sprache der Literaturwissenschaft. Textanalytische und philosophische Untersuchungen, München.

Fulda, F. *1977* Pragmatische Aspekte des Verstehens, in: Logik, Ethik, Theorie der Geisteswissenschaften, hrsg. von G. Patzig u. a., Hamburg, 209–224.

Gabriel, G. *1975* Fiktion und Wahrheit. Eine semantische Theorie der Literatur, Stuttgart-Bad Cann statt.

Gadamer, H.-G. *1959* Vom Zirkel des Verstehens, in: Festschrift Heidegger, Tübingen, 24–34; jetzt in: Kleine Schriften IV, Tübingen 1977, 54–61, und in: Gesammelte Werke Bd. II, Tübingen 1986, 57–65.

– *1967–1977* Kleine Schriften I–IV, 2. Aufl. Tübingen 1976–1979; jetzt in: Gesammelte Werke Bd. II, Tübingen 1986.

– HI Rhetorik, Hermeneutik und Ideologiekritik. Metakritische Erörterungen zu „Wahrheit und Methode“, Erstdruck in: Kleine Schriften I, 1967, 113–130; jetzt in: Hermeneutik und Ideologiekritik, hrsg. von J. Habermas, Frankfurt a.M. 1971, 57–82 (und in: Gesammelte Werke, Bd. II, Tübingen 1986, 232–249).

– HI Replik zu „Hermeneutik und Ideologiekritik“, Erstdruck in: Hermeneutik und Ideologiekritik, hrsg. von J. Habermas, Frankfurt a.M. 1971, 283–317 (wiederabgedruckt in: Kleine Schriften IV, Tübingen 1977, 118–163, und in: Gesammelte Werke Bd. II, Tübingen 1986, 251–275).

– *1971* Hegels Dialektik, fünf hermeneutische Studien, Tübingen; Hegels Dialektik: Sechs hermeneutische Studien, 2. verm. Aufl. Tübingen 1980.

–	WM	Wahrheit und Methode, Tübingen 1960, 4. Aufl. Tübingen 1975 (jetzt in: Gesammelte Werke Bd. I und II, Tübingen 1986).
–	*1976*	Vernunft im Zeitalter der Wissenschaft. Aufsätze, Frankfurt a. M.
–	GW	Gesammelte Werke in 10 Bänden, Tübingen 1985 ff.
Gadamer, H.-G./ Boehm, G. (Hrsg.)	*1976*	Seminar: Philosophische Hermeneutik, Frankfurt a. M.
–/– (Hrsg.)	*1978*	Seminar: Die Hermeneutik und die Wissenschaften, Frankfurt a. M.
Gallas, H. (Hrsg.)	*1972*	Strukturalismus als interpretatives Verfahren, Darmstadt/ Neuwied.
Gardiner, P. (Hrsg.)	*1959*	Theories of History, New York ^{8}1967.
Geiss, I.	*1980*	Ansichten einer künftigen Geschichtswissenschaft. Bd. I: Kritik – Theorie – Methode, hrsg. von R. Tamchina, Frankfurt a. M./Berlin/Wien.
Giesen, B./ Schmid, M. (Hrsg.)	*1975*	Theorie, Handeln und Geschichte. Erklärungsprobleme in den Sozialwissenschaften, Hamburg.
Gölz, W.	*1978*	Begründungsprobleme der praktischen Philosophie, Stuttgart-Bad Cannstatt.
Göttner, H.	*1973*	Logik der Interpretation. Analyse einer literaturwissenschaftlichen Methode unter kritischer Betrachtung der Hermeneutik, München.
Gomperz, H.	*1929*	Über Sinn und Sinngebilde. Verstehen und Erklären, Tübingen.

Grassi, E./ Uexküll, Th. v.	*1950*	Von Ursprung und Grenzen der Geisteswissenschaften und Naturwissenschaften, Bern.
Grewendorf, G.	*1975*	Argumentation und Interpretation. Wissenschaftstheoretische Untersuchungen am Beispiel germanistischer Lyrikinterpretationen, Kronberg/Ts.
Groh, D.	*1973*	Kritische Geschichtswissenschaft in emanzipatorischer Absicht. Überlegungen zur Geschichtswissenschaft als Sozialwissenschaft, Stuttgart.
Gründer, H.	*1967/1968*	Hermeneutik und Wissenschaftstheorie, in: Philosophisches Jahrbuch 75 (1967/1968) 152–165.
Günther, H.	*1973*	Struktur als Prozeß. Studien zur Ästhetik und Literaturtheorie des tschechischen Strukturalismus, München.
Habermas, J.	*1963*	Theorie und Praxis. Sozialphilosophische Studien, 5. erw. Aufl. Frankfurt a. M. 1978.
–	EI	Erkenntnis und Interesse, Frankfurt a. M. 1968, 1975.
–	TWI	Technik und Wissenschaft als „Ideologie", Frankfurt a. M. 1968, 1975.
–	*1970*	Zur Logik der Sozialwissenschaften. Materialien, Frankfurt a. M. 1973.
–	*1976*	Zur Rekonstruktion des Historischen Materialismus, Frankfurt a. M.
–	*1981*	Theorie des kommunikativen Handelns, 2 Bde., Frankfurt a. M.
Habermas, J./ Luhmann, N.	*1971*	Theorie der Gesellschaft oder Sozialtechnologie – Was lei-

stet die Systemforschung?, Frankfurt a. M. 1974.

Haering, Th. *1947* Das Problem der naturwissenschaftlichen und geisteswissenschaftlichen Begriffsbildung und die Erkennbarkeit der Gegenstände, in: Zeitschrift für philosophische Forschung 2 (1947) 537–579.

Haller, R. *1973* Das Problem der Objektivität ästhetischer Wertungen, in: Ist eine Philosophische Ästhetik möglich?, hrsg. von R. Bubner u. a. (Neue Hefte für Philosophie 5), Göttingen, 105–117.

Harth, D. (Hrsg.) *1973* Propädeutik der Literaturwissenschaften, Wissenschaftsgeschichte – Methodenlehre – Studium und Beruf, München.

Hartmann, F. *1975* In der Heilkunde wirksame Begriffe von Wissenschaft und die Frage nach einem möglichen Wissenschaftsbegriff der Medizin, in: studia leibnitiana, Sonderheft 5: Der Wissenschaftsbegriff in den Natur- und Geisteswissenschaften, Wiesbaden, 57–88.

Hartmann, N. *1933* Das Problem des geistigen Seins. Untersuchungen zur Grundlegung der Geschichtsphilosophie und der Geisteswissenschaften, Berlin ³1962.

Hassenstein, F. *1980* Lebensgeschichte und Gedichtlektüre, in: Neue Sammlung 20 (1980) 492–511.

Hegel, G. W. F. *1830* Enzyklopädie der philosophischen Wissenschaften im Grundrisse (1830), 3 Bde., hrsg. von E. Moldenhauer

		und K. M. Michel, Frankfurt a. M. ²1980–1983.
–	Werke	Werke I–XVIII, vollständige Ausgabe durch einen Verein von Freunden des Verewigten, 18 Bde., Berlin 1832 ff.
Heidegger, M.	SZ	Sein und Zeit, Tübingen ¹⁵1984 (Erstveröff. in: Jb. Philos. phänomen. Forschung 8 [1927] 1–438, und separat, Halle 1927).
Heimpel, H.	*1956*	Kapitulation vor der Geschichte? Gedanken zur Zeit, Göttingen, 3. verm. Aufl. 1960.
Heinrichs, H.-J. (Hrsg.)	*1973*	Spielraum Literatur. Literaturtheorie zwischen Kunst und Wissenschaft, München.
Heintel, E.	*1960*	„Wie es eigentlich gewesen ist". Ein geschichtsphilosophischer Beitrag zum Problem der Methode der Historie, in: Erkenntnis und Verantwortung. Festschrift für Th. Litt, hrsg. von J. Debolav und F. Nicolin, Düsseldorf, 231–249.
–	*1971*	Verstehen und Erklären, in: Hermeneutik als Weg heutiger Wissenschaft. Ein Forschungsgespräch, hrsg. von V. Warnach, Salzburg, 67–76.
Hempel, C. G.	*1965*	Aspects of Scientific Explanation and Other Essays in the Philosophy of Science, New York; dt.: Aspekte wissenschaftlicher Erklärung, Berlin, New York 1977.
–	*1966*	Philosophy of Natural Science, Englewood Cliffs, N. J., London; dt.: Philosophie der

		Naturwissenschaften, übers. von W. Lenzen, München 1974.
–	*1970*	Erklärung in Naturwissenschaft und Geschichte, in: Erkenntnisprobleme der Naturwissenschaften, hrsg. von L. Krüger, Köln, 215–238.
–	*1972a*	Formen und Grenzen des wissenschaftlichen Verstehens, in: Conceptus VI (1972) 5–18.
–	*1972b*	Wissenschaftliche und historische Erklärungen, in: Theorie und Realität, hrsg. von H. Albert, 2. veränd. Aufl. Tübingen, 237–261.
–	*1975*	Deduktiv-nomologische Erklärungen, in: Theorie, Handeln und Geschichte, hrsg. von B. Giesen und M. Schmid, Hamburg, 40–78.
Hempel, C. G./ Oppenheim, P.	*1948*	Studies in the logic of Explanation, in: Philosophy of science 15 (1948) 135–175.
Henrich, D.	*1967*	Hegel im Kontext, Frankfurt a. M. ²1975.
–	*1979*	Identität und Geschichte, in: Identität (Poetik und Hermeneutik VIII), hrsg. von O. Marquard und K. Stierle, München, 659–664.
–	*1982*	Selbstverhältnisse, Gedanken und Auslegungen zu den Grundlagen der klassischen deutschen Philosophie, Stuttgart.
Henrichs, N.	*1968*	Bibliographie der Hermeneutik und ihrer Anwendungsbereiche seit Schleiermacher, Düsseldorf ²1972.

Herder, J. G. *1877–1913* Sämtliche Werke, 33 Bde., hrsg. von B. Suphan, Berlin 1877–1913, Nachdruck Hildesheim 1967–1968.

Hermand, J. *1968* Synthetisches Interpretieren. Zur Methodik der Literaturwissenschaft, München.

Herrmann, U. *1969* Bibliographie Wilhelm Dilthey, Weinheim. (Vollständige Zusammenstellung der Literatur bis 1968.)

– *1971* Die Pädagogik Wilhelm Diltheys. Ihr wissenschaftstheoretischer Ansatz in Diltheys Theorie der Geisteswissenschaften, Göttingen.

Hesse, R. *1976* Probleme der Begründungen von „Historische Größe". Ein Beitrag zur Kritik historischer Faktenkonstitution, in: Zeitschrift für allgemeine Wissenschaftstheorie VII (1976) 58 bis 74.

– *1979* Geschichtswissenschaft in praktischer Absicht. Vorschläge und Kritik, Wiesbaden.

Heuß, A. *1959* Verlust der Geschichte, Göttingen.

– *1968* Zur Theorie der Weltgeschichte, Berlin.

– *1975* „Ideologiekritik". Ihre theoretischen und praktischen Aspekte, Berlin.

Hirsch, E. D. *1967* Validity in Interpretation. New Haven, London; dt.: Prinzipien der Interpretation, übers. von A. Späth, München 1972.

Hörmann, H.	*1978*	Meinen und Verstehen, Grundzüge einer psychologischen Semantik, Frankfurt a.M.
Huber, N. F. J.	*1983*	Zur Erklärbarkeit historischer Handlungen, in: Conceptus XVII (1983) 102–122.
Hubig, Ch.	*1980*	Gibt es einen Fortschritt in den Geisteswissenschaften?, in: Zeitschrift für philosophische Forschung 34 (1980) 191 bis 209.
Hubig, Ch./ Rahden, W. v. (Hrsg.)	*1978*	Konsequenzen kritischer Wissenschaftstheorie, Berlin/New York.
Hübner, K.	*1978*	Kritik der wissenschaftlichen Vernunft, Freiburg/München ^{2}1979 (^{3}1986).
Hünermann, P.	*1967*	Der Durchbruch geschichtlichen Denkens im 19. Jahrhundert. Johann Gustav Droysen, Wilhelm Dilthey, Graf Paul Yorck von Wartenburg. Ihr Weg und ihre Weisung für die Theologie, Freiburg i. Br.
Humboldt, W. v.	AG	Über die Aufgabe des Geschichtsschreibers, in: Werke, hrsg. von A. Flitner und K. Giel, Bd. I: Schriften zur Anthropologie und Geschichte, Darmstadt ^{3}1980, 585–606.
Husserl, E.	*1900*	Logische Untersuchungen, 3 Bde., 2. Aufl. Halle, unveränd. Nachdruck Tübingen 1980, und in: Husserliana. E. Husserl Gesammelte Werke, Bde. 18, 19/1 und 19/2. Text der 1. u. 2. Aufl. ergänzt durch Annotationen und Bei-

blätter aus dem Handexemplar, Den Haag 1975, 1984.

– *1910/1911* Philosophie als strenge Wissenschaft, Frankfurt a. M. [4]1981 (Erstveröff. in: Logos 1 [1910/1911] 289–341.

– *1962* Einleitung zur Vorlesung über Phänomenologische Psychologie, in: Husserliana IX. Phänomenologische Psychologie, Den Haag 1962, 3–20 u. 354–364; wiederabgedruckt in: Materialien zur Philosophie Wilhelm Diltheys, hrsg. von F. Rodi und H.-U. Lessing, Frankfurt a. M. 1984, 147–175.

Iggers, G. G. *1968* The German Conception of History, Middletown, Conn. 1968; dt.: Deutsche Geschichtswissenschaft. Eine Kritik der traditionellen Geschichtsauffassung von Herder bis zur Gegenwart, übers. von Chr. M. Barth, München [3]1976.

– *1975* New directions in European historiography, Middletown, Conn. 1975; dt.: Neue Geschichtswissenschaft. Vom Historismus zur historischen Sozialwissenschaft, übers. von G. G. Iggers, P. Th. Walther und W. Theimer, München 1978.

Ihwe, J. (Hrsg.) *1971/1972* Literaturwissenschaft und Linguistik. Ergebnisse und Perspektiven, 2 Bde., Frankfurt a. M.

– *1972* Linguistik in der Literaturwissenschaft. Zur Entwicklung einer modernen Theorie der Literaturwissenschaft, München.

Ineichen, H. *1975* Erkenntnistheorie und geschichtlich-gesellschaftliche Welt. Diltheys Logik der Geisteswissenschaften, Frankfurt a. M.

Ingarden, R. *1931* Das literarische Kunstwerk, Tübingen [4]1972.

– *1968* Vom Erkennen des literarischen Kunstwerkes, Tübingen.

Iser, W. *1970* Die Appellstruktur der Texte, Konstanz [4]1974.

– *1972* Der implizite Leser. Kommunikationsformen des Romans von Bonyan bis Beckett, München [2]1979.

– *1975* Der Lesevorgang. Eine phänomenologische Perspektive, in: Rezeptionsästhetik, hrsg. von R. Warning, München, 253–276.

– *1976* Der Akt des Lesens. Theorie ästhetischer Wirkung, 2. verb. Aufl. München 1984.

Jaeggi, U. *1968* Ordnung und Chaos. Der Strukturalismus als Mode und Methode, Frankfurt a. M.

Jähnig, D. *1973* Wissenschaft und Geschichte bei Droysen, in: Wirklichkeit und Reflexion. Walter Schulz zum 60. Geburtstag, hrsg. von H. Fahrenbach, Pfullingen, 313–334.

Janisch, P./ Kambartel, F./ Mittelstraß, J. *1974* Wissenschaftstheorie als Wissenschaftskritik, Frankfurt a. M.

Jauß, H. R.	*1975*	Literaturgeschichte als Provokation der Literaturwissenschaft, in: Rezeptionsästhetik, hrsg. von R. Warning, München, 126–162.
–	*1982*	Ästhetische Erfahrung und literarische Hermeneutik, Frankfurt a. M.
Jauß, H. R./ Fuhrmann, M./ Pannenberg, W. (Hrsg.)	*1981*	Text und Applikation. Theologie, Jurisprudenz und Literaturwissenschaft im hermeneutischen Gespräch (Poetik und Hermeneutik IX), München.
Johach, H.	*1974*	Handelnder Mensch und objektiver Geist. Zur Theorie der Geistes- und Sozialwissenschaften bei Wilhelm Dilthey, Meisenheim.
Jonas, H.	*1970*	Wandel und Bestand. Vom Grunde der Verstehbarkeit des Geschichtlichen, Frankfurt a. M.
Juhos, B.	*1940*	Erkenntnisformen in Natur- und Geisteswissenschaften, Leipzig.
Kambartel, F.	*1968*	Erfahrung und Struktur. Bausteine zu einer Kritik des Empirismus und Formalismus, Frankfurt a. M. 1976.
– (Hrsg.)	*1974*	Praktische Philosophie und konstruktive Wissenschaftstheorie, Frankfurt a. M.
–	*1976*	Theorie und Begründung. Studien zum Philosophie- und Wissenschaftsverständnis, Frankfurt a. M.
Kambartel, F./ Mittelstraß, J. (Hrsg.)	*1973*	Zum normativen Fundament der Wissenschaften, Frankfurt a. M.

Kamlah, W. *1975* Von der Sprache zur Vernunft. Philosophie und Wissenschaft in der neuzeitlichen Profanität, Mannheim.

Kamlah, W./ Lorenzen, P. *1967* Logische Propädeutik. Vorschule des vernünftigen Redens, 2. verm. u. verb. Aufl. Mannheim 1973, ³1985.

Kant, I. KrV Kritik der reinen Vernunft. Nach der ersten und zweiten Originalausgabe neu hrsg. von R. Schmidt, Hamburg 1976.

Kapp, V. (Hrsg.) *1973* Aspekte objektiver Literaturwissenschaft. Die italienische Literaturwissenschaft zwischen Formalismus, Strukturalismus und Semiotik, Heidelberg.

Kaulbach, F. *1968* Philosophie der Beschreibung, Köln/Graz.

Kayser, W. *1948* Das sprachliche Kunstwerk. Eine Einführung in die Literaturwissenschaft, Bern/München ¹⁹1983.

– *1959* Die Wahrheit der Dichter. Wandlung eines Begriffs in der deutschen Literatur, Hamburg.

Keller, W. *1937* Der Sinnbegriff als Kategorie der Geisteswissenschaften, I. Teil, München.

Kempski, J. v. *1964* Brechungen. Kritische Versuche zur Philosophie der Gegenwart, Reinbek.

Kimmerle, H. *1971* Die Bedeutung der Geisteswissenschaften für die Gesellschaft, Stuttgart.

– *1974a* Paradigmawechsel zwischen Natur- und Geisteswissen-

		schaften, in: Philosophie aktuell 1 (1974) 49–75.
–	*1974 b*	Die Funktion der Hermeneutik in den positiven Wissenschaften, in: Zeitschrift für allgemeine Wissenschaftstheorie V (1974) 54–73.
–	*1978*	Philosophie der Geisteswissenschaften als Kritik der Methoden, Den Haag.
Klaus, G./ Buhr, M. (Hrsg.)	*1972*	Marxistisch-leninistisches Wörterbuch der Philosophie, 3 Bde., Reinbek.
Kledzik, S. M.	*1977*	Verstehen. Überlegungen in sprachkritischer konstruktiver Absicht, in: Conceptus XI (1977) 205–216.
Klein, W. (Hrsg.)	*1977*	Methoden der Textanalyse, Heidelberg.
Klingner, F.	*1947*	Humanität und Humanitas. Karl Reinhardt gewidmet, in: Beiträge zur geistigen Überlieferung, Godesberg, 1–52.
Kloepfer, R.	*1975*	Poetik und Linguistik, München.
Kocka, J./ Nipperdey, Th. (Hrsg.)	*1979*	Theorie und Erzählung in der Geschichte (Theorie der Geschichte III), München.
Kofler, L.	*1970*	Geschichte und Dialektik, Darmstadt/Neuwied ²1972.
Kohli-Kunz, A.	*1973*	Erinnern und Vergessen. Das Gegenwärtigsein des Vergangenen als Grundproblem historischer Wissenschaft, Berlin.
Koppe, F.	*1976*	Die historisch-hermeneutischen Disziplinen im System der Wissenschaften, in: Zeitschrift für allgemeine Wissenschaftstheorie VII (1976) 258 bis 273.

–	*1977*	Sprache und Bedürfnis. Zur sprachphilosophischen Grundlage der Geisteswissenschaften, Stuttgart-Bad Cannstatt.
Koselleck, R.	*1976*	Wozu noch Historie?, in: Seminar: Geschichte und Theorie. Umrisse einer Historik, hrsg. von H. M. Baumgartner und J. Rüsen, Frankfurt a. M., 17–35.
–	*1977*	„Erfahrungsraum“ und „Erwartungshorizont“ – zwei historische Kategorien, in: Logik, Ethik, Theorie der Geisteswissenschaften, hrsg. von G. Patzig u. a., Hamburg, 191–208.
–	*1978*	Vergangene Zukunft. Zur Semantik geschichtlicher Zeiten, Frankfurt a. M.
Koselleck, R./ Mommsen, W. J./ Rüsen, J./ Lutz, H. (Hrsg.)	*1977*	Objektivität und Parteilichkeit (Theorie der Geschichte I), München.
Koselleck, R./ Stempel, W.-D. (Hrsg.)	*1973*	Geschichte – Ereignis und Erzählung (Poetik und Hermeneutik V), München.
Krämer, H.	*1974*	Zur Ortsbestimmung der historischen Wissenschaften, in: Zeitschrift für allgemeine Wissenschaftstheorie V (1974) 74–93.
Kraft, J.	*1934*	Die Unmöglichkeit der Geisteswissenschaft, Hamburg ^{3}1977.
Kraft, V.	*1937*	Die Grundlagen einer wissenschaftlichen Wertlehre, 2. neubearb. Aufl. Wien 1951.

–	*1965*	Geschichtsforschung als strenge Wissenschaft, in: Logik der Sozialwissenschaften, hrsg. von E. Topitsch, Köln, Berlin 1965, 72–82 (Erstveröff. in: Anzeiger der österr. Akademie der Wissenschaften [1955] Nr. 19).
–	*1971*	Wertbegriffe und Werturteile, in: Werturteilsstreit, hrsg. von H. Albert und E. Topitsch, Darmstadt ^{2}1979, 44–63.
Krauss, W.	*1968*	Grundprobleme der Literaturwissenschaft. Zur Interpretation literarischer Werke, Reinbek.
Krausser, P.	*1968*	Kritik der endlichen Vernunft. Wilhelm Diltheys Revolution der allgemeinen Wissenschafts- und Handlungstheorie, Frankfurt a. M.
Kreuzer, H./ Gunzenhäuser, R. (Hrsg.)	*1965*	Mathematik und Dichtung. Versuche zur Frage einer exakten Literaturwissenschaft, München ^{3}1969.
Krüger, L.	*1969*	Rationalismus und Entwurf einer universalen Logik bei Leibniz (Wissenschaft und Gegenwart 42), Frankfurt a. M.
–	HD	Über das Verhältnis der hermeneutischen Philosophie zu den Wissenschaften, in: Hermeneutik und Dialektik I, hrsg. von R. Bubner u. a., Tübingen 1970, 3–30.
–	*1972*	Überlegungen zum Verhältnis wissenschaftlicher Erkenntnis und gesellschaftlicher Interessen, in: Georgia Augusta (1972) 18–28.

Kügler, H. *1976* „Der hinzugefügte Intellekt". Strukturale Methode und hermeneutisches Verstehen, in: Kritik und Didaktik des literarischen Verstehens, hrsg. von O. Hoppe, Kronberg/Ts. 1976, 110–132.

Kümmel, F. *1965* Verständnis und Vorverständnis. Subjektive Voraussetzungen und objektiver Anspruch des Verstehens, Essen.

Künne, W. *1981* Verstehen und Sinn. Eine sprachanalytische Betrachtung, in: Allgemeine Zeitschrift für Philosophie 6 (1981) 1–16.

Kuhlmann, W. *1975* Reflexion und kommunikative Erfahrung. Untersuchungen zur Stellung philosophischer Reflexion zwischen Theorie und Kritik, Frankfurt a. M.

Kuhn, H. *1971* Thesen zur Wissenschaftstheorie der Grammatik, in: Dichtung, Sprache, Gesellschaft. Akten des IV. Internationalen Germanisten-Kongreß 1970 in Princeton, hrsg. von V. Lange und H.-G. Roloff, Frankfurt a. M., 11–17.

Kuhn, Th. S. *1962* The Structure of Scientific Revolutions, Chicago, London; dt.: Die Struktur wissenschaftlicher Revolutionen, Frankfurt a. M. 1973.

– *1977* Die Entstehung des Neuen. Studien zur Struktur der Wissenschaftsgeschichte, hrsg. von L. Krüger, übers. von H. Vetter, Frankfurt a. M.

Lakatos, I./ Musgrave, A. (Hrsg.)	*1970*	Criticism and the Growth of Knowlegde. Proceedings in the International Colloquium in the Philosophy of Science (Bedford College 1965), London.
Landgrebe, L.	*1951*	Vom geisteswissenschaftlichen Verstehen, in: Zeitschrift für philosophische Forschung 6 (1951) 3–16.
–	*1967*	Phänomenologie und Geschichte, Gütersloh.
Landmann, M.	*1961*	Der Mensch als Schöpfer und Geschöpf der Kultur. Geschichts- und Sozialanthropologie, München/Basel.
Laucken, U.	*1976*	Verstehen gegen Erklären. Nekrolog auf einen Gegensatz, in: Zeitschrift für allgemeine Wissenschaftstheorie VII (1976) 112–118.
Leibfried, E.	*1970*	Kritische Wissenschaft vom Text. Manipulation, Reflexion, Transparente Poetologie, Stuttgart.
Lipps, H.	*1938*	Untersuchungen zu einer hermeneutischen Logik, Frankfurt a. M.; auch in: Werke Bd. II, 1976.
Litt, Th.	*1933*	Die Stellung der Geisteswissenschaften im nationalsozialistischen Staate, 2. unveränd. Aufl. Leipzig 1934.
–	*1938*	Die Selbsterkenntnis des Menschen, Hamburg (^{2}1948).
–	*1941*	Das Allgemeine im Aufbau der geisteswissenschaftlichen Erkenntnis, Leipzig.
–	*1948*	Mensch und Welt. Grundlinien einer Philosophie des

		Geistes, München, Heidelberg [2]1961.
–	*1950*	Die Geschichtswissenschaft und Geschichtsphilosophie, München.
–	*1955*	Das Bildungsideal der deutschen Klassik und die moderne Arbeitswelt, Bonn [4]1957 ([6]1959, Bochum 1962).
–	*1956*	Die Wiedererweckung des geschichtlichen Bewußtseins, Heidelberg.
Lohmann, J.	*1965*	Philosophie und Sprachwissenschaft, Berlin [2]1975.
Lorenz, K.	*1970*	Elemente der Sprachkritik. Eine Alternative zum Dogmatismus und Skeptizismus in der analytischen Philosophie, Frankfurt a. M.
–	*1978*	Konstruktionen versus Positionen. Beiträge zur Diskussion um die konstruktive Wissenschaftstheorie, Bd. II: Allgemeine Wissenschaftstheorie, Berlin/New York.
Lorenz, K./ Mittelstraß J.	*1967*	Die Hintergehbarkeit der Sprache, in: Kant-Studien 58 (1967) 187–208.
Lorenzen, P.	*1968*	Methodisches Denken, Frankfurt a. M. [2]1980.
–	*1972*	Hermeneutik und Wissenschaftstheorie aus der Sicht der konstruktiven Methode, in: Hermeneutik als Kriterium für Wissenschaftlichkeit? Der Standort der Hermeneutik im gegenwärtigen Wissenschaftskanon, hrsg. von U. Gerber, Loccum, 129–134.

–	*1974*	Konstruktive Wissenschaftstheorie, Frankfurt a. M.
–	*1978*	Theorie der technischen und politischen Vernunft, Stuttgart.
Lorenzen, P./ Schwemmer, O.	*1973*	Konstruktive Logik, Ethik und Wissenschaftstheorie, Mannheim.
Lotmann, J. M.	*1972*	Die Struktur literarischer Texte, übers. von R. Keil, München ²1981.
–	*1973*	Die Struktur des künstlerischen Textes, übers. von R. Grübel, W. Kroll und H. Seidl, Frankfurt a. M.
–	*1974*	Aufsätze zur Theorie und Methodologie der Literatur und Kultur, hrsg. und übers. von K. Eimermacher, Kronberg/ Ts.
–	*1975*	Die Analyse des poetischen Textes, hrsg. und übers. von R. Grübel, Kronberg/Ts.
Lübbe, H.	*1971*	Theorie und Entscheidung. Studien zum Primat der praktischen Vernunft, Freiburg i. Br.
–	*1973*	Was heißt: „Das kann man nur historisch erklären?“, in: Natur und Geschichte, hrsg. von K. Hübner und A. Menne, Hamburg, 207–216.
–	*1975*	Der kulturelle und wissenschaftstheoretische Ort der Geschichtswissenschaft, in: Wissenschaftstheorie der Geisteswissenschaften, hrsg. von R. Simon-Schäfer und W. Ch. Zimmerli, Hamburg, 132 bis 140.

– *1977* Wer kann sich historische Aufklärung leisten? Der Streit um die politische Funktion der Geisteswissenschaften, in: Logik, Ethik, Theorie der Geisteswissenschaften, hrsg. von G. Patzig u.a., Hamburg, 35–45.

– *1978a* Über den Grund unseres Interesses an historischen Gegenständen. Kulturelle und politische Funktionen der historischen Geisteswissenschaften als Aufgabe, hrsg. von H. Flashar, N. Lobkowicz und O. Pöggeler, Berlin/New York, 179–193.

– *1978b* Praxis der Philosophie, praktische Philosophie, Geschichtstheorie, Stuttgart.

– *1979a* Identität und Kontingenz, in: Identität (Poetik und Hermeneutik VIII), hrsg. von O. Marquard und K. Stierle, München, 655–659.

– *1979b* Wieso es keine Theorie der Geschichte gibt, in: Theorie und Erzählung in der Geschichte, hrsg. von J. Kocka und Th. Nipperdey, München, 65–84.

– *1979c* Zur Identitätspräsentationsfunktion der Historie, in: Identität (Poetik und Hermeneutik VIII), hrsg. von O. Marquard und K. Stierle, München, 277–292.

Luhmann, N. *1968* Zweckbegriff und Systemrationalität. Über die Funktio-

		nen von Zwecken in sozialen Systemen, Tübingen, Neudruck Frankfurt a. M. 1973.
Lukács, G.	*1962*	Die Zerstörung der Vernunft, Neuwied und Berlin.
Mandelbaum, M.	*1961*	Historical Explanation. The Problem of „Covering Laws“, in: History and Theory, Vol. I, s'Gravenhage, Mouton, 229–242.
Mann, G.	*1974a*	Geschichte als Ort der Freiheit. Ein Gespräch mit A. Reif, in: Geschichte zwischen Gestern und Morgen, hrsg. von C. J. Burckhardt u. a., München, 41–72.
–	*1974b*	Ohne Geschichte leben?, in: Geschichte zwischen Gestern und Morgen, hrsg. von C. J. Burckhardt u. a., München, 22–40.
Marquard, O.	*1973*	Schwierigkeiten mit der Geschichtsphilosophie, Frankfurt a. M., Neudruck 1982.
–	*1981*	Frage nach der Frage, auf die die Hermeneutik eine Antwort ist, in: Philosophisches Jahrbuch 88 (1981) 1–19.
Marquard, O./ Stierle, K. (Hrsg.)	*1979*	Identität (Poetik und Hermeneutik VIII), München.
Marrou, H. J.	*1954*	De la Connaissance Historique, Paris 1954; dt.: Über die historische Erkenntnis, übers. von Ch. Beumann, hrsg. von H. Beumann, Freiburg/München 1973.
Mecklenburg, N.	*1972*	Kritisches Interpretieren. Untersuchungen zur Theorie der Literaturkritik, München.

Mecklenburg, N./ Müller, H.	*1974*	Erkenntnisinteresse und Literaturwissenschaft, Stuttgart, Berlin.
Meinecke, F.	*1936*	Die Entstehung des Historismus, München, 2. Aufl. 1946; jetzt in: Werke Bd. III, hrsg. von H. Herzfeld u.a., Stuttgart, München, Darmstadt 1959.
–	*1938*	Vom geschichtlichen Sinn und vom Sinn der Geschichte. Aufsätze, Leipzig, 5. unveränd. Aufl. Stuttgart 1951.
Mill, J. St.	*1843*	A System of Logic. Ratiocinative and Inductive (Collected Works, Vol. VII), Toronto, London 1978.
Misch, C.	*1933*	Der junge Dilthey. Ein Lebensbild in Briefen und Tagebüchern 1852–1870, Stuttgart, Göttingen [2]1960.
Misch, G.	*1930*	Lebensphilosophie und Phänomenologie. Eine Auseinandersetzung der Diltheyschen Richtung mit Heidegger und Husserl, 2. Aufl. Leipzig und Berlin 1931, 3. unveränd. Aufl. 1967, Nachdruck Darmstadt 1975.
Mittelstraß, J.	*1974*	Die Möglichkeit von Wissenschaft, Frankfurt a.M.
– (Hrsg.)	*1975*	Methodologische Probleme einer normativ-kritischen Gesellschaftstheorie, Frankfurt a.M.
–	*1982*	Wissenschaft als Lebensform. Reden über philosophische Orientierungen in Wissenschaft und Universität, Frankfurt a.M.

Mommsen, W. J.	*1974*	Gesellschaftliche Bedingtheit und gesellschaftliche Relevanz historischer Aussagen, in: Conceptus VIII (1974) 17–29.
Morris, Ch. W.	*1938*	Foundations of the Theory of Signs, Chicago; dt.: Grundlagen der Zeichentheorie. Ästhetik und Zeichentheorie, übers. von R. Posner, München 1972.
Müller, M.	*1965*	Historie und Geschichte im Denken Johann Gustav Droysens, in: Speculum Historiale. Geschichte im Spiegel von Geschichtsschreibung und Geschichtsdeutung, hrsg. von C. Bauer u. a., Freiburg/München, 694–702.
Müller-Seidel, W.	*1965*	Probleme der literarischen Wertung. Über die Wissenschaftlichkeit eines unwissenschaftlichen Themas, Stuttgart ²1969.
Mukařovský, J.	*1966*	Studie z Estetiky, Praha; dt.: Kapitel aus der Ästhetik, übers. von W. Schamschula, Frankfurt a. M. ³1978 (dt. Erstausg. Frankfurt a. M. 1970).
Naumann, H. (Hrsg.)	*1973*	Der moderne Strukturbegriff. Materialien zu seiner Entwicklung, Darmstadt.
Neurath, O.	*1930/1931*	Wege der wissenschaftlichen Weltauffassung, in: Erkenntnis 1 (1930/1931) 106–125.
–	*1931*	Soziologie im Physikalismus, in: Erkenntnis 2 (1931) 393 bis 431.
–	*1932/1933*	Protokollsätze, in: Erkenntnis 3 (1932/1933) 204–214.

–	*1979*	Wissenschaftliche Weltauffassung, Sozialismus und logischer Empirismus, hrsg. von R. Hegselmann, Frankfurt a. M.
Nietzsche, F.	*1874*	Vom Nutzen und Nachteil der Historie für das Leben, in: Friedrich Nietzsche, Werke in sechs Bänden, hrsg. von K. Schlechta, München [1]1967, [5]1981, Bd. I, 209–285.
Nipperdey, Th.	*1972*	Über Relevanz, in: Aus Theorie und Praxis der Geschichtswissenschaft. Festschrift für Hans Herzfeld zum 80. Geburtstag, Berlin, New York.
Oelmüller, W. (Hrsg.)	*1977*	Wozu noch Geschichte?, München.
Orth, E. W. (Hrsg.)	*1985*	Dilthey und die Philosophie der Gegenwart. Beiträge von K.-O. Apel u. a., Freiburg/München.
Otto, St.	*1984*	Dilthey und der Begriff des „empirischen Apriori" im Kontext der „Kritik der historischen Vernunft", in: Philosophisches Jahrbuch 91 (1984) 376–382.
Pannenberg, W.	*1973*	Wissenschaftstheorie und Theologie, Frankfurt a. M.
Panofsky, E.	*1957*	Meaning in the Visual Arts. Garden City, New York; dt.: Sinn und Deutung der bildenden Kunst, übers. von W. Höck, Köln 1975.
Passmore, J.	*1962*	Explanation in Everday Life, in Science and in History, in: History and Theory, Vol. II, s' Gravenhagen, Mouton, 105 bis 123.

Pasternack, G. *1975* Theoriebildung in der Literaturwissenschaft. Einführung in Grundfragen des Interpretationspluralismus, Information und Synthese, München.

Patzig, G. *1980* Tatsachen, Normen, Sätze. Aufsätze und Vorträge, Stuttgart.

Pawlowski, T. *1975* Methodologische Probleme in den Geistes- und Sozialwissenschaften, übers. von G. Grzyb, Warschau.

Peirce, Ch. S. *1868–1878* *1885–1907* Schriften I und II, hrsg. von K.-O. Apel, übers. von G. Wartenberg, Frankfurt a.M. 1967ff. (Auswahl aus: Collected Papers, Vol. I–VI, hrsg. von Ch. Hartshorne und P. Weiss, Cambridge, Mass. 1931–1935; Vol. VII–VIII, hrsg. von A.W. Burks, Cambridge, Mass. 1958).

Perelman, Ch. *1977* L'empire rhétorique. Rhétorique et argumentation, Paris; dt.: Das Reich der Rhetorik. Rhetorik und Argumentation, übers. von E. Wittig, München 1980.

Petöfi, J. S./ Podlech, A./ Savigny, E. v. (Hrsg.) *1975* Fachsprache – Umgangssprache. Wissenschaftstheoretische und linguistische Aspekte der Problematik, sprachliche Aspekte der Jurisprudenz und der Theologie, maschinelle Textverarbeitung, Kronberg/ Ts.

Pfeiffer, K. L. *1974* Sprachtheorie, Wissenschaftstheorie und das Problem der Textinterpretation. Untersuchungen am Beispiel des New

Criticism und Paul Valéry, Amsterdam.

–	*1983*	Rettung oder Verabschiedung der Hermeneutik? Funktionsgeschichte und Wirkungspotential neuerer hermeneutischer Denkfiguren, in: Zeitschrift für allgemeine Wissenschaftstheorie XIV (1983) 46 bis 67.
Piaget, J.	*1973*	Erkenntnistheorie der Wissenschaften vom Menschen, hrsg. von der Unesco, Frankfurt/Berlin/Wien (für die deutsche Ausgabe zusammengestellte Beiträge aus: Tendances principales de le recherche dans les sciences sociales et humaines – Partie I: Sciences sociales, Paris 1970; übers. von E. Höhnisch).
Plett, H. F.	*1975*	Textwissenschaft und Textanalyse. Semiotik, Linguistik, Rhetorik, Heidelberg ^{2}1979.
Pöggeler, O. (Hrsg.)	*1972*	Hermeneutische Philosophie. Texte zu Dilthey, Heidegger, Gadamer, Ritter, Apel, Habermas, Ricoeur, O. Becker, Bollnow, München.
Popper, K. R.	*1935*	Logik der Forschung, 3. verm. Aufl. Tübingen 1984.
–	*1957*	The Poverty of Historicism, London 1957; dt.: Das Elend des Historizismus, 3. verb. Aufl., Tübingen ^{5}1979.
–	*1969*	Zur Logik der Sozialwissenschaften, in: Th. W. Adorno u. a.: Der Positivismusstreit in der deutschen Soziologie,

		Neuwied/Berlin [11]1984, 103 bis 123.
–	*1972*	Objective Knowledge, Oxford 1972; dt.: Objektive Erkenntnis. Ein evolutionärer Entwurf, Hamburg 1984.
Posner, R.	*1972*	Theorie des Kommentierens. Eine Grundlagenstudie zur Semantik und Pragmatik. Frankfurt a. M., 2. verb. und erw. Aufl. 1980.
Quandt, S./ Süssmuth, H. (Hrsg.)	*1982*	Historisches Erzählen. Formen und Funktionen, Göttingen.
Richter, W.	*1953*	Von der Bedeutung der Geisteswissenschaften für die Bildung unserer Zeit (Veröffentlichungen der Arbeitsgemeinschaft für Forschung des Landes Nordrhein-Westfalen, hrsg. von L. Brandt, Heft 1), Köln und Opladen.
Rickert, H.	*1882*	Der Gegenstand der Erkenntnis. Einführung in die Transzendentalphilosophie, 6. verb. Aufl. Tübingen 1928.
–	*1899*	Kulturwissenschaft und Naturwissenschaft, 6. und 7. verb. Aufl. Tübingen 1926.
–	*1902*	Die Grenzen der naturwissenschaftlichen Begriffsbildung. Eine logische Einleitung in die historischen Wissenschaften, 2. neu bearb. Aufl. Tübingen 1913 ([4]1921, [5]1929).
Ricoeur, P.	*1955*	Histoire et Vérité, Paris; dt.: Geschichte und Wahrheit, München 1974.
–	*1965*	De l'interprétation, essai sur Freud, Paris 1965; dt.: Die In-

		terpretation. Ein Versuch über Freud, übers. von E. Moldenhauer, Frankfurt a. M. 1974.
–	*1969a*	Le Conflit des interprétations, essais d'herméneutique, Paris; dt.: Hermeneutik und Strukturalismus. Der Konflikt der Interpretationen I, übers. von J. Rüsche, München 1973.
–	*1969b*	Le Conflit des interprétations, essais d'hermenéutique, Paris; dt.: Hermeneutik und Psychoanalyse. Der Konflikt der Interpretationen II, übers. von J. Rüsche, München 1974.
Riedel, M.	*1978*	Verstehen oder Erklären? Zur Theorie und Geschichte der hermeneutischen Wissenschaften, Stuttgart.
Ritter, J.	*1969*	Metaphysik und Politik. Studien zu Aristoteles und Hegel, Frankfurt a. M. 1977.
–	*1974*	Die Aufgabe der Geisteswissenschaften in der modernen Gesellschaft (1963), in: J. Ritter: Subjektivität. Sechs Aufsätze, Frankfurt a. M. 1980, 105–140.
Ritter, J./ Gründer, K. (Hrsg.)	HWP	Historisches Wörterbuch der Philosophie, bisher Bd. I–VI, Basel/Stuttgart 1971 ff.
Rodi, F.	*1969*	Morphologie und Hermeneutik. Zur Methode von Diltheys Ästhetik, Stuttgart.
–	*1979*	Diesseits der Pragmatik. Gedanken zu einer Funktionsbestimmung der hermeneutischen Wissenschaften, in: Zeitschrift für allgemeine Wis-

senschaftstheorie 10 (1979) 288–315.

Rodi, F./ Lessing, H.-U. (Hrsg.) — *1984* — Materialien zur Philosophie Wilhelm Diltheys, Frankfurt a. M.

Röttgers, K. — *1979* — Neue und erneuerte Historik. Beiträge zu einer Theorie der Geschichte, in: Zeitschrift für philosophische Forschung 33 (1979) 264–281.

Rothacker, E. — *1920* — Einleitung in die Geisteswissenschaften, 2. erg. Aufl. Tübingen 1930.

– — *1926* — Logik und Systematik der Geisteswissenschaften, in: Handbuch der Philosophie, München/Berlin, unveränd. Nachdruck, München/Darmstadt 1965.

– — *1954* — Die dogmatische Denkform in den Geisteswissenschaften und das Problem des Historismus, Mainz.

– — *1960* — Die Sprache der Geisteswissenschaften, in: Sprache und Wissenschaft. Vorträge, gehalten auf der Tagung der Joachim Jungius-Gesellschaft der Wissenschaften in Hamburg, 121–136.

– — *1976* — Der Begriff der dogmatischen Denkform, in: Seminar: Philosophische Hermeneutik, hrsg. von H.-G. Gadamer und G. Boehm, Frankfurt a. M., 221–238.

Rüsen, J. — *1969* — Begriffene Geschichte. Genesis und Begründung der Geschichtstheorie J. G. Droysens, Paderborn.

– (Hrsg.)	*1975*	Historische Objektivität. Aufsätze zur Geschichtstheorie, Göttingen.
–	*1976a*	Ästhetik und Geschichte. Geschichtstheoretische Untersuchungen zum Begründungszusammenhang von Kunst, Gesellschaft und Wissenschaft, Stuttgart.
–	*1976b*	Für eine erneuerte Historik. Studien zur Theorie der Geschichtswissenschaft, Stuttgart–Bad Cannstatt.
Rüsen, J./ Süssmuth, H. (Hrsg.)	*1980*	Theorien in der Geschichtswissenschaft, Düsseldorf.
Rutte, H.	*1977*	Werttatsachen und Geschichte, in: Logik, Ethik, Theorie der Geisteswissenschaften, hrsg. von G. Patzig u. a., Hamburg, 437–444.
Ryan, A.	*1970*	The Philosophy of the Social Sciences, New York, London; dt.: Die Philosophie der Sozialwissenschaften, München 1976.
Sandkühler, H. J.	*1973*	Praxis und Geschichtsbewußtsein. Eine Studie zur materialistischen Dialektik, Erkenntnistheorie und Hermeneutik, Frankfurt a. M.
Sauerland, K.	*1972*	Diltheys Erlebnisbegriff. Entstehung, Glanzzeit und Verkümmerung eines literaturhistorischen Begriffs, Berlin, New York.
Saussure, F. de	*1916*	Cours de linguistique générale. Lausanne, Paris; dt.: Grundfragen der allgemeinen Sprachwissenschaft, übers.

von H. Lommel, hrsg. von Ch. Bally und A. Sechehaye, Berlin 1931, ²1967.

Savigny, E. v.	*1976*	Argumentationen in der Literaturwissenschaft. Wissenschaftstheoretische Untersuchungen zu Lyrikinterpretationen, München.
Schaff, A.	*1970*	Geschichte und Wahrheit, Wien.
Scheibe, E.	*1976*	Gibt es Erklärungen von Theorien?, in: Allgemeine Zeitschrift für Philosophie 1,3 (1976) 26–45.
Scheler, M.	*1925*	Die Formen des Wissens und die Bildung (1925), in: M. Scheler: Philosophische Weltanschauung, Bern 1954, 16 bis 48.
–	*1926*	Die Wissensformen und die Gesellschaft, Leipzig.
Schelsky, H.	*1963*	Einsamkeit und Freiheit. Idee und Gestalt der deutschen Universität und ihrer Reformen, Reinbek.
Schieder, Th.	*1952*	Der Typus in der Geisteswissenschaft, in: Studium Generale 5 (1972) 228–234.
–	*1965*	Geschichte als Wissenschaft. Eine Einführung, 2. überarb. Aufl. München/Wien 1968.
–	*1974*	Geschichtsinteresse und Geschichtsbewußtsein heute, in: Carl J. Burckhardt u.a.: Geschichte zwischen Gestern und Morgen, München, 73 bis 102.
Schieder, Th./ Gräubig, K. (Hrsg.)	*1977*	Theorieprobleme der Geschichtswissenschaft, Darmstadt.

Schiller, F.	*1789*	Was heißt und zu welchem Ende studiert man Universalgeschichte?, in: Friedrich Schiller: Sämtliche Werke in 5 Bde., hrsg. von G. Fricke, H. G. Göpfert u. a., Bd. IV: Historische Schriften, München [6]1980, 749–767.
Schiwy, G.	*1973*	Strukturalismus und Zeichensysteme, München.
Schleiermacher, F. D. E.	Schl.	Hermeneutik, nach den Handschriften neu hrsg. und eingel. von H. Kimmerle, Heidelberg [2]1974.
Schlick, M.	*1918*	Allgemeine Erkenntnislehre, 2. Aufl. Berlin 1925, Nachdr. Frankfurt a. M. 1978.
Schmidt, A.	*1971*	Geschichte und Struktur. Fragen einer marxistischen Historik, München [3]1977.
Schmidt, S. J. (Hrsg.)	*1972*	Zur Grundlegung der Literaturwissenschaft, München.
–	*1975*	Literaturwissenschaft als argumentierende Wissenschaft. Zur Grundlegung einer rationalen Literaturwissenschaft, München.
Schnädelbach, H.	*1971*	Erfahrung, Begründung und Reflexion. Versuch über den Positivismus, Frankfurt a. M.
–	*1974*	Geschichtsphilosophie nach Hegel. Die Probleme des Historismus, Freiburg/München.
–	*1977*	Reflexion und Diskurs. Fragen einer Logik der Philosophie, Frankfurt a. M.
–	*1982*	Philosophie in Deutschland 1831–1933, Frankfurt a. M.

– (Hrsg.)	*1984*	Rationalität. Philosophische Beiträge, Frankfurt a. M.
Schneider, H. J.	*1977*	Linguistik als Geisteswissenschaft, in: Logik, Ethik, Theorie der Geisteswissenschaften, hrsg. von G. Patzig u. a., Hamburg, 445–450.
Schütz, A.	*1932*	Der sinnhafte Aufbau der sozialen Welt. Eine Einleitung in die verstehende Soziologie, Frankfurt a. M. 1982.
Schütz, P.	*1971*	Das Problem der Relevanz, hrsg. von R. M. Zaner, Einleitung von Th. Luckmann, Frankfurt a. M.
Schulte-Sasse, J.	*1976*	Literarische Wertung, 2. völlig neu bearb. Aufl. Stuttgart.
Schulz, G. (Hrsg.)	*1973*	Geschichte heute. Positionen, Tendenzen und Probleme, Göttingen.
Schulz, W.	*1972*	Philosophie in der veränderten Welt, Pfullingen [5]1984.
Schwemmer, O.	*1976*	Theorie der rationalen Erklärung. Zu den methodischen Grundlagen der Kulturwissenschaft, München.
Seebohm, Th. M.	*1971*	Zur Kritik der hermeneutischen Vernunft, Bonn.
Simmel, G.	*1892*	Die Probleme der Geschichtsphilosophie. Eine erkenntnistheoretische Studie, 2. völlig veränd. Aufl. München 1905.
–	*1918a*	Vom Wesen des historischen Verstehens (Geschichtliche Abende im Zentralinstitut für Erziehung und Unterricht 5), Berlin 1918.
–	*1918b*	Lebensanschauung. Vier metaphysische Kapitel, Leipzig.

–	*1957*	Brücke und Tür. Essays des Philosophen zur Geschichte, Religion, Kunst und Gesellschaft, hrsg. von M. Susmann und M. Landmann, Stuttgart.
–	*1968*	Das individuelle Gesetz. Philosophische Exkurse, hrsg. von M. Landmann, Frankfurt a. M.
Simon-Schäfer, R./ Zimmerli, W. (Hrsg.)	*1975*	Wissenschaftstheorie der Geisteswissenschaften. Konzeptionen, Vorschläge, Entwürfe, Hamburg.
Škreb, Z./ Žmegač, V. (Hrsg.)	*1973*	Zur Kritik literaturwissenschaftlicher Methodologie, Frankfurt a. M.
Snell, B.	*1946*	Die Entdeckung des Geistes. Studien zur Entstehung des europäischen Denkens bei den Griechen, Göttingen ⁵1980.
Spaemann, R./ Löw, R.	*1981*	Die Frage „Wozu?“ Geschichte und Wiederentdeckung des teleologischen Denkens, München/Zürich, Neudruck 1985.
Spranger, E.	*1957*	Skizze über die Bedeutung der Geisteswissenschaften, in: Jahrbuch des Stifterverbandes für die deutsche Wissenschaft (1957).
–	*1980*	Grundlagen der Geisteswissenschaften. Beiträge zur Wissenschaftslehre (Gesammelte Schriften Bd. VI), hrsg. von H. W. Bähr, Tübingen.
Staiger, E.	*1939*	Von der Aufgabe und den Gegenständen der Literaturwissenschaft, in: Materialien zur Ideologiegeschichte der deutschen Literaturwissenschaft,

		hrsg. von G. Wunberg, Tübingen 1973, Bd. II, 123–133.
–	*1946*	Grundbegriffe der Poetik, München [4]1978.
–	*1951*	Die Kunst der Interpretation. Studien zur deutschen Literaturgeschichte, München [4]1977.
Stegmüller, W.	*1969*	Probleme und Resultate der Wissenschaftstheorie und Analytischen Philosophie, Bd. I: „Erklärung, Begründung, Kausalität“, 2. verb. und erw. Aufl. Berlin, Heidelberg, New York 1983.
–	*1973 a*	Der sogenannte Zirkel des Verstehens, in: Natur und Geschichte, hrsg. von K. Hübner und A. Menne, Hamburg, 21–46.
–	*1973 b*	Probleme und Resultate der Wissenschaftstheorie und Analytischen Philosophie, Bd. IV: Personelle und statistische Wahrscheinlichkeit, Berlin, Heidelberg, New York.
–	*1979*	Rationale Rekonstruktion von Wissenschaft und ihrem Wandel, Stuttgart.
Stein, A.	*1913*	Der Begriff des Verstehens bei Dilthey, 2. erw. Aufl. Tübingen 1926.
Stern, F. (Hrsg.)	*1956*	The Varities of History from Voltaire to the Present, New York 1956; dt.: Geschichte und Geschichtsschreibung. Möglichkeiten, Aufgaben, Methoden. Texte von Voltaire bis zur Gegenwart, München 1966.

Striedter, J. (Hrsg.)	*1969*	Russischer Formalismus. Texte zur allgemeinen Literaturtheorie und zur Theorie der Prosa, München ³1981.
Ströker, E.	*1960*	Wort und Zeichen in einer formalisierten Fachsprache, in: Erkenntnis und Verantwortung. Festschrift für Th. Litt, hrsg. von J. Derbolav und F. Nicolin, Düsseldorf, 25–40.
–	*1968*	Falsifizierbarkeit als Kennzeichen naturwissenschaftlicher Theorien, in: Kant-Studien 59 (1968) 495–512.
–	*1973*	Einführung in die Wissenschaftstheorie, Darmstadt (2. erw. Aufl. 1977).
–	*1974*	Geschichte als Herausforderung. Marginalien zur jüngsten Wissenschaftskontroverse, in: Tendenzen der Wissenschaftstheorie (neue hefte für philosophie 6/7), hrsg. von R. Bubner u. a., Göttingen 1974, 27–66.
Studia leibnitiana	*1975*	Der Wissenschaftsbegriff in den Natur- und Geisteswissenschaften. Sonderheft 5, hrsg. von K. Müller, H. Schepers und W. Totok, Wiesbaden.
Szondi, P.	*1961*	Hölderlin-Studien. Mit einem Traktat über philologische Erkenntnis, Frankfurt a. M. ³1977.
–	*1974*	Poetik und Geschichtsphilosophie. Studienausgabe zur Vorlesung. Bd. II und III, hrsg. von S. Metz u. a., Frankfurt a. M. 1976.

–	*1975*	Einführung in die literarische Hermeneutik, hrsg. von J. Bollack und H. Stierlin, Frankfurt a. M.
Taylor, Ch.	*1975*	Erklärung und Interpretation in den Wissenschaften vom Menschen, Frankfurt a. M. (Sechs Aufsätze vom Autor für die deutsche Ausgabe zusammengestellt; aus dem Amerikanischen von N. Th. Lindquist.)
Theunissen, M.	*1969*	Gesellschaft und Geschichte. Zur kritischen Theorie, Berlin.
Titzmann, M.	*1977*	Strukturale Textanalyse. Information und Synthese, Bd. V: Theorie und Praxis der Interpretation, München.
Topitsch, E. (Hrsg.)	*1965*	Logik der Sozialwissenschaften, Köln, Neudruck Königstein/Ts. 1984.
Toulmin, St.	*1961*	Foresight and Understanding. An enquiry into the aims of Science, London; dt.: Voraussicht und Verstehen. Ein Versuch über die Ziele der Wissenschaft, übers. von E. Bubser, 1968, Frankfurt a. M. 1981.
Trabant, J.	*1970*	Zur Semiologie des literarischen Kunstwerkes. Glossematik und Literaturtheorie, München.
Troeltsch, E.	*1922*	Gesammelte Schriften, 3. Bd.: Der Historismus und seine Probleme, erstes (einziges) Buch: das logische Problem der Geschichtsphilosophie, Tübingen 1922, 1. Neudruck Aalen 1961, 2. Neudruck 1977.

Trümpy, H. (Hrsg.)	*1973*	Kontinuität – Diskontinuität in den Geisteswissenschaften, Darmstadt.
Tugendhat, E.	*1967*	Der Wahrheitsbegriff bei Husserl und Heidegger, 2. Aufl. Berlin 1970, Neudruck 1984.
Uspenski, B. A.	*1975*	Poetik der Komposition. Struktur des Künstlerischen Textes und Typologie der Kompositionsform, übers. von G. Mayer, Frankfurt a. M.
Vodička, F.	*1976*	Die Struktur der literarischen Entwicklung. Beiträge zur Literaturwissenschaft, hrsg. von J. Striedter, München.
Völzing, P.-L.	*1979*	Begründen, Erklären, Argumentieren. Modelle und Materialien zu einer Theorie der Metakommunikation, Heidelberg.
Vossenkuhl, W.	*1982*	Rationalität und historisches Verstehen. Quentin Skinners Rekonstruktion der politischen Theorie, in: Conceptus XVI (1982) 27–43.
Wach, J.	*1926*	Das Verstehen. Grundzüge einer Geschichte der hermeneutischen Theorie im 19. Jahrhundert, I–III, Tübingen, Neudruck Hildesheim 1966.
Wagner, F.	*1951*	Geschichtswissenschaft (Orbis Academicus I/1), Freiburg/München (^{2}1966).
–	*1955*	Analogie als Methode geschichtlichen Verstehens, in: Studium Generale 8, Heft 11 (1955) 703–712.
–	*1960*	Moderne Geschichtsschreibung. Ausblick auf eine Phi-

		losophie der Geschichtswissenschaft, in: Erfahrung und Denken, Bd. 4, Berlin, 2. Aufl. 1977.
–	*1965*	Der Historiker und die Weltgeschichte, Freiburg/München.
Walsh, W. H.	*1951*	An Introduction to Philosophy of History, 3. bearb. Aufl. London 1967.
Warning, R. (Hrsg.)	*1975*	Rezeptionsästhetik. Theorie und Praxis, München ²1979.
Weber, M.	*1922*	Gesammelte Aufsätze zur Wissenschaftslehre, Tübingen.
–	*1968*	Methodologische Schriften. Studienausgabe. Teilsammlung. Mit einer Einführung, besorgt von J. Winckelmann, Frankfurt a. M.
Wehler, H.-U. (Hrsg.)	*1971 a*	Deutsche Historiker, 1971 bis 1982, 9 Bde., Göttingen.
– (Hrsg.)	*1971 b*	Geschichte und Psychoanalyse, um eine Bibliographie erweiterte, ungekürzte Ausgabe Frankfurt a. M./Berlin/Wien 1974.
– (Hrsg.)	*1972*	Geschichte und Soziologie, Köln.
–	*1973*	Geschichte als Historische Sozialwissenschaft, Frankfurt a. M.
Weimar, H.-J.	*1969*	Droysens Theorie der historischen Erfahrung (Phil. Diss.), München.
Weimar, K.	*1975*	Historische Einleitung zur literaturwissenschaftlichen Hermeneutik, Tübingen.
Weinryb, E.	*1976*	Hermeneutik and History, in: Zeitschrift für allgemeine Wis-

		senschaftstheorie VII (1976) 327–339.
Weizsäcker, C. F. v.	*1971*	Die Einheit der Natur, Neudruck München [5]1986.
Wellek, R./ Warren, A.	*1942*	Theory of Literature, New York; dt.: Theorie der Literatur, Berlin 1985.
Wellmer, A.	*1967*	Methodologie als Erkenntnistheorie. Zur Wissenschaftslehre Karl R. Poppers, Frankfurt a. M.
–	*1969*	Kritische Gesellschaftstheorie und Positivismus, Frankfurt a. M.
White, M.	*1965*	Foundations of Historical Knowledge, Nachdruck New York und London 1982.
Wieland, W.	*1970*	Möglichkeiten der Wissenschaftstheorie, in: Hermeneutik und Dialektik I, hrsg. von R. Bubner u. a., Tübingen, 31 bis 56.
–	*1972*	Praktische Philosophie und Wissenschaftstheorie, in: Rehabilitierung der praktischen Philosophie, hrsg. von M. Riedel, Freiburg i. Br., 505–534.
–	*1974*	Praxis und Urteilskraft, in: Zeitschrift für philosophische Forschung 28 (1974) 17–42.
–	*1976*	Platon und der Nutzen der Idee. Zur Funktion der Idee des Guten, in: Allgemeine Zeitschrift für Philosophie 1 (1976) 19–33.
–	*1982*	Platon und die Formen des Wissens, Göttingen.
Wienold, G.	*1972*	Semiotik der Literatur, Frankfurt a. M.

Wimmer, F. M. | *1978* | Verstehen, Beschreiben, Erklären. Zur Problematik geschichtlicher Ereignisse, Freiburg/München.

Winch, P. | *1958* | The Idea of Social Science and its Relation to Philosophy, London, New York; dt.: Die Idee der Sozialwissenschaft und ihr Verhältnis zur Philosophie, übers. von R. Pelzev, Frankfurt a. M. 1975.

Windelband, W. | GN | Geschichte und Naturwissenschaft (1894). Rede zum Antritt des Rektorats der Kaiser Wilhelms Universität Straßburg, Neuauflage 1900, in: Neukantianismus. Texte der Marburger und der Südwest deutschen Schule, ihrer Vorläufer und Kritiker, hrsg. von H.-L. Oelig, Stuttgart 1982, 164–173.

Wittgenstein, L. | Tract. | Tractatus Logico-philosophicus, logisch-philosophische Abhandlung, Tagebücher 1914–1916, Philosophische Untersuchungen (Schriften Bd. 1), Frankfurt a. M. 1969.

Wittram, R. | *1958* | Das Interesse an der Geschichte. 12 Vorlesungen über Fragen des zeitgenössischen Geschichtsverständnisses, Göttingen.

– | *1966* | Zukunft in der Geschichte. Zu Grenzfragen der Geschichtswissenschaft und Theologie, Göttingen.

– | *1969* | Anspruch und Fragwürdigkeit der Geschichte. Sechs Vorlesungen zur Methodik der Ge-

		schichtswissenschaft und zur Ortsbestimmung der Historie, Göttingen.
Wright, G. H. v.	*1971*	Explanation and Understanding, Ithaka, New York; dt.: Erklären und Verstehen, übers. von G. Grewendorf und G. Meggle, Frankfurt a. M. 1974, [2]1982.
Wunberg, G. (Hrsg.)	*1973*	Materialien zur Ideologiegeschichte der deutschen Literaturwissenschaft, von Wilhelm Scherer bis 1945, mit einer Einf. hrsg. von G. Reiss, 2 Bde., Tübingen.
Yorck von Wartenburg, Graf P.	*1956*	Bewußtseinsstellung und Geschichte. Ein Fragment aus dem philosophischen Nachlaß, eingel. und hrsg. von I. Fetscher, Tübingen.
Zima, P. v. (Hrsg.)	*1977*	Textsemiotik als Ideologiekritik, Frankfurt a. M.
Zimmerli, W. Ch.	*1977*	Ästhetik, Geisteswissenschaftstheorie und Forschungslogik. Thesen zu einer alternativen Wissenschaftsphilosophie, in: Logik, Ethik, Theorie der Geisteswissenschaften, hrsg. von G. Patzig u. a., Hamburg, 528–548.
Žmegač, V. (Hrsg.)	*1971*	Methoden der deutschen Literaturwissenschaft. Eine Dokumentation, durchges. und erg. Aufl. Frankfurt a. M. 1972.
Zöckler, C.	*1975*	Dilthey und die Hermeneutik. Diltheys Begründung der Hermeneutik und die Geschichte ihrer Rezeption, Stuttgart.

Personenregister

Sachregister